HALDOORADA
AFKA IYO DHAQANKA
SOOMAALIDA EE QURBAHA

HALDOORADA AFKA IYO DHAQANKA SOOMAALIDA EE QURBAHA

(INGIRIISKA IYO WAQOOYIGA - YURUB)

MAXAMED XUSEEN MACALLIN

Looh Press
2023

LOOH PRESS LTD.
Copyright © Maxamed Xuseen Macallin
Dhowran © Maxamed Xuseen Macallin
First Edition, First Print March 2023.
Soo Saariddii 1aad, Daabacaaddii 1aad Maarso 2023.

All rights reserved. No part of this publication may be reproduced, stored in any retrieval system, or transmitted in any form or by any means, including photocopying, recording, or other electronic or mechanical methods, without the prior written permission of the publisher, except in the case of brief quotations embodied in critical reviews and certain other noncommercial uses permitted by copyright law. For permission and requests, write to the publisher, at the address below.
Xuquuqda oo dhan way dhawran tahay. Buuggan oo dhan ama qayb ka mid ah lama daabacan karo, lamana tarjuman karo la'aanta idan qoran oo laga helo qoraha.

First Edition 2023	**Daabacadda 1aad 2023**
"Haldoorada Afka iyo Dhaqanka Soomaalida ee Qurbaha"	"Haldoorada Afka iyo Dhaqanka Soomaalida ee Qurbaha"
Looh Press Ltd.	Looh Press Ltd.
Leicester, England, UK	Lester, Ingiriirska, UK

Printed & Distributed by
Looh Press
56 Lethbridge Close
Leicester, LE1 2EB,
England, UK
www.LoohPress.com
admin@LoohPress.com

Printed & bounded by:	TJ International Ltd, UK.
Waxaa Daabacay:	

ISBN:	978-1-912411-63-4

Tusmo

Mahadnaq ix

Hcrdhac xi

    Maxaa sababa qaxa iyo qurbo joognimada? xiii

    Goormaa ayey Soomaalidu timid Ingiriiska iyo woqooyiga Yurub? xiv

    Tisqaadka afka iyo dhaqanka Soomaaliyeed ee Qurbaha xvi

CUTUBKA 1: XARUMAHA AQOONTA SOOMAALIDA: INGIRIISKA & WAQOOYIGA YURUB 1

    Hal-Abuur 3

    Yaa gadaal ka taagnaa Wargeyska Hal-abuur? 6

        Maamuuska haldoorka Soomaaliyeed 7

    Scansom Publishers 11

    Golaha Kayd ee Fanka Iyo Dhaqanka Soomaaliyeed 19

    Shirkadda Iftiinka Aqoonta 26

    Kasmo Publishing Ltd. 30

    Madbacadda Geeska 34

    Somali Galool & Iftiin Network 39

    Shirkada Ilays 44

    Looh Press 49

    Xildhibaan Publications 53

    Laashiin: Hoyga Raadraaca Dhaqanka Iyo Suugaanta 58

    Ururka Ilmo 65

    Xarunta U Hiili Aqoonta 70

    Hangool 75

CUTUBKA 2: KAALINTA AQOONYAHANKA SOOMAALIYEED 83

    Rashiid Shiikh Cabdullaahi Xaaji Axmed (Rashiid Gadhweyne) 84

    Saciid Jaamac Xuseen 90

  Qoraallada Anthon Chekhov 94
Abwaan Xasan Shiikh Muumin 103
Khaalid Cali Guul 108
Axamed Faarax Cali (Idaajaa) 115
Axmadey Cabdi Gaashaan.. 118
Mustafe Shiikh Cilmi Sooyaalkii suugaaneed iyo Sweden 125
Cabdillaahi Diiriye Guuleed (Caraale)... 132
Jaamac Muuse Jaamac 137
Caasha Luul Maxamuud Yuusuf 142
Cabdullaahi Bootaan Xasan Kurweyne Abwaan casriyeeyey suugaanta Soomaalida............ 149
Shiikh Maxamed Xirsi Guuleed (Cabdibashiir) 160
Maxamed Ibraahim Saciid (Suldaan Garyare) 164
Maxamed Baasha Xaaji Xasan 167
Cabdiraxmaan Maxamed Abtidoon 171
Muuse Maxamed Ciise (Dalmar)... 175
Cabdalla Cusmaan Shafey 179
Sayid Axmed Maxamed Yuusuf (Dhegey)... 183
Bashiir Cali Xuseen 188
Cali cusmaan cige 192
Maxamuud Ibraahim Jaamac (Xaaji) 196

CUTUBKA 3: KAABAHA DHAQANKA IYO AFKA............................ 203

 Waa Maxay Kaabaha Dhaqanka Iyo Afka Soomaaliyeed? 204
  Waalidka 204
  Warfaafinta 206
 Idaacadda BBC. Laanta Af Soomaaliga 207
  Tarjumadda 212
 Boodhari Warsame 216
  Qurbaha iyo Maansada Soomaaliyeed...219
   Xaaladda Gabay ee Qurbaha 220
   Dhibaatada Qurbaha (Gabay) 221
   Waano Gabay iyo Dhallinta Qurbaha 223
   Buuraanburka iyo Qurbaha 225
   Dhaqan Xumida Dhallinta Qurbaha (Buraanbur) 226

CUTUBKA 4: DOORKA XARUMAHA DHAQANKA & AFKA EE NORWAY................ 229

Gcbolka Innland Ee Norway 230

   1- Matxafka Glomdal ee Elverum - Norway (Glomdalssmuseet) 230

   2- Jaamacadda Innlandet ee Norway (Innlandet iniversity) 232

CUTUBKA 5: HAL-ABUURKA SOOMAALIYEED & AFAFKA QALAAD 235

Hal-Abuurka Soomaaliyeed Iyo Afafka Kale 236

      Nuuradiin Faarax 237

   Norway 238

      Yuunis Yuusuf 238

      Axmed Maamow 239

      Hani Xuseen 239

      Magan Xildiid Gallery 240

      Sumaya Jirde Cali 240

      Rawdah Maxamed 241

   Xeendaabka Boqortooyada Ingiriiska 242

      Warsan Shire 243

      Farah Gabdon 244

      Momtaza Mehri 245

      Xamdi Khaliif 245

      Dhallinta Qalinleyda Ah 245

      Nadiifa Maxamed 246

      Haashi Maxamed 247

TIXRAAC 248

Mahadnaq

Marka hore mahad oo idil waxay u sugnaatey Allah oo i waafajiyey inaan qalinka u qaado qorista buugaan, isla markaana ii fududeeyey dhameystirkiisa. Waxaa kale oo aan u mahadcelinayaa dhammaan dadkii ii fududeeyey qorista buugga, gaar ahaan kuwii igu kordhiyey macluumaad aan u baahnaa oo wax weyn ku soo kordhiyey qoraalkeena oo la`aantood aanan gaari lahayn. Waxaa iyana mahad u sugnaatey raggii iyo hablihii ii ogolaaday inaan la yeesho wareysi anigoo og in uu waqtigooda yaraa, haddana si qadarin iyo xushmad ay ku jirto ii soo dhaweeyey taa oo igu abuurtey xamaasad iyo awood dheeraad ah oo aan ku sii wado dhammeystirka buugga. Waxaan kaloo u mahadcelinayaa madbacadii ku daceashay daabacaadda buugga oo si habsami lehna ku soo saartey iyo

> "Waxaana marna hilmaami karin xaaskeyga iyo dhammaan carruurteyda meel ay joogaanba oo mar walba qalbigoodu ila jiro"

tifaftiraha buugga oo wakhti badan u huray ee qoraa Cabdiraxmaan Maaxamed Abtidoon. Waxaana marna hilmaami karin xaaskeyga iyo dhammaan carruurteyda meel ay joogaanba oo mar walba qalbigoodu ila jiro isla markaana ii muujiyey sabar badan waqtiyadii aan kaga mashquulay qorista iyo soo bandhigidda taariikhda, dhaqanka iyo suugaanta Soomaaliyeed.

Hordhac

Ereyada dhaqan, hiddo, suugaan, af-maal, hal-abuur iwm waa ereyo xambaarsan macnooyin kale duwan oo isku dhow isla markaana qiimo iyo qadarin gaar ah leh, bulsho kastana waxay leedahay oo ay qaddarisaa hal-buurkooda ku xeel dheer dhaqanka, suugaanta, taariikhda hantida aqooneed ee gaar ka ah iwm , waayo bulsho kastaa waxay leedahay hal-abuurro ay tilmaamaan kana muuqda bulshada dhexdeeda, laakiin waxaa xusid mudan in aanan qof kasta lagu tilmaami karin inuu yahay hal-abuur ama uu ka mid yahay hal-abuurrada bulshada. Qiimaha iyo waxtarka ay leeyihiin hal-abuurka Soomaaliyeed gaar ahaan markii uu qarankii Soomaali hiigsanaysay burburay waxaa aad u iftiimiyey halyeey isaguba horseed ka ah hal-abuurada Soomaaliyeed, waa Dr. Maxamed Daahir Afrax – Illaahay naxariistii jano ha siiyo - isaga oo quus ka joogo aqoonyahankii, siyaasigii, ganacsatadii, ahlu fikirkii waxaa uu ku ag kufay aadna u bogaadiyey hal-abuurrada dhaqanka iyo suugaanta Soomaaliyeed waxaa uuna yiri: ... Haseyeeshee waxaa noo soo baxday qolo

> ... Haseyeeshee waxaa noo soo baxday qolo Alle noogu cawil celiyey, qolo si doqoni-ma-garata ah u dabooshay kaalintii ay ka baaqsatay qolada weli la la`yahay. Qolada la mahdiyey waa hal-abuurka dhaqanka iyo suugaanta...

Alle noogu cawil celiyey, qolo si doqoni-ma-garata ah u dabooshay kaalintii ay ka baaqsatay qolada weli la la`yahay. Qolada la mahdiyey waa hal-abuurka dhaqanka iyo suugaanta...

Dr. Afrax isaga oo sii wata hadalkiisa waxaa uu yiri:

"Waxaa la oran karaa walibana lagu faani karaa hal-abuurka dhaqanka iyo suugaanta Soomaaliyeed asaaggood way ka firfircoonaadeen, qayrkood way ka dheereeyeen. Qoladaan oo ay ku yaryihiin inta ku abtirsata tacliinta waxay dhabarka u riteen xil aan looga baran hal-abuurka noocooda ah dalalka kale. Waxay xambaarsadeen xilii garwadeenimada ama hoggaaminta fekerka bulshada ...Tani waa xaqiiqda jirta oo qof kasta la taabsiin karo...Waa in aan qirnaa in ay duulkani noo ceeb-astureen."¹

Runtii hal-abuurka Soomaalida iskuma koobaan oo kaliya waxa looga bartey oo ah maaweelada iyo farshaxanka, balse waxay xooggooda iyo maankooda isugu geeyeen dhanka wacyi-gelinta bulshada Soomaaliyeed ee ay dagaaladu ragaadiyeen muddo soddon sano kor u dhaaftey. Qolooyinkaa aanu soo sheegney qaarkood waxay abuureen rajo cusub oo mar walba ka soo dhex iftiima bulshadeena iyagoo adeegsanaya aftahanimo ay ku dheehan tahay walaaltinimo iyo kalgacayl ay ku qabaan dadkooda. in kastoo aan xigmaddooda loogu dhaqmin sidii loogu dhaqmi jirey kuwii ka horeeyey, haddana hal-abuurka hadda jiraa weli waxay dhabarka ku sitaan waajibkii ay ka dhaxleen awoowayaashii hal-abuurka Soomaalida, kaas oo ahaa in ay iska xil-saaraan wacyi-gelinta dadka iyo sahminta waddada toosan, sida uu horey u yiri abwaan Abshir Nuur Faarax:

Kama quusto khayr-sheeg dadkuna igama qaataane

Rag unbaase qiimeynayoo qoraya taariikhda ²

Sidoo kale waa tuu abwaan Xasan Shiikh Muumin hore u yiri tix suugaan ah oo uu u dhiibay dhammaan hoboladii Waabari ee uu isagaba ka tirsanaa, taa oo ahayd:

Habeen iyo dharaar hadalladaan dhisnaa
Afkeena hooyoo horuu maraan ku hoos caawinaa
Hoggaaminnaa had iyo jeer habnaa oo waan hagaajinnaa
Ma hagrannee waan u howl galaa
Murtidaad hurinaa kala hufnaa haqab tirnaa u handanna
Dadweynahaan hanuuninnaa, hasaawinnaa, danta u hagnaa
Taariikhda hiddahaan habaaska ka tirnaa
Hannaankii aan ku soo dhaqmaynay baan u hiilinnaa
Lama huraan hilinka toosan baan dhallinta hor gallaa
Ma hagranee waan u howlgallaa
Murtidaan hurinaa kala hufnaa haqab tirnaa u handanna
*Dadweynahaan hanuuninnaa haasaawinnaa, danta u hagnaa*³

Waxay ahaataba qoraalka buugaan waxaa uu xanbaarsan yahay dabagalka tiirarka adag ee uu ku taagan yahay dhaqanka iyo afka Soomaaliga ee qurbaha si aynu u iftiimino dadaalada hal-doorka

---

1 Afrax, Maxamed Daahir. *Dal Dad Waayey iyo Duni Damiir Beeshay*. Daabacaadda 2aad, (Hal-abuur Communications, 2004), bb. 103 -106.

2 Macallin, Maxamed Xuseen. *Diiwaanka Maansooyinkii Abshir Nuur Faarax (Bacadle)*, (Stockholm: Scansom Publishers, 2015), b. 265

3 Muumin, Xasan Shiikh. *Leopard Among The Women Shabeelnaagood: Somali Play*. (Hamar: Høgskolen i Hedmark, 2008), b. 44.

Soomaaliyeed iyo wax soc saarkooda aqooneed iyo kaalinta ay ka qaateen difaaca iyo kor u qaadida dhaqanka iyo afka Soomaaliga ee qurbaha. Fikradda qorista buuggaan waxay igu dhalatey ka dib markii aan ka qeyb galey kulanka Toddobaadka Dhaqanka Soomaalida ee aalaaba lagu qabto magaalada London ee dalka Boqortooyada Ingiriiska (Somali Week Festival) bishii oktoobar sanadkii 2021 kii, kulankaa oo ay soo qaban qaabiso hay`adda Kayd Art ee xarunteedu tahay magaalada London. Runtii ka qeyb galka kulanka aan soo tilmaamey waxaa ii muuqatey in ay mudan tahay in lays dul taago dadaalada ay bixinayaan hal-doorka Soomaaliyeed ee ku aadan kor u qaadida dhaqanka, suugaanta iyo guud ahaanba af-Soomaaliga. Kulanka aan soo sheegey ee u dabaaldegga Toddobaadka Dhaqanka Soomaalida ee London waxaan ku arkey dadaal aan ku tilmaami karo mid mucjiso ah gaar ahaan tiraca iyo tayada ka muuqatey barnaamijka sannadka iyo buugaagtii lagu soo daahfurnay ama lagu soo bandhigey, taa oo ay igu dhalisay in ay habboon tahay in hoosta laga xariiqo dadaalka ay dadka Soomaaliyeed ku soo bandhigeen kulankaa iyada oo ay jirtey jiwi cakiran iyo cabsi ku aadan cudurkii hergabka ama caabuqa Karoona Feyruus (Covid 19).

Waxay ahaataba qoraalkeena ku aadan tiirarka dhaqanka iyo afka Soomaaliga ee qurbaha wuxuu ku koobnaan doonaa oo kaliya dabagalka Boqortooyada Ingiriiska iyo woqooyiga Yurub, maxaa yeeley dadka Soomaaliyeed waxay ku firirsan yihiin dhammaan qaaradaha adduunka oo idil, waxaanse shaki ku jirin iney habboon tahay in qalinka loo qaado tiirarka dhaqanka iyo afka Soomaaliga ee degaanada kale oo aan buuggaan soo hoos galin, taana waxaan filayaa in ay suuro gal u tahay aqoonyahanka Soomaaliyeed ee qalinleyda ah si aynu u helno baaritaano cilmiyeed siman oo ka wada hadlaya tiirarka uu ku tiirsan yahay dhaqankeena iyo afkeena Soomaaliyeed ee qurbaha.

Maxaa sababa qaxa iyo qurbo joognimada?

Qofku in uu qurbo joog noqdo waa mid uu qofku doorto sida badan, doorashadaana waxay ku timaadaa sababo kale duwan oo sida in uu qofku raadiyo tacliin, shaqo, guur iwm, laakiin qofku ama bulsho in ay qaxdaa oo ay qaxooti noqotaa waa arrin aan doorasho lahayn waayo qaxa waxaa sabab u noqda daruufo adag oo kale duwan, taa oo qofka ama bulshada ku qasabta in ay ka guuraan meeshii ay degenaayeen oo ay asal ahaan ka soo jeedeen, sababahaana waxaa ka mid ah: dagaal, isir sooc, gar eex oo sababta ciil, caburin siyaasadeed, cabsi, abaar iyo musiibooyin kale sida in ay cimilada is bedesho iwm. Waxay ahaataba socdaalka bani`adamku waa mid soo jireen ah isla markaana waligii jiri doona sabab ay ku timaadaba.

Dhinaca waddamada reer Yurub kama marnayn in ay Soomaalidu u haajireen waayihii hore, laakiin way adag tahay in dadkii ugu horeeyey aanu wax ka tilmaanno, waayo ma jirin xiriir toos ah ama mid dadban oo ka dhexeeyey Soomaalida iyo wadamada reer galbeedka, inkastoo xiriir taariikh ka dhexeeyey wadamadaa qaarkood iyo wadanka aanu deriska nahay ee Itoobiya, runtii xiriirkaas waxaa uu ahaa mid aad u qoto dheer oo waqti fog jiray, xiriirkaasna waxaa qayb weyn ka qaatay diinta kawada dhexeysey boqortooyadii Itoobiya iyo reer galbeedka qaarkood oo dhanka diinta ah maadaama ay wadaageen diinta Kiristaanka ama Masiixiyadda guud ahaan. Runtii udub dhexaadka xiriirkaa waxaa majaraha u yahay Kaniisadaha gaar ahaan xurunta Faatikaanka ee ku taal dalka Talyaaniga iyo boqortooyadii Burtaqiiska (Portugal). 4

Waxaa xaqiiqa ah in waxyaabaha keena qaxa iyo in bulshada ka guuraan meeshii ay deggenaayeen ay u baahan tahay baaritaan intaa ka qoto dheer, ujeedkeenuna waa in aanu tilmaanno in qaxu yahay mid waligii soo jiri jirey oo aanan ku koobneyn waqti iyo goob gooni ah, isla markaana ay jiraan sababo kale duwan oo keena in qofku ama bulshadu ka qaxaan dhulkii ay ku noolaayeen iyaga oo aanan dooran arrinkaa.

Goormaa ayey Soomaalidu timid Ingiriiska iyo woqooyiga Yurub?

Marka aanu u jaleecno dadkii ugu horreeyey ee Soomaaliyeed ee soo gaaray Boqortooyada Ingiriiska waxaa la oran karaa waxay ahaayeen rag badmaaxayaal ah oo ku yimid hab shaqo oo ku howlanaa maraakiibta. Qolooyinkaa badanaa waxay deggenaayeen magaalooyinka dekedaha leh gaar ahaan magaalooyinka ay ka midka ahaayeen: Cardiff, Liverpool, London iwm. Waxaa la sheegaa in qaar badan oo ka mid ah dadkii hore ee badmaaxiinta ahaa ee yimid cariga Ingiriis ay ka soo galeen si toos ah dhulkii Soomaaliyeed ee Isticmaarka Ingiriisku gacanta ku hayay (British Somaliland), waayo waxay ka shaqeynayeen maraakiibta Ingiriiska lahaa, qaar kalena si toos ah ayay uga soo baxeen magaalada Cadan ee Yaman maadaama ay ka mid ahayd dhulkii uu Ingiriiska gumeysan jiray. Waxaa kale oo jiray dad kale oo yimid boqortooyada Ingiriiska kuwaa oo ahaa askar la timid gumeystihii Ingiriis oo dagaalkii adduunka la galay ciidamadii badda ee Ingiriiska. Dagaalka ka dibna

---

4 - Xiriirka soo jireenka ah ee boqortooyadii Itoobiya iyo waddamada reer Yurub waxaanu ku faah faahinay buugga la magac baxay: (Al Calaaqa bayna Al Qarni Al Ifriiqii wa Caalamul Khaarajii), Daarul Fikri Al Arabi, Qahira, 2021, eeg bogga 80 – 88.

waxaa laga shaqaalaysiiyey maraakiibtii Ingiriiska si ay u noqdaan badbaaxayaal, qaar kalena waxaa laga shaqaalaysiiyey warshadaha, waayo shaqaale la'aan ayaa ka jirtay boqortooyada Ingiriiska. Waxaa kale oo jirtay iyana dad kale oo ku yimid hab ganacsi, inkastoo ay tiradoodu yareyd, inkastoo aanu xog buuxda laga haynin waqtiga, habka ay ku yimaadeen, sidoo kale nooca ganacsi ee ka dhaxeeyey labada dhinac.

Waxay ahaataba arrimaha aanu soo sheegney oo dhan waxay u baahan tahay baaritaan qoto dheer in la helo, gaar ahaan dhinaca boqortooyada Ingiriiska waxaa laga heli karaa waxyaabo cadeymo ah oo ku kaydsan xarumaha taariikhda, aqoonta iyo matxafyada, sidoo kalena waxaa la heli karaa qoraalo laga sameeyey arrimahaa oo loo baahan yahay in lagu laabto si aanu helno xog buuxda oo ku aaddan xiriirka Ingiriiska iyo Soomaaliya ee la xiriirta imaashihii ugu horeeyey Soomaalida ee dalka Ingiriiska. Waxaa kale oo xusid mudan in loo baahan yahay in la wareysto dadka da'da ah ee Soomaaliyeed ee muddo hore soo galay dalkaan Ingiriiska kuwaa oo haya xogo muhiim ah oo ay ka dheegteen dadkii ka soo horeeyey. Shaki kuma jiro in Jaaliyadda Soomaalida ee ugu ballaaran ay maanta ku nooshahay boqortooyada Ingiriiska, waxaana la oran karaa magaalooyinka waaweyn badankooda in ay si xoog leh u degen yihiin kana muuqdaan sida: London, Birmingham, Bristol, Manchester, Liverpool, Leicester, Milton Keynes, Cardiff, Sheffield iyo goobo kaleba.

Waxaa kaloo jirey arday u timid Boqortooyada Ingiriiska inay wax ka bartaan wixii ka dambeeyey 1960 kii, mar walbana waxaa sii kordhayay imaashaha ardayda doonaysay iney wax ka barato carriga Ingiriiska. Waxaa la sheegaa in qaar badan oo kuwaa ka mid ah markii ay u dhammaatay waxbarashadii iney doorteen iney ku noolaadaan isla boqortooyada Ingiriiska oo ay meesha ku nagaadeen sababo kale duwan awgeed oo ay ugu horeysey maamul xumadii ka jirtey dalka Soomaaliyeed gaar ahaan markii talada dalka ay gacanta u gashay askartii uu horjoogaha u ahaa janaraal Maxamed Siyaad Barre ka dib markii ay ku guuleysteen iney maamulkii dalka afgabiyaan oo si xoog ah ula wareegaan masiirkii ummadda Soomaaliyeed, waana midda kayntey inuu dhammaan bur bur ku dhaco dowladnimadii kacaakuf ku jirtay sagaalkii sano ee ka dambeeyey markii Soomaalida xuriyadoodii gacanta u soo gashay.

Wixii ka dambeeyey sannadkii 1980 kii waxaa jiray in Soomaali badan ay soo galeen dalka Ingiriiska xasilooni dari ka jirtay dalka Soomaaliyeed guud ahaan awgeed iyo iyadoo bilaabatay in dad badan si gooni ah loo ugaarsado ka dib markii ay unkameen jabhado iyo kacdoomo ka soo horjeestay maamulkii markaa jiray, waxaysa aad u sii kordheen dadka magangalyo doonka ah ee imaanayey carriga Ingiriiska wixii ka dambeeyey 1988 kii, waxaana la oran karaa sannadihii sagaashamaadka waxaa Ingiriiska u soo qaxay intii ugu badnayn tiro ahaan dadka Soomaalida ah ee waydiisnaya inay magangalyo helaan oo ay degaan dalkaas.

Tisqaadka afka iyo dhaqanka Soomaaliyeed ee Qurbaha

Ma aha mid qarsoon in Soomaalidu leedahay dhaqan u gooni ah oo ay ku faanto, kaa oo ka muuqda nolol maalmeedkooda isla markaana ay aad u dareemayaan bulshooyinka kale ee ku dhex dhaqan yihiin. Dabeecadaha iyo hab nololeedka Soomaalida ma aha mid qarsoon ama mid ku yimid si lama filaan ah, ee waa dhaqan ka muuqda noloshooda oo ay ku faanaan, waxaana la oran karaa waxaa jiro sababo dhowr ah oo ku bixiyey in Soomaalida ay dhaqankooda ku faanto oo aanay qarin sida in ay galgacayl weyn u hayaan dhaqankooda maadaama badankii uu ku tiirsan yahay diinta Islaamka oo kaalin weyn kaga jirta noloshooda. Jaceylka Soomaalida u qabaan Suugaanta aad bay u sii korartay markii ay dibadda u soo hayaameen, taana waxay ka muuqataa facyadii ugu horeeyey oo aad ugu xirnaa dadkii iyo dhulkoodii hooyo ay ka soo jeedeen, sidaa darteed la yaab ma laheyn in la arko Soomaali badan oo aad u xafidsanaa suugaanta jaanta iyo jabaqda laheyd sida gabayga, geeraarka, heesaha iwm. Soomaalida qurbaha ku nool kuma eka oo kaliye dal ama qaarad qudha ee waxaa ay ku firirsan yihiin daafaha dunida oo idil, waxaana la oran karaa wey yar tahay meel aanay dad Soomaali joogin ama gaarin.

Isku socodka iyo isdhex mushaaxa waa wax waligeed jiri jirey oo marna dadka kalama xirney, Soomaaliduna waxay ka mid ahayd dadyowga aduunka oo way socon jirtey, degaannada ay ku nool yihiinna waxaa soo gaari jirey dad kale oo socota ah, laakiin lama tilmaami karo waayihii hore iyo sidii uu ahaa socdaalka ay gali jireen Soomaalida iyo meelaha ay aalaaba aadi jireen. Waxaase xusid mid socdaalladii ay ku imaan jireen Giriigii hore, Roomaankii hore iyo booqashooyinkii Faraacintii hore dhulka Soomaaliyeed, waxaa kale oo la og yahay in Soomaalida qudhooda ay booqashooyin la mid ah kuwaa in ay iyagana ku aadi jireen dhulka reer Masar. Waxaa iyana diiwaan gashan in Jasiirada Carabtu degto ay jireen kooxo si rac rac ah u yimaada dhulka Soomaalida waayihii ka horeeyey inta uusan soo daahirin Nabigeenii Muhammed – naxariis iyo nabadgalyo korkiisa ha ahaatee – sidoo kale waxaa jirey socdaallo rogaal celis ah oo ay dadyowga Geeska Afrika degen oo ay Soomaalidu ka mid tahay ay ku tagi jireen Jasiiradda Carabta, laakiin xiriirka iyo isku socodka labada dhinac waxaa uu aad u sii xoogsaday ka dib markii diinta Islaamka soo if baxday. Marka laga reebo in Asxaabtii Nabiga – naxariis iyo nabadgalyo korkiisa ha ahaatee – ay ku yimaadeen Geeska Afrika waxaa kaloo jirey hijrooyin iyo socdaalo is daba joog ah oo ay Carabtu ay ku imaan jireen dhulka Soomaaliyeed iyo dhammaan degaannada beriga Afrika gaar ahaan magaalooyinka ku teedsan xeebaha sida: Saylac, Barbara, Bulixaar, Xaafuun, Muqdisho, Marka, Baraawe, Laamo, Kilwo, Mombasa iwm. Sidoo kale iyana meesha kama marnayn in Soomaalida iyana u socdaasho dhulka ay Carabtu degenaayeen sida: Yaman, Xijaas (Makka iyo Madiina) Ciraaq, Shaam (gaar ahaan suuriya) iyo Masar. Waxaa jirey ujeedooyin kale duwan oo labada dhinacba ku kalifayey in ay socdaaladaa galaan sida: waxbarsho iyo cilmi raadis, ganacsi, diin faafin, raadin nolol iyo meel ammaan ah iwm. Arrimahaas xooggooda waxaanu uga soo hadalnay buugaag kale oo hadda looma baahna inaanu mar kale ku celino.[5] Dagaalkii sokeeye ee Soomaaliya wuxuu aad u kordhiyay tirada Qurbajoogta waxayna taa sababtay in ay Soomaali badan u hayaamaan meelo kale duwan oo caalamka ka mid ah sida wadamada deriska iyo Afrika guud ahaanba, Bariga dhexe, Yurub Usturaaliya Woqooyiga iyo Koofurta Ameerika.

Waxaase xusid mudan in Soomaali badan ay qurbojoog ahaayeen xitaa ka hor dagaaladii Sokeeye, iyaga oo shaqo iyo waxbarashaba u aaday dalalka Carabta, si gaar ah wadamada Khaliijka, Masar, Suuriya, Yaman iyo Suudaan, sidoo kale waxaa jirey iyana kuwa kale oo shaqo iyo waxbarshaba u raadsaday Qaaradaha Yurub iyo Ameerika sida dalalka Talyaaniga, Ingiriiska, Jarmalka iyo wadamadii lays ku oran jiray Midowga Soofiyeeti. Waxaase jira dalal badan oo ay Soomaalida billowday iney si rasmi ah u degaan wixii ka dambeeyey dagaalkii Sokeeyo ka dib sida waddamada Woqooiga Yurub, gaar ahaan dalka Finland oo la dhihi karo waxay ay Soomaalidu billowday imaashaha dalkaas wixii ka dambeeyey dagaalidii sokeeye sannadkii 1991 kii.

---

5 Macallin, Maxamed Xuseen. *al-Thaqaafah al-Carabiyyah wa ruwaadihaa fii'l Soomaal*. (Leicester: Looh Press, 2021), bb. 36–45.

CUTUBKA 1

XARUMAHA AQOONTA SOOMAALIdA:

INGIRIISKA & WAQOOYIGA YURUB

HALDOORADA AFKA IYO DHAQANKA SOOMAALIDA EE QURBAHA

HAL-ABUUR

Wargeys-xilliyeedka Suugaanta & Dhaqanka Soomaalida

Journal of Somali Literature & Culture

Xirmo 1, Tirsi 1, Xagaa 1993

Vol. 1, No. 1, Summer 1993

Hal-Abuur

Hal-abuur waa wargeys-xilliyeed madax bannaan oo isku howla aruurinta, lafa-gurka, faafinta iyo horumarinta suugaanta afka iyo dhaqanka Soomaaliyeed, meel ay joogtaba. Inkasto ay Hal-abuur ka soo baxdo magaalada London ee dalka Ingiriiska haddana waxaa la gaarsiiyaa meelo kale duwan oo adduunka ka mid ah sida: Iswiidan, Norway, Jabuuti, Kanada iyo Faransa. Hal-abuur waxaa uu ku dhashay isku-dayid dad iskood isu xilqaamey, ujeeddadooduna tahay in gacan laga gaysto badbaadinta dhaqanka iyo suugaanta Soomaaliyeed buburkii ka dib. Runtii qiimaha iyo nuxurka ay Hal–abuur leedahay waxaa ku filan muuqaalka ka dhexmuuqa hogaankeeda iyo golaha tala-bixinta kuwa oo ah aqoonyahankii Afrika iyo caalamka laga tilmaamey sida:

- Maxamed Ibraahim Warsame Hadraawi.
- Professor B. W. Andrzejewski.
- Professor Giorgio Banti.
- Cabdi Muxumud Amin.
- Nuruddin Farah.
- Ismaaciil H. Taani.
- G.L. Kabjits. ?
- Professor I. M. Lewis.
- Maxamed X. Mukhtaar.
- Martin Orwin.
- Siciid Jaamac Xuseen.
- Siciid Saalax Axmed.

Dhinaca golaha tifaftirka waa mid dhameystirey muunada iyo qiimaha aqooneed ee ku dheehan. Hal-abuur, kuwaa oo kale ah:

- Dr. Maxamed Daahir Afrax, tifaftire.
- Sacdiya Muuse Axmed, tifaftire-xigeen.
- Cabdisalaam Ciise-Salwe, Xoghaye.

Waxaa kale oo ka qeyb ka ah tifaftirka iyo kale soocidda suugaanta Soomaaliyeed tix iyo tiraab waxay ahaataba aqoonyahano kale oo uu ka mid yahay:

- Professor Cali Jimcaale Axmed, tifaftire.
- Fu`aad Cabdulcasiis.
- LIdwien Kaptejins.

- Maxamed Cabdi Maxamed.
- Maxaed Cabdillaahi Riiraash.

Iyo kuwo kale.

Qiimaha wargeyska Hal – abuur waxaa kale oo kuu caddeynaya marka aad dib u milicsato Xirmada (Vol) 1aad, tirsigiisa 1 aad oo soo baxday xagaagii 1993 kii, taa oo laga dheegtey dhowr qormo iyo warbixino aad iyo aad u sarreeya. Tusaale ahaan haddii aan tilmaamno qaar ka mid ah maqaalada iyo warbixinada ku soo aroorey Hal – abuur tirsigii aanu soo sheegney waxaa ka mid ah:

- Murtida magac - bixinta dhaqanka Soomaalida, waxaa qorey Cabdi Aadan Cabdille.
- Maansada dumarka Soomaaliya (Cod la dhageysan la`yahay), waxaa qortay Seynab Maxmed Jaamac.
- Qaran iyo Qabiil (Riwaayad digniin bixisay), waxaa qorey Dr. Maxamed Daahir AFrax.
- iyo qoraalo, lafagurid, maansooyin iyo faaqidaad suugaaneed oo kale.

Tirsiga Hal-abuur ee aanu soo sheegney waxaa ku lagu soo bandhigey maansooyin ay ka mid yihiin:

- Mar haddii afkaygii la qorey, waxaa tiryey abwaan Cabdulle Raage Taraawiil.
- Gudgude Maxamed Ibraahim Warsame Hadraawi.
- Qabyaalad iyo Iimaan la`aan, waxaa curiyey Abwaan Abshir Nuur Faarax (Bacadle).
- Kal-gacaylka basaasay, Siciid Saalax Axmed.
- Wadankaaga joog, waxaa soo bandhigey Ismaaciil Aw-Aadan.
- dhanka sooyaalka suugaaneed waxaa Hal-abuur lagu soo bandhigey sheekookin aad u qurux badan sida sheekada la magac baxday:
- Guduudane, waxaana qoray qoraa Cabdisalaam Ciise- Salwa.
- Sheekada Nikaax, waxaa qorey qoraa Cabdullaahi M. Faaraxx oo ku magac dheer Tuulax.
- Sheeko Murti iyo Maad leh.

Waxaa meesha aan kamarneyn iyana maah maahyadii Soomaaliyeed oo qeyb muhiim ah kaga jirta suugaanta Soomaaliyeed, Maahmaahyadaana waxaa lagu soo qorey bogga 56 ee Hal-abuur. Waxaana shaki ku jirin in wargeyska Hal-abuur uu buuxiyey kaalin weyn oo bannaanaatey ka dib markii ay bur burtey dowladdii dhexe ee Soomaaliyeed, waxaadna moodaa in ay howlwadeenada Hal-abuur ugu talo galeen iney Soomaalida u noqdaan tusaale fiican oo ay ka qeyb qaadan karaan horumarka dhaqanka iyo suugaanta Soomaaliyeed, si ay awooddooda iyo wax soosaarkooda meel isugu geeyaanna wax ay hogaankooda go`aan ku gaareen soosaaridda wargayska Hal-abuur. Waxaa hubaal ah in wargeyska Hal-abuur uu qeyb libaax ka qaatey horumarta dhacanka iyo suugaanta Soomaaliyeed, inkasto ay sanooyin hakatey haddana waxaa iska cad in laga heley dhaxal weyn oo ku beegan afka, dhaqanka iyo suugaanta kale duwan ee uu Illaahey ku maneystey ummadda Soomaaliyeed.

Yaa gadaal ka taagnaa Wargeyska Hal-abuur?

Qof walba waa uu og yahay in hergelinta iyo xaqiijinta guusha aaney qof kaliya ku xirneyn, gaar ahaan markii arrintu tahay aqoon iyo madal cilmiyeed, waxaase lawada qirsan yahay in Dr. Maxamed Daahir Afrax uu ahaa tiir weyn oo ka mid ah tiirarka uu ku taagnaa wargeyska Hal-abuur ee ka soo bixi jirey magaalada London, sidaa darteed waa uu mudan yahay in markii uu geeriyooday haldoorkaa Soomaaliyeed ee gilgishay goobaha aqoonta iyo dhaqanka ee ummadda Soomaaliyeed meel ay joogtaba ku baroonatey iyagoo ka murugeysan geerida ku timid halyey u soo halgamey horumarka afka, dhaqanka iyo suugaanta Soomaaliyeed. La yaab ma lahayn markii dadka qaarkood ay ku tiraabeen dhimashada Dr. Afrax ka dib qoraalo badan oo muujinayay dareenkooda ku aaddan bixidda aqoonyahaykaa waqtigiisa ku qaatey u hiilinta afka hooyo.

Dr. Maxamed Daahir Afrax

Waa dhab maalintaa dadkeena waxaa ka tagay haldoor aan marna la hilmaami karin; waxaa ka jabay tiir u taagnaa afka, dhaqanka iyo aqoonta.

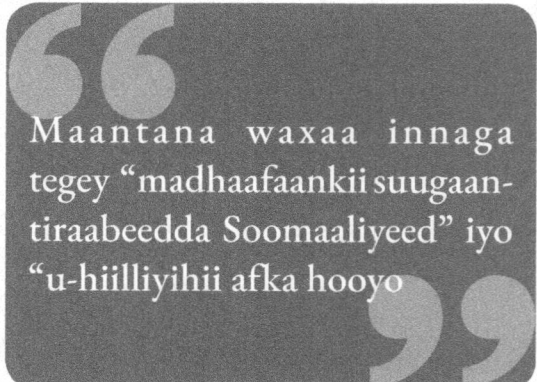

Maantana waxaa innaga tegey "madhaafaankii suugaan-tiraabeedda Soomaaliyeed" iyo "u-hiilliyihii afka hooyo"

Maamuuska haldoorka Soomaaliyeed

Waxaa dhab ah in bulsho walba ay maamuusto halyeeyadeeda iyo haldoorka ka soo baxa kuwaa oo qeyb weyn ka qaatey horumarka ummaddooda dhinaca ay noqotaba. Sidaa darteed waxaa xaflad lagu maamuusay qoraa sare dr. Maxamed Daahir Afrax ayaa lagu qabtey magaalada Muqdisho bishii nofember sannadkii 2020 kii, waxaa xafladaa soo qabqaabiyey, waayo qoraagu inta badan cimrigiisa waxaa uu u heelanaa horumarinta afka, suugaanta iyo dhaqanka suuban ee Soomaaliyeed, waxaa uuna kaalin wax u ool ah ka qaatey difaaca afka hooyo ka dib markii ay dowladdii dhexe ee Soomaaliyeed burburtey. Dr. Afrax waxaa uu arrimaha aanu soo sheegney u istaagey waqti bulshadeenu badankeed ay ku mashquulsaneyn arrimo wax u dhibaya dhaqan iyo haybadda Soomaaliyeed, sidaa darteed xafladda lagu maamuusey kama imaanin meel cidla ah ee waxaan qabaa iney timid waqtigii ku hoboonleen. Waxaa aqoonyahaykaa loo sameeyey xaflad si heer sare ah loo soo abaabulay oo lagu maamuusayay in lagu soo bandhigo haldoorkii xilligaan, ayna ka soo qaybgaleen Wasiirro, Xildhibaanno, Guddoomiyeyaal, aqoonyahanno, abwaanno, qorayaal, ururada bulshada rayidka ah iyo dhallinyaro aad u badan ayaa taariikhdu markey ahayd 16/11/2021 kii, xaflada waxay ka dhacday Hotel Maa'ida (Ex Naasa-hablood 2) ee magaalada Muqdisho.

Wasiirad Xaniifa iyo Dr. Afrax

Munaasabaddii xafladdaas oo aad loo jeclaystay ayaa ahayd middii ugu qiimaha badnayd oo ay soo abaabulaan bahda Haldoor. Furitaankii xafladda ka dib waxa halkaasi lagu daawaday Filim ka hadlayay "waa kuma Haldoorka caawa?" Filimkaas oo si aada loola dhacay ayaa waxaa lagu soo bandhigay qaybo ka mid ah taariikhda, waxqabadka iyo guusha uu haldoorku ka gaaray dhinaca qoraalka iyo sida naf-hurnimada ah ee uu had iyo goor ugu heelan yahay hiilka afka hooyo iyo hal-abuurkiisa. Filimkaas oo qof walba soo jiitey ayaa waxaa ka soo dhex-muuqday buugaagtii uu haldoorku qorey sida:
- Maana-faay.
- Galti Macruuf.

- Dal Dad Waayay iyo Duni Damiir Beeshay.
- Maadeys.
- Durbaan Been ah.

Iyo buugaag kale oo uu haldoorku ku qorey afka Carabiga. Sidoo kale filimkaasi waxaa uu sawir qurux badan ka bixiyay nafhurnimada haldoorka iyo sida ay uga go'an tahay inuu mar walba u taagnaado daryeelka, ilaalinta iyo horumarinta afka, dhaqanka, suugaanta, i.w.m. Markii si fiican loo daawadey waxtarka haldoorkaas ayaa coddeeyihii filimkaas waxa uu Bulshada Soomaaliyeed la wadaagay magaca Haldoorkii 5-aad ee taxanaha barnaamijka Haldoor, kaasi oo loo aqoonsadey Guddoomiyaha Akadeemiye-Goboleedka Af Soomaaliga (AGA) Dr. Maxamed Daahir Afrax. Hal mar ayaa la wada istaagay, Sacab ayaa is qabsadey hoolkii ay xafladda ka dhacaysay, waa u qalmaa, waa istaahilaa, waa mudan yahay, Allaylahee waa la helay iyo ereyo kale oo la mid ah ayay ku dhawaaqayeen bulshadii halkaas ku sugneyd. Iyada oo la galbinaayo ayaa Haldoorkii 5-aad la geeyay Masraxii ay xafladdu ka dhacaysay, waa la cimaamadey, si cajiib ah ayaa loo caleema-saaray, haddiyado isugu jirey Kitaabka Quraanka, Calanka Soomaaliya, Shahaado Sharaf, Ubax iyo Qalin ayaa la guddoonsiiyay Haldoor Maxamed Daahir Afrax. Hadal uu halkaasi ka soo jeediyay haldoorkii Duubka loo xiray ayaa sheegay inuu ku faraxsan yahay in loo garto haldoorkii 5-aad, waxaana uu caddeeyay in aanu fileyn in isaga la cimaamadi doono, isaga oo u mahadceliyay bahda Haldoor.

Wasiirka Arrimaha Dibadda Danjire Axmed Ciise Cawad, Wasiirka Haweenka Xildhibaannad Xaniifa Maxamed Ibraahim, Xildhibaan Sakariye Maxamud X. Cabdi, Xildhibaan Xaawo Yuusuf, Agaasimaha Arrimaha Bulshada ee Xafiiska Ra'iisul-wasaaraha Maryan Aadan Amiin, Guddoomiyaha Golaha Abwaannada Xirsi Dhuux, Guddoomiyaha Degmada C/casiis Marwo Ubax-Roodo, Guddoomiyaha barnaamijka Haldoor Dayax Axmed Maxamed, Guddoomiyaha ururka dhallinyarada G/Banaadir, Cabdi-kaafi Makaraan, Guddoomiyaha Nusoj Md. Cawil & masuuliyiin kale oo xafladdaasi ka hadlay ayaa u hambalyeey haldoorkii lala caweynayay. Masuul walba oo ka hadlay fagaarahaas ayaa si kalgacal leh u bogaadiyay Haldoorka la cimaamadey ee Maxamed Daahir Afrax, iyaga oo qirey in Dr. Afrax uu u qalmo wax walba oo la isku sharfo. Aqoon, dadaal, dulqaad, daacadnimo, hal-abuur, karti & ilaalinta Afka Hooyo iyo hal-abuurkiisa ayaa Dr. Afrax lagu siiyay biladda muujinaysa Haldoorka xilligaan.

Runtii habeenkaa waxay noqotay habeen qaali ku ah ummadda Soomaliyeed oo la xasuusnaan doono maadaama ay dhacday xaflad ballaaran oo lagu cimaamadey haldoorkii xilligaan.

Xafladda maamuuska Dr. Afrax

Ugu dambeyn Dr. Maxamed Daahir Afrax halgan dheer ka dib waa uu ku geeriyoodey London 9 oktoobar sanadkii 2020 kii, laakiin wax qabadkiisa ma guurin. Dhimashada Dr. Afrax waxay gilgishey dadweynaha Soomaaliyeed gaar ahaan aqoonyahayka, inkastoo dhimashadu ay xaq tahay haddana baahinta geerida ku timi Afrax waxa ay qof ahaan igu reebtey tiiraanyo gaar ah, waxaanse ku diirsatey qoraaladii lagu muujiyey inuu qof culus ahaa oo ka baxay Soomaali meel ay joogtaba, gaar ahaan qoraaladii ay soo saareen: Dr. Cabdifatax Nuur (Ashkir), Abwaan Maxamed Amiin al Hadi, Dr. Cumar Warsame, Qaadi Maxamed Cumar Ahmed, Qoraa Xasan Qorane iyo kuwo kale oo badan. Illaahey ha u naxariisto Dr. Maxamed Afrax. Dr. Maxamed Daahir Afrax waxaa uu ku dhashay sannadkii 1952 kii magaalada Jariiban ee ka tirsan gobolka Mudug, waxaana uu ka soo jeedey qows reer xoolo dhaqato ah, laakiin yaraantiisiiba waxaa la geeyey magaalada Muqdisho oo uu ka bilaabey waxbarasho ka dib markii uu ku biiray dugsiga hoose dhexe ee xaafadda Xamar Jajab, ka dib waxaa uu ka baxay dugsiga sare ee Jamaal Cabdinaasir. Ka dib waxaa uu u safray dalka Yamanta Koofureed gaar ahaan magaalada Cadan oo uu ka dhigtey Jaamacad, inta uusan aadin dalka Ingiriiska oo uu ka sameeyey shahaadooyinka Masterka iyo Digtooraaga jaamacadda London gaar ahaan qeybta baaritaanada Afrika qaabilsan.

Waxaa uu Afrax ka shaqeeyey wasaarada waxbarashada iyo akadeemiyada cilmiga. Waqtigii dowladdii madaxweyne Cabdiqaasim Salaad Xasan waxaa loo magacaabey inuu noqdo wasiiru dowlaha arrimaha iskaashiga caalamka. Waxaa kale oo uu noqday lataliyaha madaxweynaha Jabuuti ee arrimaha luqadda Soomaaliga. Afrax waxaa uu noqday guddoomiyaha akadeemiyadda qowmiyada Soomaalida ee lagu aas aasay dalka Jabuuti.

Afrax iyo qoraa Cabdullahi, Garoowe.

Scansom Publishers

Maxamed Shiikh Xasan.

Shirkadda Scansom waa hay'ad ku caan baxday markeedii hore daabacaadda buugaagta ku qoran afka hooyo ee Soomaaliyeed, waxaana lagu aasaasay dalka Sweden sannadkii 1993 kii. Runtii Scansom waa hay'addii ugu horreesay ee isku taxlujisay inay daabacdo buugaag ku qoran afka Soomaaliya , isla markaana la wadaagtay bulshada Soomaaliyeed ee qurbaha ku nool iney gaarsiiso buugaagta iyo agabyada kale ee khuseeya dhaqanka, afka iyo suugaanta Soomaaliyeed. Hay'adda Scansom waa hay'ad madax banaan oo ka shaqeysa horumrka daabacaada, kobcinta, daryeelka iyo kaydka af Soomaaliga, sida:

- Buugaag Soomaali ah
- Buugaag laba-luqood ah (Soomaali iyo Ingiriis)
- Buugaag maqal ah
- Buug muuqaal ah (DVD)

Sidoo kale Scansom waxay bilawday inay daabacdo buugaag ku qoran afafka dadyowga dega Geeska Afrika taas ay ugu gol leeyihiin u adeegida bulshada aanu dariska nahay ee dega dalalka Itoobiya, Kenya, Ugaandha, Tansaaniya iyo Eritereeya. Arrinkaana waxaanu ka dheehan karnaa in shirkada Scansom haddii ay ku bilowday u adeegida danaha bulshada Soomaaliyeed in ay hadana isku xilqaameen iney daneeyaan dadyowga kale ee nala dega geeska iyo bariga Afrika oo iyana ku firirsan dacalada adduunka baahi badanna u qaba buugaag iyo agabyo kale oo ku qoran afafkooda gaarka ah. Waxaase meesha ka maqnayn iyana in ay jiraan dad Soomaaliyeed oo degaano ku leh wadamada qaarkood isla markaana baahi u qaba afafkaa kale, sida carruurta iyo dhallinyarada Soomaaliyeed ee ku dhalatay ama ku kortey degaannada

Soomaaliyeed ee Itoobiya haysato iyo kuwa ay haysato dowladda Kenya. Waxay ahaataba buugaagta noocaas ah waxaa ka mid ah kuwo ku qoran afafka ay ka mid yihiin:

- Amxaari
- Tigrinya
- Sawaxili

Waxaa xusid mudan in buugaagta ay soo saarto hay`adda Scansom in si fudud looga heli karo maktabadaha Yurub, gaar ahaan Maktabadaha Ingiriiska iyo Woqooyiga Yurub. Waxaa xaqiiqa ah in muddada dheer ee ay jirtay Scansom ay suuqa ku biirisay waayo aragnimo ballaaran iyo wax qabad hufan oo ay u riyaaqeen akhristayaasha Soomaaliyeed ee daneeya dhaqanka, suugaanta iyo Afka Soomaaliyeed. Waxaa xaqiiqo ah in hay`adda Scansom ay tahay hormuudka daabacaadda Soomaaliyeed ee Yurub, Kanada iyo Ameerika, isla markaana ku caan baxday qaybinta buugta iyo qoraalka af Soomaaliga oo laga heli karo goobo tiro badan, isla markaana qofku uu heli karo haddii uu dalbado meel uu dunida ka joogaba Buugaagta ay Scansom ugu talo gashay carruurta wax la koobi karo maha, marka loo eego muddada dheer ay Scansom shaqeeneysay iyo canaawiinta kale duwan ay soo saareen looguna talo galay oo kaliya carruurta. Buugtaas waxay gaarayaan qiyaastii ilaa 50 iyo dhowr muunadadood oo kala duwan.

Waxaa muuqata in hay`ada Scansom ay mar walba ku dadaasho sidii ay u kobcin lahaayeen wax soo saarka ay ugu talo galeen carruurta si ay ula tartamaan shirkadaha iyo hay`adaha shisheeye ee reer galbeed oo mar walba soo saara waxyaabaha carruurta quseeya oo tayo iyo tiroba leh. Waxaa kale oo ka mid ah buugta loo yaqaanno (Flash Cards & Posters) waa warqadaha darbiyada lagu dhejiyo oo carruurta lagu afbaro iyo kaarar buug ah oo sida turubka oo kale ay carruurtu ku ku ciyaaraan oo af-Soomaaliga iyo afaf kaleba laga baro.

Buugaagta caruurta:

Lama koobi karo buugaagta loogu talo galay carruurta oo ay soo daabacday shirkada Scansom, laakiin waxaanu in yar ka tilmaameynaa qaar ka mid ah buugaagtaa ku qoran afka hooyo oo quseeya carruurta, waayo way adag tahay in la soo koobo buugaagta ay Scansom ugu talo gashay carruurta, sidii aanu soo tilmaamnay, run ahaantiina dhammaan waxyaabaha ay soo saareen oo idilna waa ay isoo jiiteen, halkan waxaanu ku tilmaami doonaa qaar ka mid ah buugaagta iyo agabka kale ee loogu talo galay carruurta Soomaaliyeed ee ku nool wadamada loo yaqaan reer galbeedka ee Yurub, Usturaaliya, Kanada iyo Ameerika oo ay Scansom si isku mid ah u gaarto wax soo saarkeeda, inkastoo ay bilowgoodii uu ahaa Yurub gaar ahaan dalka Sweden.

Buugaagta caruurta oo aan ugu talo galey inaa halkaan ku tilmaamno waxaa ka mid ah:

SAMAD OO KU SUGAN SAXARLA.

Kani waa buug labo luqoodlaha ah oo ku soo baxay Ingiriis iyo Soomaali, buuggu waa mid loogu talo galay carruurta oo lagu maaweeliyo gaar ahaan carruurta da`da yar , waana buugga ka hadlaayaa waayihii Samad. Buuggu waxaa uu wataa sawiro aad u qurux badan si ay u xiiseeyaan carruurta ulana socdaan sheekada. Buugga waxaa qoray Maxamed Cumar , waxaana lagu daabacay dalka Sweden sanadkii 2017 kii. Waxaa kale oo jira buugaag aad u fara badan oo loogu talo galay carruurta sida:

ADDUUNKA XOOLAHA:

Waxaa qorey qoraa Maxamed Shiikh Xasan, waxaana uu soo baxay sannadkii 2015 kii. Buuggu waxaa uu ka kooban yahay erayo iyo sawiro muuqaal carruureed ah oo iftiiminaya noocyada kala duwan ee xayawaannada adduunka, waxaana uu ku qoran yahay labo luqadood oo kale ah Soomaali iyo Ingiriis.

CAWAALE & CEEBLA OO TORONTO U SOO QAXAY:

Kani waa buug carruureed qosol badan oo lamaane reer guuraa ah oo ka guuray Soomaaliya una guuray magaalada Toronto ee Kanada, waxaa qoray buugga Maxamed Shiikh Xasan.

HIGGAAD

Buuggu wuxuu ku habboon yahay carruurta da`doodu tahay 5 ilaa 8 sano. Buugga waxaa qortay Nasra Shiikh Xasan.

SHEEKOOYINKII CIGAAL SHIIDAAD:

Waa sheeko ka mid ah sheeko baraleeyada caanka ka ah Geeska Afrika. Buugga waxaa qoray Maxamed Shiikh Xasan, waxaana la daabacay sanadkii 2002 kii.

BUUGAAGTA QAAMUUSKA:

Dhinaca qaamuuska waxaa ay Scansom soo saartey dhowr buug, waxaana shaki ku jirin in qorista iyo isku dubaridka qaamuus ayna ahayn arrin fudud, laakiin ahmiyadda iyo baahida ummadda Soomaaliyeed meel ay joogtaba ay u qabto buuggaagta noocaas oo kale ah ayay hogaanka Scansom qorsho u dajiyeen sidii ay ku suuro gali lahayd ka dhabaynta riyada dad badan oo ku xiran Scansom. Qaamuusyada soo baxayna waxaa ka mid ah:

QAAMUUSKA INGIRIISKA - SOOMAALIGA.

QAAMUUSKA MAGACYADA SOOMAALIYEED.

Buuggu waxa uu ka kooban yahay ilaa 5000 oo magac oo maadooyin kala duwan ah, tusaale ahaan, 900 oo magac oo geedo Soomaaliyeed ah, 870 magac oo rag Soomaaliyeed ah, 500 oo magac oo dumar Soomaaliyeed ah, magacyo shimbiraha, duurjoogta, cimilada, roobka, miraha, cudurrada, magacyada dabeecadda iyo deegaanka, alaabta guriga, dharka, magacyada hasha, iyo magacyo kale oo badan. Waxaa xusid mudan in magacyadaa qaamuuska ku soo aroorey ay yihiin kuwa asal ah oo Soomaalidii hore yaqiineen isla markaana isticmaali jireen. Qiimaha qaamuuska waxaa uu muuqanayaa marka laga dheegto magacyo asalka Soomaali isticmaali jirtay laakiin ay badankood maanta bulshadu ka guurtey, sida magacyada ragga qaarkood oo u badan magacyadii asalka ahaa ee ka horreeyay magacyada Islaamka oo badi beddelay magacyadii hore ee Soomaalida. Buugga waxaa qoray Maxamed Shiikh Xasan.

QAAMUUSKA CAAFIMAADKA:

Buugga qaamuuska Caafimaadka waxaa uu ka mid yahay qaamuusyadii ay soo saartay hay`adda Scansom kuna dadaashay inuu noqdo qaamuus tayo leh oo ay farsamadiisa sareyso. Qaamuuska caafimaadka waxaa uu ka kooban yahay in ka badan 2000 oo qoraal ah, waxaana uu ka kooban yahay tiro badan oo ah erey-bixinno caafimaad oo af Soomaali ah oo loo habeeyey hab xaraf ahaan ku socda. Buugga waxaa daabacay qoraa Maxamed Cali Alto, waxaana daabacay Scansom Publishers bishii oktoobar sanadkii 2005 tii.

QAAMUUSKA ILAYS:

Qaamuuska Ilays waa qaamuus ka kooban labo luqadoodle ah oo Soomaali iyo Carabi ah. Qamuuska Ilays waxaa qoray Cabduraxmaan Cabdullaahi Barre oo ku magac dheer Shiine, waxaana lagu daabacay shirkadda Scansom sannadkii 2015 kii.

CIYAARAHA.

Scansom waxay soo saartey labo buug oo aad u qiimo badan baal dahab ahna ka galey taariikhda ciyaaraha ee dalka Soomaaliya. Qiimaha labadaa buug waxaa uu sii iftiimayaa marka ayno ogaano in qoraaga uu yahay qoraa sare Maxamed shiikh Xasan. Labada buug waxay kale yihiin:

TAARIIKHDA KUBADDA CAGTA SOOMAALIYEED:

Waxaa la oran karaa buugani waa buuggii ugu ballaarnaa ee laga qoro kubadda cagta Soomaaliyeed intii aan arkey. Buuggu waxaa uu runtii daboolayaa xilli in ka badan nus qarni, waayo waxaa uu qoraaga ka soo billaabay sannadkii 1930 kii waxaa uuna ku keenay ilaa sannadkii 2006 dii. Buuggu waxa uu bixinayaa xog ballaadhan oo dheer, isla markaana waxaa uu iftiiminayaa wejiyadii kala duwanaa ee ka qayb qaatay horumarinta kubbadda cagta Soomaaliya. Qoraa Maxamed shiikh Xasan buugga uu soo bandhigay ma aha oo kaliya qoraalo ee waxaa ku jira sidoo kale sawirro muhiim ah oo ku saabsan kooxihii asalka ahaa iyo xulkii qaranka Soomaaliya oo soo bilowday xilli hore oo ciyaaraha Soomaaliya. Buugga waxaa daabacday shirkada Scansom Publishers bishii Maarso sannadkii 2008 dii.

TAARIIKHDA KUBADDA KOLEYGA:

Buuggan waxa uu ka kooban yahay sawirro naadir ah oo la soo ururiyey, kuwaas oo qiimo badan leh waxyaabo badanna laga dheehan doono. Waxay kugu caadanaysaa safar laga soo bilaabo bilawgii ciyaaraha ee Soomaaliya dhammaadkii 1960-kii ilaa horraantii 1990-kii. Waxay iftiiminaysaa horumarka heer gobol iyo heer dugsiyeedka, kuwaas oo ugu dambeyntii dhidibada u aasay qarankii guulaysta. Buuga waxaa daabacay Scansom Publishers bishii March 2008 kii wuxuuna ka kooban yahay in ka badan 150 bog.

MAJAAJILADA:

Mowduucyada buuggaagta ay soo saarto shirkada Scansom kama marna buugaagta majaajilada (comedy). Sannadkii 2012 kii waxay shirkada soo daabacday buug loogu magac daray:

DARKA MAADDA:

Buugga Darka Maadda waa buug dhinaca majaajilada u janjeera, waxaana qoray Muuse Maxamuud Ciise Dalmar oo ku fara yareystay. Buugga waxaa daabacday shirkada Scansom Publishers, Sweden, oktoobar 2012 kii.

SUUGAANTA & DHAQANKA:

Waxaan qirayaa in shirkada Scansom ay ku dadaashayin ay daboosho mawduuc kasta oo lays leeyahay baahi ayay u qabtaa bulshada Soomaaliyeed ee ku dhaqan qurbaha. wax soo saarka la xiriira Suugaanta iyo dhaqanka Soomaaliyeed waxaa ay Scansom ka qaadatey kaalin weyn oo la oran karo qoraaladooda waxay ahaayeen kuwii ugu horeeyey ee soo baxay oo la xiriira uruurinta iyo kobcinta Suugaanta iyo wixii la xiriira afka. Waxaa inagu filan inaan dib u jaleecno liiska wax soosaarkooda, tusaale ahaan:

DIIWAANKA MAANSOOYINKII ABSHIR BACADLE:

Dawaawiinta la xiriirta Suugaanta ee tix iyo tiraab oo ay soo saartay shirkada Scansom waxaa kaloo ka mid ah:

DIIWAANKA GABAYADA SOOMAALIYEED 1-5
DIIWAANKA HEESAHA SOOMAALIYEED 1-4
DIIWAANKA MAAHMAAHDA SOOMAALIYEED 5

Dhammaan dawaawiintaa waxaa wada qoray Maxamed shiikh Xasan.

Maxamed shiikh Xasan

Qofna waxaanu inkiri karin in haddii hawl la qabto uu qof uun hormuud u noqonayo, inkastoo ay howlwadeenada shirkada Scansom ay badan yihiin haddana waa lawada ogsoon yahay in qoraa Maxamed shiikh Xasan yahay aasaasaha iyo hormuudka shirkadda oo uu waqti iyo maskax badanna ku bixiyey iney gaarto heerka ay maanta gaarsiisan tahay. Howsha uu qabtey halyey Maxamed shiikh Xasan waxaan oran karaa waa mucjiso, waayo waxaa uu soo banbaxay xilli aaney dadka badankoodu ku fikireynin buug, bandhig iyo qoraalba, sidaa darteed waa mudan yahay aqoonyahankaan in aanu tilmaamo dhowr ah ka bixino taariikhdiisa oo aan is weydiino waa kuma Maxamed Shiikh Xasan?

Qoraa Maxamed shiikh Xasan Nuur waxaa u ka soo jeedaa qoys ahlu cilmi ah oo isla markaana ku caan baxan iney yihiin dad u khidmeeya diinta faafinteeda, sidaa darteed la yaab malaha in yaraantiisiiba uu ahaa qof ka dhisan guriga oo diyaar u ah waxbarasho. Maxamad Sheekh Xasan wuxuu ku dhashay magaalada Dhagaxbuur sannadkii 1957 kii, wuxuuna dugsiga hoose ka billaabay magaalada Xamar sannadkii 1968 kii. Dugsiga Hoose wuxuu ka dhigtay Dugsia Hodan, Dugsiga Dhexe wuxuu ku dhigtay Dugsiga 21 Oktoobar ee Xamar iyo Kaasa Bobolaare. Dugsiga Sare wuxu ka dhigtay Dugsiga sare ee Ganaane (Kismaayo) iyo Dugsiga Benaadir. Ka dib waxaa uu u safrey dibadda gaar ahaan dalka Iswiidhan (Sweden) , halkaana waxaa uu kaga biirey jaamacadda la yiraahdo (Stockholm University) ee ku taala caasimadda dalkaas. Wuxuu billaabay kulliyadda maaraynta maamulka iyo Ganacasiga sannadkii 1983kii, waxaana la guddoonsiiyey shaahada 1 aad ee loo yaqaan (Bachelor of Science) ee maamulka ganacsiga sannadku markuu ahaa 1988 kii.

Maxamed Shiikh Xasan markii ay u dhammaatey jaamacaddii wax hakad ah ma uusan galin noloshiisii dhanka aqoonta iyo barashada ee isla markiiba waxaa uu isla jaamacadii (Stockholm University) kaga biirey qeybtii xigtey ee ahayd shahaadaa 2 aad ee loo yanaaan Masterka qeybta maamulka ganacsiga, wuxuuna dhammaystay sannadkii 1996kii (waxaa la guddoonsiiyey Shahaadada Master of Science in Business Administration), isagoo markaana ku dhex waday howlihiisa gaar ah. Inta uusan bilaabin arrimaha daabacaadda buugaagta waxaa uu Maxamed Shiikh ka shaqeeyey Wasaarada waxbarashada ee dalka Sweden oo uu ahaa macallin luqadda iyo dhaqanka ka shaqeeya isla markaana xubin buuxda ka aha guddiga waxbarashada ee caasimadda Stockholm intii u dhexeysey sannadkii 1987 ilaa 1994 kii. Qoraagu waxaa uu gacan weyn ka geystay horumarinta buugaagta, gaar ahaan kuwa la xiriira manhajka waxbarashada ee ardada dugsiyada hoose/ dhexe iyo sareba. Runtii Maxamed shiikh Xasan Nuur waa qoraa, cilmi baare iyo guddoomiyaha shirkada Scansom , isla markaana ah aasaasaha shirkadda daabacda buugaagta ku qoran afkeena hooyo, sida aanu horey u soo xusnay.

Inkasta oo uu ku dhashay kuna barbaaray dhulka Soomaaliyeed isla markaana wax ku bartey, haddana dhalinyaranimadiisii waxaa uu u dhoofay dibadda bishii may sannadkii 1978 kii, Wuxuu dalka Sweden soo galay bishii Jan. 21, 1981 kii oo uu ku nagaaday dalkaas waana meesha uu ku hana caaday waxna ka bartay, inkastoo uu waqtiyadii dambe uu u batey dalka Kanada oo uu deggen yahay, haddana waxaa uu ku noolaa dalka Iswiidhan oo uu degenaa ilaa sannadkii 1997. Mudda waxaa uu ka shaqeeyey dalka Sweden isagoo ahaa macallin ka shaqeeya dugsiyada dalkaas. Ka dib waxaa u soo baxday baahida dhallaanka Soomaaliyeed haysata sidaa darteed waxaa uu u wareegey in uu buuxiyo kaalintii kaga aadanayd oo uu muddo ku mashquulay cilmi baaris iyo uruurin la xiriirta uriirinta, daryeelka, iyo kaydinta afka iyo suugaanta Soomaaliyeed, gaar ahaan wixii la xiriira carruurta oo sheekooyin iyo dhigaalo carruureed ah. Waxaa ku xigtey in la daabaco wixii suura gashay ee la qoray. Ilaa iyo sannadkan maanta aan ku jirno oo ah 2022 kii, waxay Shirkadda Scansom daabacday 215 buug (muunadood) in ka badan oo kala duwan oo ka mid yihiin qaybaha hoos u xusan:

- Buugta Carruurta waxay Shirkaddu daabacayday qiyaastii 40-50 Buug oo kala duwan oo carruurta keliya ku saabsan. Waana muddada u dhaxaysa 1994-2022;
- Waxaa xusid mudan in buuggii ugu horreeyey ee carruurta oo ay shirkada daabacday sannadkii 1994, waana Sheekooyinkii Boqoraddii Arraweelo;
- Buugta Silsiladda Gurmad iyo Gabayada waxay shirkaddu daabacady buugaag badan oo gabayo ah. Qiyaastii in ka badan ilaa 30-35 muunadood oo kala duwan muddadii u dhaxaysay 1994-2021;
- Buugta Heesaha iyo Riwaayadaha

Soomaaliyeed qiyaastii ilaa 7 buug;
- Buugtaa Maahmaahyada ilaa 3 caddad 19977-2021;
- Buugta Sheekooyinka khayaaliga ah (Fiction Novels) qiyaastii 50 iyo wax la jira;
- Buugta Taarikhda qiyaastii 5 Buug;
- Qaamuusyo kala duwan qiyaastii ilaa 5 buug;
- Buug kale oo badan oo isku dhafan oo gaaraya 50-65 buug oo kala duwan muddadii u dhaxaysay 1994-2022;
- Shirkaddu waxay soo saartay oo ay kutubtooda daabacaday qorayaal badan oo gaaraya 40-50 qoraa oo kala duwan;

Shirkaddu waxay luqado kala duwan ku daabacday buug ku saabsan fahamka saxda ee Diinta Islaamka si loogu gudbiyo gaar ahaan dadka aan muslimiinta ahayn. Buugtaas waxaa ku daabacan yiniin luqadaha ay ka mid yihiin Afka Carabiga, Af-Ingiriisi, Af-Talyaani, Af-Jarmal, Af-Ruush, Afka -Isbaanishka. Buugtaaas tiradoodu waxay gaaraysaa ilaa 15 buug oo kala duwan. Arrinkaana waxaanu oran karnaa waa howl aan looga horeynin in ay u istaagto sharkad qurbo joog ah oo ka soo jeeda Geeska Afrika iney howlaha sidaa u baaxadda weyn ay u istaago iyada oo aan heysan awood garab taagan oo hiil iyo hooba la daba joogta.

Shirkaddu waxay dib u daabacday wargeysyadii dalkeenna ka soo bixi jiray 1960-1990 kii, oo ilaa iyo 15 Wargeys ayey dib u casriyeysay oo dib u daabacday.

Waxaa ka mid ah wargeysada Somali News 1961-1969 kii.

National Review Magazine 1963-1969 kii, Somali Internattional Magazine 1968 kii, Halgan, Heegan, Xiddigta Oktoobar 1973-1986 kii. Wargeysyada waxaa dib loo daabacay sannadkan 2021-2022.

Shirkaddu waxay iba furtay qaarna dhiirigelisay bandhig buugeedka badanaaba dalka dibediisa iyo gudaha lagu qabto. Waxay bandhig buugeed ka samaysay qiyaastii ilaa 70 magaalo oo kala duwan oo ku kala yaala qaarado kala duwan;

Ugu dambeyntii waxaa aad ii soo jiitey qof ahaan halhasyka shirkadda Scansom oo ah (U hiili afkaaga hooyo, ku anqari oo ku ababi ubadkaaga;

Golaha Kayd ee Fanka Iyo Dhaqanka Soomaaliyeed

Kayd waa urur faneed madax bannaan oo ka shaqeeya horumarka fanka, dhaqanka iyo suugaanta Soomaaliyeed, waxaana lagu aas aasay xaafadda Tower Hamlets ee ka tirsan magaalada London ee dalka Ingiriiska sannadku markuu ahaa 2009 kii. Istaagidda ururka Kayd waxaa hormood ka ahaa Ayaan Maxamuud Cashuur.

Ayaan Maxamuud

Ujeedada loo aas aasay waxay ahayd in ururka Kayd uu u dhiso una balaariyo mashaariicda fanka Soomaaliyeed oo hore uga dhici jirtay Oxford House ee ku taal Bethnal Green ee ka tirsan magaalada London.

Aalaaba mashaariicda ka dhacda Aqalka Oxford waxaa loo sameeyey si ay u siiyaan dadka fursad iyo meel xor ah oo loogu talgalay dadweynaha oo ay ka mid yihiin Soomaalida deggen dalka Ingiriiska iyo qaxootiga Soomaaliyeed ee ku cusub dalka dabayaaqadii 80-meeyadii taasoo qayb ka ah mashaariicda farshaxanka iyo warbarashada ee golaha aqalka Oxford. Fursad ka soo baxday guriga Oxford iyo baahida jaaliyadda Soomaaliyeed ayaa sabab u ahaa in la taago ururka Kayd, ka dib markii hal-door Soomaaliyeed ay isu aragti ka noqdeen in la buuxiyo baahida ku aadan horuminta iyo difaaca dhaqanka, fanka, afka iyo suugaanta Soomaaliyeed.

Dhab ahaantii Kayd ujeedada ugu weyn waxa loola jeedaa dhawrista afka Soomaaliga oo doonaya in uu kor u qaado fanka, dhaqanka iyo hiddaha si ay uga faa'iidaystaan dadweynaha gaan ahaan faca soo koraya ee Soomaaliyeed. Waxay qaban qaabisaa Kayd suugaan faneed oo ay ku jiraan riwaayadaha, ciyaaraha hiddaha iyo dhaqanka, sidoo kale bandhigga buugaagta iyo aqoon-is-weydaarsiyo, meesha kama marna iyadana qaban qaabada iyo abaabulka xafladaha laguna soo gudbinayo fanka iyo dhaqanka ee maalmaha ciidaha. Kayd waxay caan ku noqotey qaban qaabada sannad walba barnaamijka loogu magac daray dabbaaldagga Toddobaadka Soomaalida (Somlai Week Festival) oo tan iyo sannadkii 2009 kii si isdaba joog ah u socday. Waxaa la oran karaa toddobaadka Soomaalida waa dabbaaldeggii ugu weyn ee Soomaali weyn sameysto, waxaa uuna dhacaa London sannad walba bisha oktoobar.

Somali Week Festival waxay ahayd tobonkii sano ee ugu danbeeyey mid ka dhacda aqalka Oxford ee dhaca Bethnal Green, laakiin waxaa ku soo kordhay xaflad weyn oo ay iska kaashadaan xarumaha fanka ee muhiimka ah sida Maktabada Ingiriiska iyo Xarunta Southbank taa oo ka dhacda Maktabad Ingiriiska. Kayd waxay isku daydaa inay bixiso fursado lagu horumarinayo fannaaniinta soo koraya iyo inay taageeraan shakhsiyaadka si ay u sii wataan xirfadahooda qaybta hal-abuurka. Hadafka Kayd waa in ay isku xidhaan bulshooyinkeena iyo sidoo kale fannaaniintayada si ay ula hawlgalaan ururrada fanka ee caadiga ah iyo goobaha si ay u gaaraan dhegaystayaal iyo xirfadlayaal iyo in ay horumariyaan xirfado hal abuur leh iyada oo loo marayo hindisayaasha bulshada. Howsha Ayan Maxamuud ay ka hayso hay'adda Kayd ma aysan guuleysan lahayn haddii aaney jirin koox la shaqeysa oo ay isla fuliyaan himilooyinka Kayd iyo ujeedada loo aas aasay, gaar ahaan markii aanu ogaano in dhallinta la shaqeysa Ayaan ay yihiin kuwo iskood isku xilqaamay oona isku kalsoon aqoonna u leh hoggaaminta ururrada iyo sida bulshada loo horumariyo, dhallinyaradaa waxaa ka mid ah: Hanna Ali, Hana Abdi iyo kuwo kale.

Waxay ahaataba xarunta Kayd waxay sannad walba isku howshaa inay soo qaban qaabiso barnaajimyo kale duwan oo quseeya dhaqanka iyo Suugaanta Soomaalida (Somali Week Festival), waxaana ka soo qeyb gala oo lagu casumaa culumo, abwaano, qorayaal, fanaaniin iyo haldoor Soomaaliyeed oo rag iyo dumarba leh, kuwaa oo soo bandhiga hibada iyo aqoonta uu Illaahay ugu deeqay. Sidoo kale waxaa lagu maamuusaa iney kulamada Kayd oo ay ugu horeyso toddobaadka dabaaldegga Soomaalida ka soo qeyb galaan madaxda dalka boqortooyada Ingiriiska oo u aragta iney tahay xaquuqda dadka degen boqortooyada ay u leeyihiin iney dhowraan dhaqankooda, afkooda iyo diintooda ba, iyo iney horumariyaan inta awoodooda ay la eg tahay. Runtii taageerada ugu weyn ee madaxda dowladda Ingiriiska waxay tahay iney kala qeyb galaan Soomaalida dabaadagga sannad walba dhaca isla markaana ay bogaadiyaan taa oo u keenta abaabulayaasha kulamada dhiiro galin gaar ah oo kor u qaada niyadooda si ay u gaaraan hiigsigooda iyo meesha ay u socdaan.

Kulankii Kayd ee sanadkii 2021kii

Marka la eego kulankii ugu danbeeyey ee toddobaadka dabaaldegga Soomaaliyeed ilaa iyo hadda waxaa la oran karaa barnaamijyada ay Kayd qabatay sannadka 2021 kii ee Somali Week festival waa uu ka duwanaa kuwii hore gaar ahaan waxaa uu kulankaan dhacay ka dib markii muddo labo sano ah uu hakad ku yimid oo aan la qaban kulumadii Somali Week sababo la xiriirta xanuunkii dunida ku faafay ee Hergabkii ama Caabuqii loo bixiyey Karona fayruus (Covid 19) oo kala xiray adduunka isku socodkiisa, gaar ahaan dalka Ingiriiska waxaa uu ku jiray dalkii uu sida xun ugu faafay cudurkaa. kulankaa waa kii ugu horeeyey ee aan ka qayb galo ka dib 13 kulan oo qabsoomay.

Run ahaantii sannadka 2021 kii waa lagu soo bandhigey Somali week festival buugaag tiro iyo tayaba leh oo ka duwan kuwii hore, gaar ahaan marka la eego cinaawinta ay xanbaarsanaayeen iyo qorayaasha oo lahaa rag iyo dumar isla markaana u badnaa dhallinyaro xambaarsan aqoon durugsan oo ay u wehliyaan saad iyo talooyin ay ka dhaxleen dadkii ka horeeyey. Waxaa la yaab lahaa in buugaagta la soo bandhigay badkood ay ka war bixinayeen hal door Soomaaliyeed oo kaalin buuxda ka qaatay diinta, barbaarinta carruurta, dhaqanka iyo suugaanta Soomaaliyeed, malaha waxay u ekayd in ay iska war qabeen qorayaasha madasha yimid, in kastoo ay ka kala yimaadeen meelo kale duwan oo daafaha dunida ka mid ah. Buugaagta lagu soo bandhigay magaalada Leicester iyo London sannadka 2021 kii waxaa ka mid ahaa:

HAL TISQAADAY. HALABUURKII CALI SUGULE.

Buuggaan waxaa qoray Marxuum Maxamed Baasha X. Xasan , waxaana daabacay Garanuug. Baasha buugga waxaa uu ku soo uruuriyey dhaxalkii suugaaneed ee lahayd tix iyo tiraab oo u ka tegey abwaan Cali Sugulle. La yaab ma leh in Maxamed Baasha uu isku taxluujiyo ururinta iyo diiwaan gelinta taariikh nololeedkii abwaan Cali Sugulle iyo hibadiisii suugaaneed oo uu Illaahay siiyey, waayo abwaan Cali Sugulle waxa uu ahaa raggii dhidibada u aasay in fanka iyo suugaantu tacliin yihiin, sidaana waxaa yiri Maxamuud Shiikh Axmed Dalmar mar uu ka hadlaayey baroor diiqdii Cali Sugulle loogu sameeyey magaalada London. Buuggu waa halabuurkii Cali Sugulle ee dhawr xilli oo xidhiidhsanaa iyo sooyaalkiisii qofnimo, Cali Sugulle waxaa uu ahaa suugaan yahankii ugu mudnaa ee ka soo horjeeday ruwaayadii gumaystaha, waxaa uuna ka mid ahaa abwaannadii hormoodka ka ahaa halgankii gobannimo-doonka ee Soomaalidu xorriyaddeeda ku baafinaysay sannadihii 1940-kii dabayaaqadoodii iyo sannadihii 1950-kii, waxa uu ahaa hal-abuur qayuuri ah oo Alle ku mannaystay curinta maansada, isaga oo lahaa suugaan jaad-gooni ah oo markiiba dunta iyo hardeedda la soo sooco, oo fudud, haddana qaro iyo duluc raaridan oo la yaab leh, nuxur iyo murti ahaan, sida uu sheegey qoraa Maxmaed Baasha X Xasan. Waxaa buugga ku jira 13 riwaayadood oo uu Cali Sugulle halabuuray afartaas xilli intii u dhexaysey iyo riwaayad uu dhawr abwaan oo kale la allifey. Cali Sugulle iyo halabuurkiisu waa badweyn lagu hafanayo, lagana qori karo tobannaan buug.

FOOLAAD

Foolaad waa buug laga qoray Fannaan Maxammed Mooge Liibaan, qoraha buugga Foolaad waxaa lagu magacaabaa Cabdikariin Xikmaawi waxaa uu ka hadlayaa waayihii iyo kaalintii mugga iyo miisaanka laheyd ee uu abwaan Maxamed Mooge Liibaan ka qaatey fanka iyo suugaanta Soomaaliyeed.

Qoraaga inta uusan soo bandhigin suugaanta Maxamed Mooge waxaa uu ka hormariyey taariikhda fanaanka oo uu ka soo bilaabey yaraantiisii iyo waayihii uu waxbaranayey, dabadeed waxaa uu raaciyey xaaladadihii kale duwanaa ee noloshiisa ka mid aheyd iyo shaqooyinkii uu ummadda u soo qabtey, gaar ahaan waayihii uu macallinka ahaa. Buugga foolaad waxaa uu muuqaal buuxa ka bixinayaa hibada Maxamed Muuge Illaahey ku manaystey waxaana la oran karaa waa loogu samri karaa maqnaashaha fanaankai caanka ahaa ee laga waayey masraxa Soomaaliyeed.

HAWAALE WARRAN

Hawaale warran waa buug uu isku duba ridey qoraa Maxamed Saleebaan, laakiin buugga waxaa qorey abwaan Maxamed Warsame Hadraawi, sida uu sheegey Maxamed Saleemaan habeenkii uu buugga ku soo bandhigayey London waxaa asalka buugga uu ahaa qoraallo dhowr ah oo uu abwaan Hadraawi u keeni jirey si uu isugu hagaajiyo dabadeedna loo daabaco ka dibna uu u noqdo buug ay ummadda ka faa`iideysato. Buugga waxaa ka muuqata in abwaan Hadraawi uu falasoof weyn yahay aadna u fahmey xaqiiqda nolosha adduunka. Akhristaha buugga akhriyaa waxaa u soo baxaysa in abwaan Hadraawi qoraaladiisa ay ka anbaqaadayaan khibrad iyo waayo aragnimo durugsan uu leeyahay. Waxaa la oran karaa abwaanka waxaa uu buugiisa ku soo bandhigey waxyaabo badan oo kale duwan oo xiriir qoto dheer ku leh nolosha uu si hufan ugu soo bandhigey hibada uu Illaahey siiyey.

TAARIIKHDA CULIMADA SOOMAALIYEED

Bandhigii buugga Taariikhda Culimada Soomaaliyeed

Qoraaga buuggaan waa Dr. Maxamed Xuseen Macallin oo buugaag dhowr ah qorey, buuggaana waxaa uu ka mid ahaa buugaag dhowr ah oo qoraaga u suuro gashey inuu soo saaro sanadkii 2021 kii. Buugga Taariikhda Culumada Soomaaliyeed waxaa lagu daah furey kulankii sannadlaha ahaa oo ay hay`adda Kayd abaabulkeeda iska laheyd, buugga waxaa lagu soo bandhigey magaalooyinka Leicester iyo London. Buuggu waxaa uu ka hadlayaa taariikhdii iyo sooyaalkii culimadii Soomaaliyeed. Buuggaan waxaa uu soo bandhigayaa taariikhda culumada Soomaaliyeed qaarkood, waxaase xusid mudan in culumada buugga lagu soo bandhigey ay u qeybsamaan labo qeybtood: Qeybta hore waxaa lagu soo qaatey culumadii hore oo noolaa xilliyadii hore oo qaarkood laga joogo 7 qarni iyo wax ka badan. Qeybta labaad waa uu qoraagu ku soo bandhigey culumada aad u badan laakiin noolaa waayadii danbe gaar ahaan labadii qarni ee ugu danbeeyey. Qoraaga buugga waxaa uu ka afeeftey in buugga uusan koobeynin dhammaan culumadii Soomaaliyeed , waxaana uu caddeeyey in culumo badan ay ka maqan yihiin buugga oo loo baahan yahay in qoraalo kale laga sameeyo.

CALAF & CUGASHO

Buugga calaf iyo cugasho waxaa qorey qoraa Maxamuud Ibaraahim Jaamac oo ku magac dheer Xaaji, sida uu qoraagu sheegeyna waxaa uu buuggaan soo gudbinayaa, qar-adaygga Soomaalida, qabka iyo quudhsidiidka qofka Soomaaliga ah, qaddarinta haweenka, iyo quwadda iyo qiimaha hablaha Soomaaliyeed. Runtii sida qoraagu caddeeyey buugga waa qiso dhab ah oo tilmaamaysa labo dhallinyaro ah oo Soomaaliyeed Saxardiid iyo Saxarla, oo jaamacaddii Lafoole wada dhigan jirey. Markii dagaalku ka qarxay Xamar 1991kii midba jiho ayuu u dhaqaaqay, hase yeeshee, shan sano dabadeed 1995 ayay si lamafilaan ah ugu kulmayaan magaalada Harare ee dalka Zimbabwe, Saxarla oo waqtigaas ciirsi u baahan, geed ay cuskatana la'. Saxardiid wuxuu go'aansanyaa inuu samatobixiyo Saxarla. Waa qiso cajiib ah oo uu qoraagu ku soo bandhigayo buugga isagoo adeeg sanaya qoraal aad u sareeyo oo soo jiidanaya aqristaha.

JOOGAHA MAQAN

Sidoo kale waxaa madashii dabaaldegga toddobaadka Soomaalida ee ay soo qabanqaabiyeen ururka Kayd waxaa lagu soo bandhigey buugga Joogaha Maqan kaa oo ka faaloonaya murtidii iyo maalmihii abwaan Xasan Qawdhan (1944 kii – 2017 kii), waxaa buugga Joogaha Maqan qorey qoraa da`yar oo lagu magacaabo Axmed Karaama.

Meesha kama marneyn buugaagta

hablaha Soomaaliyeed ay soo bandhigeen gaar ahaan Nicmo Noor waxay madasha la timid buugaag dhowr ah oo uu ugu horeeyo: Jasiiraddii Nabadda, waa buug loogu talo galay carruurta Soomaaliyeed meel ay joogaanba. Garoob iyo godob rageed, waxaa uu buugaan ka kooban yahay labo qeyb. Labada buug ee aanu soo sheegey faah faahintooda waxaanu ku soo qaadan doonaa dadaalada Nimco Noor ee imaandoono.

Shirkadda Iftiinka Aqoonta[6]

Hay`adda Iftiinka Aqoonta waa hay`ad aqooneed oo madax banaan oo uu hirgeliyey abwaan qoraa ah oo lagu magacaabo Yuusuf Xaaji Cabdullaahi Xasan, ka dib markii ay u suuro gashay intii uu ka shaqeenayay golayaasha aqoonta in uu ku guuleystay inuu sameeyo shirkad lagu magacaabo Iftiinka aqoonta, waxaa arrinkaa ku bixiyey sidii ay ugu fududaan lahayd daabacidda buugaagta iyo iibgaynteeda si ay bulshada Soomaaliyeed ee degen Yurub guud ahaan ugu faa`iidaysan lahaayeen.

Mar aanu booqasho ku tagnay xarunta Iftiinka Aqoonta ee uu gudoomiyeka yahay qoraa Yuusuf Xaaji Cabdullaah (sheekulli) kuna taal magaalada Stockholm ee dalka Sweden bishii desember sannakii 2017 kii, ka dib markii aanu marti qaad ka helnay qoraaga waxaa inoo muuqday dadaal iyo naf hurid aad u weyn oo suuro gal ka dhigay hirgelinta hay`adda Iftiinka Aqoonta.[6] Booqashadeena waxaana ina hogaaminayey Professor Cali Jimcaale Axmed iyo halgamaa naftiihure Riyaad Xaamud Axmed isla markaana uu ina wehliyo fanaanka weyn Cabdi Baadil Ibraahim iyo qoraa Xuseen M. Cabdulle (Wadaad), waxaa xusid mudan isku xirka Xarunta Iftiinka Aqoonta iyo wafdiga ay qaban-qaabadiisa lahaayeen saaxiibadeen (Mustafa Axmed, Ustaad Ali yare iyo Cabdullaahi Xaaji) oo ka socday Kista Folkhogskola oo ah Xarun Cilmiyeed ku taal dalkaa Sweden. Runtii waxaanu halkaa ku soo aragnay buugaag iyo agab cilmiyeed kale duwan oo uu dadaal baaxad weyn ku bixiyey qoraaga kaa oo la oran karo waa Jihaad iyo Kifaax barakaysan, Illaahay ha barakayeeyo maskaxdiisa iyo aqoontiisan.

---

6 Sida badan taariikhda qoraa Yuusuf X Cabdullahi Xasan waxaanu ka soo qaadanay buuggiisa Xogwarran iyo aqoontii aanu u lahayn qoraaga.

Xanrunta Iftiinka Aqoonta, Stockholm

Sweden. Buugaagta la daabacay waxaana ka mid ah:

- DALAGGA & DUUNYADA - waxaa uu soo baxay 1997 kii.

Buuggaan waxaa uu ahaa buuggii ugu horeeyey ee uu qoro Yuusuf xaaji Cabduulaahi, markii uu soo baxayna aad iyo aad ayaa loo xiiseeyey.

BUUGAAGTA UU QORAY:

Sida aan hore u soo sheegney Yuusuf Xaaji Cabdullaahi waxaa uu in muddo ahba ka shaqeenayey dugsiyada dalka Sweden oo uu ka ahaa bare chiga afka Soomaaliga, markii uu shaqadaa bilaabay sannadkii 1994 kii durbadiiba waxaa u soo baxday in ay jirto baahi weyn oo la xiriira dhanka buugaagta si horumar looga sameeyo aqoonta ay carruurtu u leeyihiin afkooda hooyo, sidaa darteed qoraa Yuusuf waxaa uu ka mid ahaa dadkii tirada yaraa oo dhexda u xirtey inay soo saaraan qoraallo la xiriira afka Soomaaliga tix iyo tiraab, hadal iyo howraar, gabay iyo geeraar iwm, sidaa darteed waxaa uu ku guuleystey in uu soo saaro qoraalo fara badan, qoraaladaa oo dhan waxaa daabacday shirkada Iftiinka aqoonta oo saldhigeedu yahay magaalada madaxda Stockholm ee dalka

- QORISTA & AKHRISKA - 1998kii.
- FEEGAARKA & FARBARASHADA - 1999.
- HIGGAADDA iyo HEESAHA - 2000kii.
- KHIYAANOOLE WUU KHASAARAA - 2002 kii.
- DADQALATO & QORI ISMARIS - 2002kii.
- AFKA HOOYO BARO OO KU BARBAAR - 2002kii.
- UGAADH & HABAR DUGAAG - 2003kii.
- AFKA HOOYO IYO AQOONTA GUUD - 2004kii.
- BARBAARIYE - 2005kii.
- KOBCIYAHA AFKA HOOYO - 2006kii.
- GURXAN IYO GABAREEY MAANYO - 2007kii.

- CAGABARUUR IYO CAWL - 2012kii.
- Aflax oo edabna ku dar - 2007 kii.
- Dugsiga sare ee hilinka habboon waxbarasho - 2008 kii.
- Saadka ardayga buug waxbarasho – 2008 kii.
- Bishaaro iyo bilkhayr (buug sheeko ah) – 2011 kii.
- Cawo iyo ayaan – 2011 kii.
- Filanwaa (buug sheeko ah)) – 2011 kii.
- Ha is dhiibin (buug sheeko ah) – 2011 kii.
- Nabsi iyo nasiib (buug sheeko ah) – 2014 kii.
- Taxanaha barashada xoolaha – 2014 kii.
- Hooyo ii hees – 2013 kii.
- Bidragare fårlorar (sheekooyin la tarjumay) – 2008 kii.

Waxaa kale oo uu dadaal aad u xoogan ku bixiyay qoraa Yuusuf Xaaji Cabdullaahi in uu uruuriyo wax walba ku saabsan waxbarashada iyo dhaqanka gaar ahaan wixii la xiira carruurta Soomaaliyeed oo u fududaynaya in ay bartaan afkooda hooyo iyo dhaqankooda. Arrimahaas aan soo sheegney waxaa uu abwaanku u soo saaray hab cajalado (CD) ah intii u dhaxaysey 2003 kii ilaa 2014 kii.

Yuusus X. Cabduullahi

Ugu dambeyntii waxaa aanu shaki ku jirin in hay`adda Iftiinka aqoonta uu dadaal badani ku bixiyey qoraa Yuusuf Xaaji Cabdullaahi oo deggan dalka Iswiidhan (Sweden) gaar ahaan magaala madaxda Stockholm. Yuusuf Xaaji Cabdullaahi Xasan oo ku magac dheer (Sheekulcasri) waxaa uu dhashay sanadku markuu ahaa 1962 kii, goobta uu ku dhashay waxaa la yiraahdaa Tuurkhayro oo ku taala duleedka magaalada Jigjiga dhineceeda woqooyi. Tuurkhayro waxaa ay ku taal banka Diida waaleed, waxaana ay u dhaxaysaa magaalooyinka Jigjiga oo ay woqooyi kaga beegan tahay. Magaalada Jinacsani oo ay bari kaga toosan tahay iyo Ceelammaan oo ay galbeed ka jirto. Yuusuf Xaaji Cabdullaahi yaraantiisii waxaa uu dugsi Quraan ka bilaabay meel lagu magacaabo Dhagaxyacad oo war yar u jirta tuuladii uu ku dhashay ee Tuurkhayro. Dabadeed waxaa uu u sii gudbay waxbarashadii dugsiga hoose oo uu ka bilaabay magaalada Boorama sanadkii 1973 kii oo ku beegnayd sannadkii ololaha, ka dib markii uu u soo wareegay eedadii Maryan Cabdullaahi Maxamuud oo muddana la noolaa ilaa uu ka dhammaaystay dugsigii hoose sannadkii 1975 kii, ka dibna waxaa uu u soo wareegay magaalada Gabiley oo uu ku biiray dugsigii dhexe ee Qalax, waxaana u suuro gashay in uu halkaa ku dhammaysto waxbarashadii dhexe ka dibna horey u sii waday waxbarashadiisii la xiriirtey dugsiga sare ilaa uu ku guuleystay dhammaystirkiisa sannadkii 1982 kii.

Yuusuf Xaaji Cabdullaahi Xasan markii uu ka gudbay marxaladii dugsiga sare waxaa uu ka qayb qaatay sannadkii gurmadka oo lagu tababarayay ardada ka baxda dugsiga sare sannadku markuu ahaa 1983 kii, waxaana uu ka shaqaeynayey koofurta Soomaaliya gaar ahaan magaalada Balcad ee gobolka Shabeellada dhexe. Markii uu u dhammaaday howshii gurmadka waxaa uu u sii gudbay marxalad kale waxaa uuna ka mid noqday ardaydii qoratay ciidanka nabadgelyada, waxaana tababar muddo ugu maqnaa magaalada Baydhabo ee gobolka Baay gaar ahaan xiradii lagu magacaabi jiray Calisalaamay, laakiin sannadkii 1985 kii waxaa uu ka mid noqday ardaydii heshay jaamacadda ummadd Soomaaliyeed ee Gahayr, gaar ahaan kulliyaddii sharciyada, waxaana uu dhammaystay 1990 kii. Bishii maarso sannadkii 1990 kii waxaa uu abwaanku u soo dhoofay magaalada Qaahira ee dalka Masar, dabadeedna waxaa uu ku mashquulay sidii uu ugu choofi lahaa dalka Sweden oo u suuro gashay inuu yimaado dabadeedna ku noolaado ka dib markii uu helay sharcigii deganaashaha bishii meey ee sanadkii 1991 kii. Bishii juun sannadkii 1994 kii waxaa uu Yuusuf iyo reerkiisa u soo wareegeen magaalada caasimadda Stockholm oo ay reerku illaa iyo waqtigaan deggen yihiin. Abwaan Yuusuf laga soo bilaawo 1995 kii waxaa uu in muddo ah ku shaqeenayey macallinimo oo uu ahaa macallin dhiga afka hooyo isagoo ka shaqeeya dugsiyada ku yaal dalka Sweden gaar ahaan magaalada Stockholm. Dhanka nolol bulshadeedka abwaan Yuusuf waxaa uu guursaday gabar lagu magacaabo Xaliimo Xasan Cumar oo degenayd magaalada Napoli ee cariga Talyaaniga, laakiin waxaa ay labadoodu isugu yimaadeen oo ay meeshaa ka sii wadeen noloshii qowskooda markii ay ku kulmeen dalka Sweden gaar ahaan magaalada Lidköping. Labada lamaane Illaahey waxaa uu siiyey dhowr carruur oo kale ah: Ifraax, Muniira, Muna, Mahad, iyo Mustafa.

Dadaallada Yuusuf Xaaji Cabdulaahi

Qoraaga, Hadraawi iyo Nuuradiin Faarax

Runtii Yuusuf Xaaji Cabdullaahi Xasan oo ku magac dheer Sheekhulcasri waxaa la oran karaa waa abwaan Illaahay siiyey caqli iyo aqoon isla markaana Illaahay waafajiyey in uu aqoontiisa iyo hibadiisa ugu adeego dadka Soomaaliyeed oo qurbaha ku nool gaar ahaan carruurta iyo dhallinyarada. Waxaa uu Yuusuf ku guulaystay inuu qoro buugaag aad u badan oo dhammaantood loogu talo galay bulshada Soomaaliyeed gaar kuwa ee deggen qaarada Yurub si ay kor ugu qaado afka iyo suugaanta Soomaaliyeed, arrintaana waxaa la oran karaa waxaa ka caawiyey howshii macallinimo ee uu yahay ayaa waxaa qoraaga ku soo baxday in baahi badan ay bulshadu haysto loona baahan yahay in baahidaa laga daaweeyo, sidaa darteed buugaagta uu qoray waxay ka muuqda inuu isku dayey sidii uu u buuxin lahaa kaalinta kaga aaday baahitirka bulshadeena si kor loogu qaado wacyiga iyo aqoonta waalidiinta iyo kuwa hormuudka ka ah qoyska Soomaaliyeed ee ku dhaqan Yurub gaar ahaan Sweden.

Kasmo Publishing Ltd.

Kasmo Publishing Ltd waa hay`ad madax banaan oo isugu jirta, wargeys, mareeg iyo daabacaad buugaag, laakiin waxaa uu ku bilowdey markii hore wargeys loogu magac darey Kasmo kaa oo lagu aasaasey magaalada London ee dalka Boqortooyada Ingiriiska 27 bishii sebtember (september) sannadkii 1997 kii. Markii hore waxaa uu ku dhashay wargeyska Kasmo ka dib markii ay ka wada hadleen koox qorayaal ah oo ka wada tirsanaa wargeys lagu magacaabi jirey Ogaal ayaa ku fikirey iney haddana aasaasaan wargeys ay u bixiyeen Kasmo si uu u buuxiyo baahida bulshada Soomaaliyeed ee qurbaha deggen gaar ahaan carriga Ingiriiska. Wax lala yaabo ma ahayn firfircoonida, dadaalka iyo aqoonta ka muuqatey howlwadeenada Kasmo iyo tayada ka muuqatey wargeyska, gaar ahaan markii qofku ogaado in kooxdaan tirada kooban ee ka howlgashay wargeyska Kasmo ay ahaayeen qaar ka mid ah dadkii ka shaqeyn jirey wargeyskii magaca dheeraa ee Ogaal ee ka soo bixi jirey magaalada Muqdisho ee dalka Soomaaliya intii u dhexeysey 1985 kii ilaa 1990 kii, kaa oo cadadkiisii ugu dambeeyey soo baxay 9 kii bishii febraayo sannadkii 1990 kii.

BILLOWGII KASMO

Wargeyska Kasmo waa wargeys toddobaadle ah oo ka soo baxa London, laakiin waxaa uu ku bilowdey wargeyska Kasmo inuu soo baxo bishii hal mar oo uu noqdo bedeley, dabadeed waxaa uu isku beddelay inuu soo baxo afar iyo tobon maalmood markiiba oo noqdo afar iyo tobnaadle, ugu dambeytii ayuu noqday wargeyska Kasmo mid oo baxa toddobaadkiiba mar. Muddadii uu soo baxayay wargeyska Kasmo waxaa ku soo biirey mareeg lalisa wargeyska iyo qoraallo kale oo tayo leh oo loogu magac darey « Kasmo news paper online»

Kasmo iyo dhacdooyinka ku wareegsan

Run ahaantii Kasmo ma ayna ahayn wargeys kaliye ee waxaa ay xambaarsanayd himilo fog oo ku aaddan kor u qaadidda afka Soomaaliga iyo dhaqankaba, sidaa darteed bahda Kasmo waxaa ay marar badan qaban qaabiyeen kulamo cilmiyeed oo looga doodayo dhaqanka iyo suugaanta Soomaaliyeed. Waxaa dhab ah in dadweynaha reer London oo uu soo gaari jiray wargeyska Kasmo oo afka hooyo ku soo baxa iney ku diirsadeen oo dad badan ay bogaadiyeen, xilligii dheeraa ee wargeyska soo baxayey waxaa howlwadeennada Kasmo ku guuleysteen iney waxyaabo badan oo faa'iido u leh bulshada Soomaalieed ay ku soo kordhiyeen iyo iyagoo dabooley ka warbixinta iyo daaweyta dhacdooyinkii badnaa ee ku wareegsanaa kuwaa oo dhacayay gudaha Soomaaliya iyo dinida inteeda kale, waxaana la oran karaa waa raasimaal weyn oo bulshadeena ay maanta haysato oo ku kaydsan Kasmo oo haddii maanta keydka wargeyska Kasmo la soo rog loogu tegayo keydinta iyo raadraacyo xog laga yaabo in badankeed ay maankeena waa hore ka baxeen, waana run marka la leeyahay « Wargeysyadu waa diiwaan taariikheed». Kasmo waxay ku guuleysatey iney soo saareen qoraalo wax ku ool ah iyo warbixino qiimo badan oo dood kululi ka oogmeen, iyo waxaa kale oo lagu xasuusan karaa Kasmo iney u banbaxday wareysiyo iyo qoraalo aad u sareeyo oo muhim u ah taariikhda ummadda Soomaaliyeed sida wareysigii:

- Madaxweyne Aadan Cabdulle Cismaan.
- Ra`iisul wasaare Cabdirisaaq Xaaji Xuseen.
- Guddoomiye Sh. Mukhtaar Maxamed Xuseen.
- Xaaskii Sayid Maxamed Cabdulle Xasan

Waxaa la orankaa way mudneyd in la abaalmario Kasmo sannadkii 2006 dii markii la gudoonsiiyey abaalmarinta wargeysyada London (The London Press Awards 2006), abaalmarintaana la guddoonsiiyey wargeyska Kasmo waxaa warkeedu gaaray meelo fog fog oo bulshada Soomaaliyeedna waa ay ku diirsatey, waana midda keentey in ay u sameeyaan Kasmo xus loogu dabaaldegayo laguna soo dhaweenayo guusha wargeyska Soomaaliyeed gaarey waxayna ahayd maalin farxadeed. Way muuqaday in wargeyska Kasmo uu ka shaqeynayey in uu u hiiliyo, xoojiyo dhaqanka iyo afka dadka Soomaaliyeed, waxaa uuna joogto u dhiiro gelinayey midnimada, nabadda iyo wadajirka dadk Soomaaliyeed. Markii uu 18 jirsadey wargeyska Kasmo waa sannadii 2015 kii waxaa uu maamuusay noloshii dad taariikh weyn ku lahaa dhaqanka, aqoonta, suugaanta iyo hal-abuurka Soomaaliyeed.

Wargeysku wuxuu kaloo maamuusay noloshii qorayaal, cilmi baarayaal, aqoonyahanno iyo hoggaamiyayaal Soomaaliyeed. Kamo waxaa ay ku guulaysatey in ay soo saarto buug aad u qiimo badan oo lagu xusayo dadkaa aanu soo sheegney oo rag iyo dumarba leh, waxaana loogu magac daray: « Xusuusta kuwii xamaal galay », ha ahaateen Hoobal iyo Hal-abuur, hoggaamiye iyo aqoonyahan. Buuggaa waxaa qoray qorayaasha kala ah Cabdulqaadir Shire Faarax iyo Khaalid Macow Cabdulkadir, waxaana lagu daabacay Kasmo publishing Ltd ee London sannadkii 2015 kii. Inkastoo ilaa iyo hadda la daabacay qaybta koowaad ee buugga had dana waxaa lagu xusay 48 qofood oo ka mid ah dadka aanu soo sheegney.

Buugga waxaa uu u abaabulan yahay saddex qaybood oo cutubyo ahaan xiriirsan:

- Xusuustii hal-abuurro, maansoyahano iyo fanaaniin.
- Xusuustii hoggaamiyayaal siyaasadeed.
- Xusuustii aqoonyahanno iyo qorayaal-

Hay`adda Kasmo Publishing Ltd waxaa kale oo daabacday buug aad u qiimo badan oo ifinaya qeyb ka mid ah taariikhda Soomaaliyeed gaar ahaan taariikhdii halyeey Aadan Shire Jaamac Cabdulle oo ku magac dheeraa Aadan Low.

Aadan Shire Jaamac (Low)

Buugga waxaa lagu magacaabaa « Xabbaddii Dunida Gilgishey », waxaa qortey Marwo Shukri Aadan Shire oo aabeheed ka qortey taariikhdiisii ugu muhimsaneyd, waxaana daabacay shirkada Kasmo Publishing Ltds, London sanadkii 2013 kii. Buuggu guud ahaan waxaa uu ka hadlayaa Mudane Aadan Low iyo dhacdadii Walwaal ee sanadkii 1934 kii. Waxay ahaataba buugga « Xabbaddii Dunida Gilgishey » waxaa laga qoray taariikhdii iyo waayihii mudane Aadan Shire Jaamac (AadanLow) oo waayihiisii ugu dambeeyay Soomaaliya ka ahaa Wasiirka Garsoorka iyo Caddaalada Xukuumaddii RW-re Maxamed Ibraahim Cigaal ee la afgambiyay, kaddibna maxaabiistii Siyaasadeed ee lagu kadeeday Xabsiyada ayuu ka mid ahaa Aadan Low, waxaa uuna geeriyooday 18 desember sanadkii 1973 kii, ka dib markii laga soo saarey xabsiga isaga oo jiran loona qaaday magaalada Roma ee dalka Talyaaniga gaar ahaan isbitaalkii jaamacada Roma, waaxda qalinka ee Kilinikada Prof Paride Stefanini. Kasmo waxaa kale oo ay ku howlaneed qabashada iyo u dabaaldegga afka Soomaaliga sannad walba 21 nofember oo loo aqoonsaday in maalintaa ay tahay maalintii u dabaaldegga afka hooyo, Kasma arintii dadaaal badan ayay ka geysatey.

Waxaa xusid mudan in xuskii iyo u dabaaldegii sannad guuradii 40 aad ee ka soo wareegatey qorista afka Soomaaliga uu ahaa mid aad u sarreeyo waxaana soo abaabushey bahda Kasmo waxaana u ka dhacay magaalada London. Xaflada afka hooyo loogu dabaaldegayo waxaa uu ahaa xaflad si weyn loogu maamuusay 40 guurada qoraalka afka Soomaaliga, taas oo dhacday 27 oktoobar 2012 kii, waxayna ka dhacday xarunta Camden Centre, waxaana ka soo qeyb galay xeel dheerayaal xagga afka, suugaanta iyo dhaqanka dadka Soomaaliyeed iyo dadweyne aad u fara badan oo xiiseenayay afkooda hooyo.

Madbacadda Geeska.

Jawaahir Cabdalla Xaaji Faarax

Ugu horeyntii waxaanu warbixin buuxda ka bixineynaa taariikh nololeedkii Marwo Jawaahir Cabdalla, dabadeedna shirkada Madbacada Geeska iyo dadaaladii qorista buugaagta ku aadan kor u qaadista iyo kobcinta afka iyo dhaqanka Soomaaliyeed kuwaa u aalaaba u janjeera dhinaca carruurta iyo dhillinta ku kortey qurbaha.

Waa tuma qoraa Jawaahir Cabdalla?

Jawaahir Cabdalla Xaaji Faarax waxaa hooyadeed lagu magacaabaa Maryan Maxamed Ibraahim Cabaas, waxayna ku dhalatey magaalada Burco ee gobolka Togdheer sannadka markuu ahaa 1954 kii, isla magaalada Burco ayey ku barbaartey yaraanteedii halkaa oo ay la deggeneyd labadii waalid. Magaalada Burco waxaa ay Jawaahir Cabdalla ka billaawdey dugsiga hoose dhexe, laakiin markii ay da`deedu gaartey 14 sano ayey reerkii Jawaahir u soo wareegeen magaalada Hargeysa, halkaana waxaa ay sii wadatey waxbarashadeedii, waxayna ku guuleysatey iney tababar ku qaadato macallinimada iyo habka wax loo baro, muddo lix bilood ahna waxaa ay heshey shahaado dibloom ah oo macallinimo oo ay isla markiiba ku shaqeysey. Muddadii ay Jawaahir ku jirtey shaqada macallinimada waxay ka mid ahayd macallimiintii magaalada Hargeysa gaar ahaan dugsiyadii la oran jirey Shacab iyo kuwo kalaba. Waxaana Jawaahir Cabdalla lagu tiriyaa hablihii Soomaaliyeed ee ugu horeeyey oo ku shaqeeya macallinimada qarnigii tegey iyaga oo leh shahaaddo macallinimo, waxayna howshaa ku jirtey muddo seddex sannadood ah.

Intaa kuma ekaaninee Jawaahir waxaa ay u soo safartey dalka Ingiriiska gaar ahaan magaalada Bristol sannadkii 1963 kii halkaas oo ay ku biirtey machad lagu tababaro macallimiinta oo ay muddo seddex sano dhiganeysey si ay kor ugu qaato heerka macallinimo ay dooneyso iney ku shaqeyso. Sannadkii 1966 kii ka dib markii ay u chammaatey safarkii waxbarasho oo ay ku joogtey dalka Ingiriiska waxaa ay dib ugu soo laabatey waddankeedii Soomaaliya, oo ay howshii macallinimo meesha ay ka sii wadey. Sannad ka dib waxaa u suuro gashey in Jawaahir noqotey marwo oo ay guursatey, laakiin muddo yar oo hal sano ka dib waxay safar waxbarasho ku aadey dal mareykanka oo ay ka mid noqotey jaamacadda Boston si ay u gaarto shahaadada heerka labaad ee waxbarashada sare sannadku markuu ahaa 1967 kii.

Muddo seddex sano ka dib sannadkii 1970 kii waxay Jawaahir ku soo laabatey dalka Soomaaliya ka dib markii ay ku guuleysatey barnaamijkii waxbarasho oo ay ku aadey dalka Mareykanka gaar ahaan Jaamacadda Boston ee magaalada Boston ku taalla, waxayna ka mid noqotey macallimiintii wasaaradda waxbarashada gaar ahaan kulliyaddii waxbarashada ee Lafoole. Waxay kale oo ay ka shaqeysey Jawaahir qeybta manaahijta waxbarashada ee isla wasaaradda waxbarashada illaa iyo sannadkii 1972 kii. Wixii markaa ka dambeeyey Jawaahir waxay u soo wareegtey dalka Faransiiska maadaama ninkeedii mudane Axmed Guure Cali loo magacaabey inuu ka mid noqdo diblimaasiyiinta Soomaalida u fadhida dalka Faransiiska ka dib markii loo magacaabey inuu noqdo madaxa xafiiska dhaqanka iyo aqoonta ee safaaradda Soomaaliya ee Baariis, isla markaana ah wakiilka Soomaaliya u jooga xafiiska hay`adda Yuunesko (UNESCO) oo xaruntiisu tahay magaalada Baariis ee dalka Faransiiska, halkaana waxaa ay ku nooleed illaa sanadkii 1989 kii, ka dibna waxay u soo qaxeen dhammaan reerkii dalka Ingiriiska markii ay is ka horyimaadeen maamulkii dowladdii Soomaaliya waagaa waxaa loo aqoonsadey iney yihiin qaxooti siyaasadeed oo waxay si rasmi ah u degeen magaalada London ee Ingiriiska.

Wixii markaa ka dambeeyey Jawaahir waxay noqotey bare degmada Ealing ee ka tirsan magaalada London oo muddo 24 sano ayeyna howshaa wadey, waxayna muddadaa Jawaahir wax bari jirtey carruurta qaxootiga ah, laga bilaabo xanaanada iyo barista luqadaha illaa heerka dugsiga sare.

Hay`adda Somsimma:

Ka dib markii ay shaqada ka fadhiisatey sannadkii 2014kii waxay Jawaahir aas aastey hay`ad samafal ah oo lagu magacaabo SOMSIMMA oo caawinaad u sameysa carruurta iyo dadka waaweyn ee dhagaha la`kuwaa oo ku nool meelaha fog fog ee dalka Soomaaliya, waxayna ka billaawdey oo xarumo looga furey degmooyinka Laascaanood iyo Buuhoodle oo ka kala tirsan gobolada Sool iyo Cayn, waxaa ayna Jawaahir ku guuleysatey iney furto labo dugsi oo wax lagu baro dadka dhagoolayaasha ah. Runtii hay`adda Somsimma waa mid aan faa`iido doon ahayn oo kaliya lagu caawiyo dadka dhibaateysan gaar ahaan kuwa dhagoolayaasha ah, waxaana la oran karaa carruur badan ayey noloshoodii wax ka bedeshey muddadii yareyd ee ay howl gashay. Sidoo kale waxay waxbarasho u fidisaa carruurta ka soo jeeda qowsaska dan yarta ah iyo kuwa jilicsan oo aanan awood u laheyn in ay helaan waxbarasho bilaash ah oo tayo leh. Hay`adda Somsimma waxaa maamula koox dhallinyaro u badan oo ku sugan magaalada London kuwaas oo awood u leh iney la shaqeeyaan dadka gudaha Soomaaliya ku jira, sidoo kale waxay isku dayaan iney fahmaan waxyaabaha hor istaagi kara himilada iyo ujeedada loo aas aasey hay`addaan.

Madbacadda Geeska:

Jawaahir Cabdalla iyo qoraaga (London)

Jawaahir waxaa u soo baxdey muddadii ay ku jirtey waxbarashada iyo caawinta curuurta iyo dhalinyarada Soomaaliyeed ee degen dalka Ingiriiska iney jirto baahi weyn oo la xiriirta dhanka afka (luuqadda) iyo dhaqanka dadkeenii oo aad u sii daciifaya, sidaa darteed waxay go`aansatey iney soo saarto buugaag iyo qoraalo ay ku xoojineyso afka hooyo iyo dhaqankeenii suubanaa, waxayna sameesey shirkad daabacda buugaagta yar yar oo loogu talo geley carruurta Soomaaliyeed ee qurbaha ku nool, waxaana arrinkaa ka caawiyey aqoontii ay u leheed macallimimadii ay ku takhasustey taa oo la xiriirta tarbiyadda iyo waxbarista. Shirkadda ay sameysey Jawaahir waxaa loogu magac darey Madbacadda Geesko oo ay ula jeedo Geeska Afrika oo ay Soomaalidu degto wixii la xiriira oo dhaqan iyo aqoonba leh. Geeska waxay soo saartey dhow qoraalo oo ay ku taag taagsatey aqoonyahay Jawaahir Cabdalla, waxaana soo baxay sanadkii 2008 kii liis dheer oo la xiriira buugaagta iyo qoraalada aqooneed ku qoran afkii hooyo iyo ingiriisi si ay ugu fududaato fahamka caruurta.

Buug yaraha ama liiska qoraalada Geeska waxaa runtii loo sameeyey in ay la wadaagto sooyaalka dhaqanka iyo suugaanta Soomaalida ee hodanka ah dugsiyada , maktabadaha iyo machadyada kale oo badan oo si dhow ula shaqeeya carruurta hadba heerka ay marayaan. Si fahamka carruurta u fududaato waxaa buugaagta ay qortey

Jawaahir Cabdalla adeegsataa aalaaba sawiro soo dhaweenaya in carruurtu si fudud u fahamto waxa laga hadlaayo.

Buugaagta ay soo saartey Jawaahir Cabdalla:

Sida aanu horey u soo tilmaamney Jawaahir Cabdullaahi Xaaji Faarax muddadii dheereed ee ay ku jirtey caawinta iyo barbaarinta carruurta Soomaaliyeed waxaa ay soo saartey dhowr qoraalo oo isugu jira buugaag, ciyaaro, iyo qoraalo gaaban oo fudud. Qoraaladaa waxaa ka mid ah:

Heesta ugaadhsiga

Buuggaan waxaa ay Jawaahir ku soo uruurisey dhowr maanso uu isugu jira heeso, geeraar iwm, sida heesta Xaley ma qadeen?

Nolol wareega Gabdhaha Soomaaliyeed ee reer guuraaga ah

Buugga wareega nolosha ee gabadha reer guuraaga ah waxaa ay Jawaahir Cabdalla ku soo bandhigtey arrimo badan oo la xiriira noloshii ka jirtey miyiga oo u gaarka aheyd dadyowga reer guuraaga oo xoolo dhaqata ah. Buugga waxaa uu leeyahay sawiro soo jiidasho leh oo is sharaxaya isla markaana muujinaya heerarkii kala duwanaa ee nolosha gabadha reer guuraaga ah ee Soomaaliyeed.

Wareega Nololeed ee wiilka reer miyi ah

Buugga waxaa uu ka hadlayaa wareegga nolosha wiilka reer guuraaga ah waxaa ay qoraalka u adeegsatey sawiro soo jiidasho leh oo is sharraxaya iyo qoraalo muujinaya marxaladihii kala duwanaa ee uu soo maray nolosha wiilka Soomaaliyeed ee ku noolaa miyiga reerkiisuna ay ahaayeen reer guuraa xoolo dhaqato ah, taa waxaa dheer in qoraalada ay ku wada qoran yihiin afafka Soomaaliga iyo Ingririiska si loo soo dhaweeyo fahamka carruurta, waxaa kale oo qoraalada u socdaan si habdhac iyo qaafiyad leh si ay carruurta si sahlan u xifdin karaan.

Heesaha Soomaalida iyo ciyaaraha carruurta

Buuggaan waxaa ay qoraaga ku soo uruurisey ciyaaraha carruurta Soomaaliyeed ay ciyaari jireen haddana ay awood u leeyihiin iney ciyaaraan iyagoo qurbaha jooga. Ciyaaraha noocaan oo kale ah waxaa ay soo jidan doonaan carruurta dhaqamada kala duwan, kuwaas oo da'doodu kala duwan tahay, ha ahaadeen carruur socod barad ah ama kuwo ka weynba. Run ahaantana ciyaaraha iyo heesaha waxay qeyb weyn ka qaataan nolosha carruurta. Buuggu wuxuu leeyahay tilmaamo ku cad ciyaar kasta sida loo adeegsanayo iyo inta ciyaari karta iyo da'da carruurta ku haboon ciyaar kasta. Waxaa intaa dheer qalabka loo baahan yahay in la adeegsado si ay u suuro gasho. Buuggu waxaa kale uu xambaarsan yahay waxyaabo xiiso leh iyo sawirro midab leh oo loogu talagalay in badan oo ka mid ah ciyaaraha, isla markaana wata heeso asal ah oo Soomaali iyo Ingiriisba leh.

Qoraaga oo buuggiisa u haddiyadeenaya Jawaahir Cabdalla X. Faarax

Somali Galool & Iftiin Network

Si aanu u ogaano qiimaha iyo heerka wax soo saarka hay'adda Somali Galool iyo Iftin Network waxaa habboon in aanu ogaanno marka hore tiirka udub dhexaadka ah ee ka dambeeya labadaa hay'adood. In kasta oo ay dhowr aqoon yahay oo dumar ah ay dhidibada u aaseen hay'adda Soomaali Galool, haddana waxaanu og nahay in maskaxda ka danbeysa ay ahayd Marwo Saynab Adan Sharci, sidoo kale ayuu ahaa aasaaskii Iftin Network. Waxay ahaataba Saynab waa qoraa, macallin, tababare ku mashquulsan tarbiyadda iyo caawinta ubadka Soomaaliyeed ee qurbaha, gaar ahaan dhanka diinta, dhaqanka iyo afka Soomaaliyeed. Si ay ugu suuragasho himiladeeda waxay curisey dhowr buug iyo baraamijyo ku aadan kobcinta afka hooyo iyo maaweelada caruurta

Saynab Aadan Daahir (Sharci)

Saynab Aadan Daahir (Sharci) waa gabadh Soomaaliyeed oo ku dhalatay Boqortooyada Ingiriiska gaar ahaan magaalada Bristol, waxaana dhashay hooyo Faaduma Xaaji Xasan oo ka soo jeeda qows ahlu diin ah oo lagu yaqaan faafinta diinta. Saynab Adaan Sharci maadaama ay heshey tarbiyad wanaagsan oo ay ka dhaxashay labadeedii waalid, la yaab ma leh iney noqoto qof ay ku weyn tahay dareenka diinta, dhaqanka iyo afka Soomaaliga. Saynab waxay waxbarashadeeda oo idil ahayd isla Ingiriiska ha ahaato markii ay reerka degenaayeen magaalada Bristol iyo markii ay u soo wareegeen magaalo madaxda dalka Boqortooyada Midowga Ingiriiska.

SANYNAB IYO DHALLAANKA SOOMAALIYEED

Waxaa aad iyo aad u yar dadka u ololeeya horumarka dhaqanka iyo afkeena hooyo, Saynab waxay ka mid tahay nasiib wanaag dadka aadka u yar oo u halgama kor u qaadidda iyo xoojinta afka iyo dhaqanka Soomaaliyeed ee waafaqsan shareecadeena Islaamka. Maadaama ay ku dhalatey kuna barbaartey Saynab dhul shisheeye oo ka fog dhulkii ay ka soo jeedey, kama maqneyn dareenka dhibaatada uu qurbuhu leeyahay, sidaas darteed waxaa ku weynaa Saynab mar walba in dhalaanka Soomaaliyeed ee jooga qurbaha ay helaan waxyaalaha ay u baahan yihiin oo ay ugu weyn tahay diinta, dhaqanka iyo afkooda hooyo. Dareenka Saynab ka guuxayay ayaa waxaa ka dhigey qof mar walba u jeelan u adeegidda bulshada Soomaaliyeed ee qurbaha gaar ahaan carruurta iyo dhallinyarada. Arrinkaana waxaa kuu caddeenaya buugaagta ay qortey Saynab oo ay ugu talo gashey da`yarta u dhexeysa 6 jir ilaa 16 jir.

Dhab ahaantii Saynab Aadan Daahir (Sharci) waa aqoonyahan, macallimad, af-aqool, qoraa iyo u dhaqdhaqaaqa kor u qaadista iyo ilaalinta dhaqankeena suuban.

Kulanka dhaqanka Soomaalida ee Gothenburg Sweden 2015 kii

SAYNAB IYO ITRIIN NETWORK

Waxqabadka Saynab ee ku aadan dardar gelinta iyo horumarinta afka iyo dhaqanka waxaa la oran karaa waa mid ku yimid dareenkeeda Soomaalinimo, la yaabna ma leh in ay Saynab walwalkeeda ku aadan mustaqbalka carruurta uu gaarsiiyo iney samayso hay`ad ka shaqeysa waxbarashada carruurta 6 jir ilaa 16 jir. Sidoo kalena la yaab ma leh in Saynab ay arrimahaas ay ku fikirto ama isku taxluujiso isla markaana ka shaqeyso iyadoo ay ku dhalatay kuna barbaartey qurbaha gaar ahaan dalka Ingiriiska – sida aan hore u soo sheegnay – waayo waxaa ay ka soo jeedaa hooyo iyo aabbe ku gaamurey diinta Islaamka markastana ku dadaali jirey sidii carruurtooda ay ugu barbaari lahaayeen dhaqan suuban iyo diin saalax ah. Sannadkii 2000 waxay Saynab dhidibbada u aastay hay`ad ay ugu magac dartey Iftin Network oo ay xarunteedu ahayd magaalo madaxda London ee dalka Ingiriiska, waxaana la waday howsha walaasheed Safiya Aadan Shirci iyo Ixsaan Maxamed Cali Gaydh. Ujeedada ka dambeeysa aasaaska hay`adda Iftin Network waxaa weeye inuu ahaado urur bulshada u shaqeeya gaar ahaan carruurta iyo dhallinyarada Soomaali iyo cadyowga kale ee degaanka ku sugnaa sida: Morookaan, Aljeeriyaan, Afgaanistaan iwm.

Sida badan dhaqdhaqaaqa dhaqanka iyo diinta ee uu ururka Iftin Norwork ku howlanaa waxaa ay ahayd maalmaha fasaxyada ee sabtida iyo axadadda, waxaana ka soo qeyb galayey carruurta u dhexeysa da`dooda 6 - 16 sano. Caawinta waxay ku aadaneyd afar maaddo oo ay ugu horeyso Quraanka Kariimka iyo afka Soomaaliga, Carabiga iyo daruus la xiriirta barashada diinta Islaamka, laakiin maalmaha kale waxaa uu ururku ku howlanaa barista iyo caawinta maadooyinka Ingiriiska , xisaabta iyo sayniska. Waxaa la oran karaa ururka Iftin Network waxaa uu wax ka qabtey baahida caruurta ee ku aadanayd diinta iyo dhaqalkooda.

Saynab, Baashe iyo sh Cabdibashiir

Howlwadeenada Iftin oo ay ugu horeyso Saynab waxaa ay qaateen tababaro la xiriira dhanka macallinimada oo ay ka qaateen jaamacadda Metropolitan oo ku taalay Holloway ee magaalada London, sidoo kalena waxaa ay wada shaqeyn ka dhaxeysey dugsiyada gaar ahaan kuwa cusub. Si ay shaqadooda u sugaan waxaa ay xafiisyo gaar ah ku yeesheen dugsiyada ay wada shaqeynta ka dhaxeysey. Waqtiyada fasaxa ah Iftin Network waxaa uu ku dadaali jirey in carruurta la geeyo fasaxyo oo ay ku sameeyaan waxyaalo naftooda raaxo geliya sida ciyaaraha, dabaasha iwm. Muddo ka dib waxaa ay Saynab u wareegtay iskuul la yiraahdo Iqra Academy oo ay macallin ka noqotey sanadkii 2012 kii illaa 2017 kii, iyada oo ay dhigi jirtey maadada daruusta diinta gaar ahaan ardada labada sano ee ugu dambeysa dugsiga sare. Waxaa kale oo ay dhigi jirtey maadada Soomaaliga seddexda sano ee ugu horeeya dugsiga sare.

GALOOL SOMALI

Galool Somali waa hay`ad madax banaan oo la aas aasay sannadkii 2009 kii, waxaana sabab u ahaa baahida carruurta ay u qabaan in ay bartaan meesha ay ka soo jeedaan gaar ahaan carruurta da`doodu u dhexeyso 6 – 16 jir.

Hay`adda Galool Somali waxaa ay ka shaqeyneysey arrimo badan, waxaana ka mid ah:

- Barista afka Soomaaliga
- Buuggaag la qoro oo afka hooyo lagu qoro
- Daabacaadda buugaagta
- Wacyi galinta bulshada Soomaaliyeed
- Tarjumaad la tarjumo buugaagta qaarkood

Turjumaadda runtii waa talaabo kale oo ay Saynab Aadan Sharci ku tallaabsatey oo dhanka wax soo saarka ku saabsan, taa oo ay uga gol lahayd in ay afka hooyo ku tarjumto buugaagta ay u arkaysay in ay ka faa`iidaysan karaan aqristayaasha, sidoo kale Saynab waxay afka Ingiriiska ku tarjumtay buugaag ku qoran afka Soomaaliga si ay uga faa`iidaystaan dadyowga ku hadla afka Ingiriiska.

Qoraalada Saynab
Daadah 1-2
Sheeko xariiro 1 – 5

Ardaa waa buugaag taxane aqris ah waxaana ka mid ah:

Ma dharge Dhurwaa

Waa sheeko ka tarjumaysa afar waraabe ama dhorwaa oo uu Illaahey nimco siiyey haddana aanan nimcadoodii daraynsaneyn oo cabanaya

Libaax iyo Dabagaalle
Daadax iyo qaar kale oo badan.

Buugaagta ay daabacday hay'adda Galool waxaa kaloo ka mid ah buugga:

Wadajir Baa Awood Leh

Buugga Wadajir baa Awood leh waxaa uu ka mid yahay taxanaha A-daa, waxaana qoray qoraa Cabdiraxmaan Maxamed Abtidoon, waxaana daabacday hay`adda Galool , London.

Saynab Sharci

Saynab Sharci, Saciid Jaamac, Abtidoon, Ayaan iyo Cartan

Shirkada Ilays

Nimco Maxamed Noor waa aqoonyahay, qoraa, aasaasaha shirkadda Ilays Publisher ee daabacda buugaagta, hooyo, barbaariye caruurta maaweelisa, danaysa dhaqanka suuban ee Soomaaliyeed maskax iyo maalna gelisa sidii kor loogu qaadi lahaa, dhigaalo dhowr ahna soo saartey oo ku aadan horumarinta afka Soomaaliya gaar ahaan carruurta qurbaha ku nool, iyadoo adeegsatey qaab carsi ah oo fududeeya barashada iyo fahamka afka, kaa oo la jaanqaadaya heererka qoraal ee dunida hormartey maanta. Nimco waxay ka muuqataa kulumada aqooneed, dhaqan iyo fan ee ka dhaca meelo badan oo ka mid ah dunida gaar ahaan Yurub, sidoo kale waxay qeyb weyn ka tahay ururrada Soomaaliyeed ee ku hawlan faafinta aqoonta iyo soo bandhigidda buugaagta afkeena ku qoran.

Nimco Maxamed Noor

Nimco Maxamed Noor waxaa dhashay hooyo Sahra Maxamed Xaaji Cali Baale oo ka soo jeeda qows caan ku ah saldanada beesha Baciidyahan ee Majeerteen. Nimco qudheedu dhanka aabaheed waxay ka soo jeedaa hormoodkii diinta Islaamka ee Geeska Afrika sida shiikh Cabdullaahi Qudubi iwm, sidaa darteed Nimco iney ka mid noqoto haldoorka iyo hurmoodka ummaddeena qurbaha ku nool la yaab ma leh waayo waxay cugsaneysaa tiir weyn oo ay ku soo barbaartey yaraanteedii. Nimco waxay ku dhalatay magaalada Muqdisho gaar ahaan xaafadda Boondheere sannadku markuu ahaa 1975 kii, sida caadada ummaddeena waxaa aabbaheed ku dadaaley inuu yaraanteediiba uu baro Quraanka oo la oran karo waa ay ka aflaxday dadaalkii aabbaheed uu ku bixiyey ee xagga waxbarasho iyo tarbiyadba laheed. Waxay Nimco ku biirtey dugsigii la oran jiray 21 november (nofeember) ee hoose dhexe ee ku yiil xaafadda Howlwadaag ee magaalada Muqdisho, ka dib waxaa loo soo bedeley dugsigii Xaaji Xuseen ee ku yiil xaafadda Madiina , mar dambe ayey u soo guureen xaafadda Wardhiigley halkaa oo ay ka mid noqotey ardadii dugsiga Maxamuud Xarbi ee hoose dhexe. Markii ay dhameysey waxaa ay ku biirtey dugsigii sare ee Muuse Galaal ee ku yiil degmada Howl wadaag ee magaalada Muqdisho, laakiin Nimco oo ku guuleysanin dhammeystirka waxbarashada dugsiga sare ayaa waxaa dalka oo dhan ka qarxay dagaaladii sokeeye kaa oo sababey burbur iyo kala haad. Burburkaa ku dhacay dalka waxaa uu sabab u noqdey in dad badan ay u hayaamaan waddanka dibadiisa gaar ahaan waddamadii deriska ahaa, sidaa darteed Nimco iyo reerkeeda waxay ka mid noqdeen dadkii u baxsadey degaannada Soomaali galbeed ee hoos yimaada maamulka Itoobiya, laakiin mudda ka dib waxaa ay u soo wareegeen magaalo xeebeedka Boosaaso oo ka tirsan gobolka Bari ee Soomaaliya, muddo ka dibna waxaa ay u soo safreen dalka Kenya gaar ahaan magaalada Neyroobi. Intii uu qowska Nicmo deggenaa magaalada Neyroobi waxay ku biirtey machadyadii hoos imaan jirey hay`ad laga lahaa dalka Sacuudiga oo lagu magacaabi jirey al Ibraahiimiya.

Kala yaacii iyo firdhadkii ku dhacay dadka Soomaaliyeed waxaa uu sababey in Nicmo ay ugu dambeyntii u hayaanto woqooyiga qaaradda Yurub gaar ahaan dalka Fiinlaand (Finland) oo ay ugu dambeyntii ku nagaadey halkaa illaa iyo iminka. Nimco waxay ku guuleesatey in ay barato afka u gaar ah dalka Finland , dabadeedna waxay dhammeystiratey waxbarashadeedii ku aadaneyn dugsiga sare. Intaa kuma aysan joogsan ee waxay horay u sii wadatay waxbarashadii oo waxay ku biirtey machadka tababarka macallimiinta iyo kalkaaliyaasha ee dalka Finland, dabadeedna ku guuleysatey shahaadada kalkaaliye macallin oo ay ku shaqeysay muddo badan. Nimco waxay kaloo fursad u heshey in ay qeyb ka noqoto dadkii wax ka bartay jaamacadda Helsinki gaar ahaan kuliyadda tarbiyada si ay u noqoto macallin buuxa oo ka shaqeeya dugsiyada Finland.

Nimco Noor

Howlaha iyo shaqooyinka ay qabato Nimco Maxamed Noor kuma koobno oo kaliya dhanka barbaarinta iyo waxbarashada ku aadan kaalinta macallinka, ee waxaa kale ay Nimco ka howl gashay hay`adaha gudaha dalka Finland , Yurub iyo adduunka kale, oo ay xubin firfircoon ka noqotay, meelaha qaarkood waxay ka tahay hogaanka sare sida iney iminka hayso jagada madax ku xigeenka guddiga iskuulada xaafadda ay ka degen tahay magaalo madaxda Finland ee Helsiki. Sida aan ku bartay Nimco waa qof u jajaban caawinta dadka dhibaataysan gaar ahaan carruurto oo ay hawlo badan ka qabatey baahidooda.

Marka taa laga soo tago waxaa jirta kaalin kale oo ay Nimco wax ka geysatey waana midda ay ku caan baxda, taa oo ah qorista buugaagta gaar ahaan buugaagta carruurta oo ay soo saartey dhowr buug oo ay ka faa`iideen carruuraha deggen qaaradda Yurub. Sidoo kale Nimco buugaagta ay qorto waxaa qaarkood daawo u yihiin dhaqanka Soomaaliyeed gaar ahaan kuwa la xiriira qowska, guurka iyo furiinkaba. Nimco qeyb libaax oo weyn ayay ka qaadataa wacyi gelinta ummaddeena iyadoo adeegsata qoraal, iyo in ay qeyb ka noqoto kulumada loogu tala gelay kor u qaadista wacyiga ummaddeena oo ay safarro kale duwan u gasho sidii ay arrimahaas wax uga qaban laheyd, sidoo kale waxay qeyb weyn ka qaadataa kulamada lagu wacyi galinayo bulshada kuwaa oo ka socda aalaaba baraha bulshada ee internattka.

SHIRKADA ILAYS IYO BUUGAAGTA NIMCO

Boodhari iyo Nimco, London oktoobar 2021

Nimco waxay sameysey shirkad daabacda buugaagta afka Soomaaliga ku qoran, waa shirkadda la magac baxdey Ilays Publisher – sida aanu horey u soo tilmaamney – shirkada Ilays xarunteedu waxay ku taalaa magaalada Helsinki ee dalka Finland. Dadaallada kale duwan ee Nimco ku guda jirto oo aad u kale duwan waxaanu ka tilmaamaynaa oo kaliya dhigaalada iyo qoraalada u suuro galey Nimco oo ay soo saartay, gaar ahaan dhinaca buugaagta afka Soomaaliga ku qoran.

- Jasiiradda Nabadda

Buugga Jasiiradda Nabadda waxaa ay Nimco Maxamed Noor ugu talagashay in carruurta si ay uga faa`iidaystaan, isla markaana ku koraan jacayl, nabad iyo sinnaan. Waxaad buugga laga helayaa sawiro la jaanqaadaya sheekada si ay u soo jiidato carruurta, isla markaana fahamka sheekada u fududeeso. Nimco sheekadaan waxaa ay ku soo gudbinaysaa xayawaano sheekeynaya oo meel ku wada nool hadana kale duwan noocooda iyo daruufahoodaba. Nicmo waxaa ay ku guulaysatay in ay soo bandhigto buug tartar la gali kara buuggaagta kale ee dadyowga kale ay u qoreen si ay u buuxiso kaalinta buugaagta Soomaaliga, waayo carruurta Soomaaliyeed waxay heleen buug sheeko ah isla markaana aana ka hor imaanaynin dhaqankooda iyo diintooda, waayo waxaa qoray qof uu ku weyn yahay dareenka diinta iyo dhaqanka Soomaaliyeed.

Waxaa muuqata in buugaagta ay Nimco Maxamed Noor soo saartay laga faa'iidaysan karo arrimo muhim ah oo ay ugu horayso barbaarinta iyo af baridda carruurta, iyo meel ay carruurtu ka baranayaan, qiimaha nabadda iyo wada noolaanshaha, is ixtiraamka iyo waliba kalsoonida qofnimadooda, dhaqankooda iyo diintoodaba.

Waxay Nimco ku guuleysatey inay soo saarto mashruuc aqoonta iyo garaadka carruurta kor u qaadaya, waana mashruuca kaararka iyo boorarka oo seddex qeybood oo taxane ka kooban. Kaararka iyo boorarka ee loo yaqaano (Flash Cards iyo Posters) soo saaristeeda waxaa ku tuseysaa in Nimco Noor ay mar walba u heelan tahay sidii ay u kobcin lahayd wax soo saarka ay ugu talo gashay ubadka Soomaaliyeed, waxayna ku dadaashay runtii iney ka miro dhaliso si ay u gaarto himiladeeda ku aadan caawinta iyo kor u qaadida garaadka ubadka Soomaaliyeed ee ku nool qurbaha. kaararkaana waxaa ay u sammeysan yihiin habka turubka si ay caruurta u soo jiidato oo iyaga oo ciyaaraya haddana wax baranaya. Sidoo kale warqado waaweyn oo meel la suro ama lagu dhejiyo waxay carruurta u fududeyneysaa barashada afka hooyo. Buugaagtaas iyo qoraalo kalaba waxaa daabacdey shirkadda Ilays publisher oo ay gudoomiye u tahay Nimco Maxamed Noor, taana waxay ka mid tahay dadaalada balaaran iyo wax qabadka muuqda ay Nicmo ku soo kordhisay guur ahaan bulshada Soomaaliyeed, gaar ahaanna kuwooda ku nool qurbaha.

Garoob iyo Godob Rageed 1 – 2

Waa buug labo qeybood ka kooban oo ka hadlaya dhibaatooyinka bulshadeed ee haysta qaar ka mid ah dadka Soomaaliyeed ee ku nool qurbaha

Somali Cards group 1 – 3

oo dhaawac xooggan u geystey qowsaska qaarkood gaar ahaan dumarka. Qoraagu waxay aad uga cabaneysaa tacadiyada ka dhaca ragga iyo dhaawacyada xad dhaafka ah oo haleelay dumar badan oo bulshada ka mid ah. Buuggu waxaa uu iftiiminayaa hab dhaqanka qurracan ee ka soo hor jeeda diinteena oo loo geysto haweenkeena qaarkood kaa oo sababo burbur qows, dayac carruur iyo uur kutaale aan harin.

Xarfaha Soomaaliga

Waa buug kale oo ay Nimco qortey, waxayna ku soo bandhigeysaa barashada afka Soomaaliga oo ay ugu horreyso xaruufaha afka oo ay si casri ah oo fudud u soo bandhigtey qoraaga buugga.

Buugaagta kale oo ay Nimco qortey waxaa ka mid ah:

- Hashii Cosob iyo Maroodi Cagaweyne
- Ciyaar xusuuseed Soomaali
- Barashada Salaadda

- Dhallaan iyo dhalinyaro:

Kulamadii aan la yeeshay Nimco Maxamed Noor waxaa iiga muuqday in ay qof ahaan ka quusan kana daalin inay mar walba soo jeediso talooyin wax ku ool ah oo ku aaddan dhallaanka iyo dhallinyarada, waxaase xusid mudan in toddobo sano ka hor ay diyaarisay barnaamij ku saabsan " Xuquuqda Dhallaanka & Adeeggooda" , barnaamijkaa oo ay uga faalootay guud ahaan caqabadaha lasoo darsa nolosha carruurta, gaar ahaan kuwa Somaaliyeed gudaha iyo dibadda intaba.

Dhallinyaradu waa lafdhabarka dalka iyo dadka, waana cudud dihan oo u baahan in laga faa'iideysto ama in aan ka faa'iideysanno.

Looh Press

Looh press waa shirkad lagu aasaasay dalka Ingiriiska gaar ahaan magaalada Leicester, kuna bilaabatey iney buugaagta daabacdo, dabadeedna u xuubsiibatey horumarinta iyo kor u qaadidda aqoonta la xiriirta buugaagta, diinta, afka, taariikhda iyo dhaqanka. Inta aanan u gudo gelin ka hadalka Looh Press waxaanu tilmaan ka bixineynaa ugu horeyntii hormoodka iyo laf dhabarba shirkada, kaa oo ah Maxamed Cabdullaahi.

Maxmed Cabdullaahi Cartan

Maxamed Cabdullaahi Cartan oo ku magac dheer Cartan waxaa dhashay hooyo Asiili Maxamed Xasan Kaarshe. Maxamed Cartan waxaa uu ku dhashay sannadkii 1979 kii degmada Caabudwaaq ee gobolka Galgaduud bartamaha dalka Soomaaliya. Cartan waxaa uu ku barbaaray gurigii labadiisii waalid, sida caadada dadka Soomaaliyeed iyo dadyowga muslimiinta ahba waxaa ay waalidiintu ku dadaaleen sidii wiilkooda uu ugu horayntii u baran lahaa Quraanka Kariimka gaar ahaan dugsi Quraan oo ku yiilay magaalada Muqdisha, waxaana dugsiga macallin ka ahaa macallin Aways oo ka soo jeedey beelaha Raxanweyn. Maxamed Cabdullaahi Cartan iyo reerkooda waxay u soo qaxeen dalka dereska ee Kenya, gaar ahaan xeradii qoxootiga ee Utanga, ka dib markii uu qarxay dagaalkii sokeeye oo ay burburtey dowladdii dhexe, laakiin sannad ka dib waxaa u suuro gashay reerka oo dhan in ay u soo hayaamaan dalka Holland (Netherlands) oo isla markiiba waxaa uu halkaa ka bilaabay barashada afka dalka Holland ee (Dutch) ka dibna waxaa uu ku biiray waxbarashadii caadiga ahayd oo uu ku guuleystey inuu dhammeystiro ilaa iyo dugsiga sare, gaar ahaan qeybta farsamada gacanta. Sannadku markuu ahaa 2003 dii waxaa uu u soo wareegay dalka boqortooyada Ingiriiska gaar ahaanna uu degey magaalada Leicester. Cartan in mudda ah waxaa uu ku xirmay duruustii diiniga ahayd ee ka socotay masaajidda magaalada gaar ahaan masjidka Al Huda. Dhinaca shaqada waxaa Maxamed Cartan uu bilaabay inuu ka shaqeeyo takhtarka weyn ee Leicester gaar ahaan qaybta daawooyinka qaybisa, laakiin muddo ka dib waxaa uu go`aan saday inuu iskiis u shaqaysto, waxaana uu u wareegey dhinaca ganacsiga.

Maxamed Cabdullaahi Cartan kama uusan harin barashada cilmiga diiniga ee waa uu sii watay, waxaa uu mar walbana ku dadaali jiray in uu u aado meesha uu u arko inuu ka heli karo culumo u banbaxday akhrinta kutubta cilmiga diiniga sida Fiqiga iyo Axaadiista. Sanadkii 2006 kii inkasta uu ku guuleystay inuu dhiso qows ka dib markii uu guursaday haddane kama uusan harin inuu kor u qaado aqoontiisa dhanka diinta, sidaa aanu horey u soo sheegnay, sidaa darteed waxaa uu galay safar ku aaddan sidii uu ula kulmi lahaa culumo ku xeel dheer aqoonta diinta dinacyadeeda kala duwan, safarkaana waxaa uu ku aaday dalka Yaman gaar ahaan gobolka Xadaramuud ee dhacda dhanka koofurta Yaman. Maxamed Cartan waxaa uu si gooni ugu nagaaday magaalada Tariim oo ku biiray Machadka Badar ee lagu barto cilmiga Luqada Carabiga oo loogu talo galay dadka aan ku hadlin asal ahaan afka Carabiga, muddo labo sano uu dhiganayay halkaa waxaa uu Maxamed Cartan ku guulaystay inuu heer sare ka gaaro ujeedadiisa ka dib markii ay u suuro gashay himiladiisii ugu haraysay.

Barashada luqada Carabiga waxaa u wehliyey oo uu aalaaba ku dadaali jiray inuu ku xirmo xalqadaha iyo fadhiyada ay ka socdeen barashada diinta Islaamka gaar ahaan cilmiga Fiqiga iyo Axkaamta Shareecada Islaamka, waxaase xusid mudan in duruustaas socday ay ahayd kuwo quseeya Mad-habka Shaafiga ah oo kaliya oo ay culumada reer Yaman ay caanka ku ahaayeen. Ujeedada safarka Maxamed oo ahaa cilmi raadis markii uu heer ka gaaray waxaa uu ku soo laabtey degaankiisii uu degganaa oo ahaa magaalada Leicester ee cariga Ingiriiska sannadku markii uu ahaa 2009 kii. Isla sannadkaa ayaa waxaa u suuro gashay inuu aasaaso shirkad iibisa Buugaagta, isla markaana waxaa uu ku biiray xarun lagu barta warfaafinta gaar ahaan Maqalka iyo Muuqaalka oo uu ka helay shahaado muddo hal sanad ka dib. Sidoo kale waxaa uu diyaariyey Maxamed shahaado Macallinimo ah oo xiriir la leh waxbarashada oo uu ku shaqeeyey in muddo ah. Waxaa uu aasaasay Maxamed shirkad lagu magacaabo shirkadda Nuur ee warbaahinta, taas oo howlaheeda ahayd:

- Diyaarinta barnaamijyada diinta.
- Qabashada tababarada la xiriira barashada diinta.
- Qabashada daruusta gaarka ah.
- Kor u qaadida garaadka dhallinyarada.

Sannadkii 2012 kii waxaa uu dhidibada u dhigay Maxamed Cartan shirkad lagu magacaabo Looh Press ka dib markii uu si fiican ugu fikiray oo uu u arkay baahida weyn ee loo qabo. Xarunta shirkada Looh press waxay noqotey degaanka Maxamed ee magaalada Leicester, waxayna ka mid noqotay shirkadaha ugu firfirnoon muddo yar ka dib, waxaase isweydiin mudan: Maxay tahay shirkada Looh Press oo ay qabataa?

Shirkada Looh Press waxaa loo aasaasay:

- Kor u qaadida wacyiga ummadda gaar ahaan dhillinyarada iyo carruurta.
- Daabicidda buugaagta kale duwan luqadda ay rabaan ha ku qornaadaan.
- Iibinta iyo dirista kutubta ay shirkadda daabacdo.
- Iibinta iyo qeybinta kutubta cilmiga diiniga ee looga baahan yahay Yurub.
- Ka qeyb galga dabaaldagyada cilimiga iyo dhaqanka ee gudo iyo dibadaba.
- Ka qeyb qaadashada bandhigyada buuggaagta ee dibad iyo gudaba.
- Tafatirka iyo qaban qaabada buug soo saaridda.
- Wada shaqaynta ha`adaha aqoonta iyo dhaqanka Soomaaliyeed.

DAABACAADDA BUUGAAGTA

Shirkada Looh Press waxay daabacday buugaag aad u tiro badan oo leh qeybaha kale duwan ee cilmiga sida: taariikhda, luqada, suugaanta, dhaqanka, diinta iwm. Waxaa xusid mudan in ay shirkad xiriir aad u sareeya la leedahay qorayaasha Soomaaliyeed gaar ahaan kuwooda ugu caansan waqtigaan sida Prof Cabdalla Cumar Mansuur iyo Axmed Faarax Taano (Idaajaa) oo ay dhowr buugaag u daabacday. Looh Press iyo bandhigyada buugaagt Shirkada Looh Press

Shirkada Looh Press sida shirkadaha Soomaaliyeed ee aqoon oo kale waxay aalaaba ka qeyb qaadataa barnaamijyada bandhigga buugaagta ee lagu qabto gudaha Ingiriiska iyo wixii ka baxsaba sida kuwa lagu qabto Hargeysa, Muqdisho iwm. Waxaa uu sannadkii ugu dambeeyey ee 2021 ay Looh Press ka qayb qaadatay bandhigyada dhaqanka iyo buugaagta sida:

- Bandhigii dhaqanka ee Leicester uk.
- Bandhigii Kayd ee Somali Week Festival, London.
- Bandhigaa buugggaagta Muqdisha (1 – 3 desember 2021)

The Mogadishu Book Fair
Desember (1-3) sanadka 2021 Muqdisho.

Carwada Buugaagta ee Muqdisho ee la qabtay intii u dhexeesey 1 -3 desember 2021ka sida badan hayàdaha iyo xarumaha Yurub (Scandaniva iyo UK) waxay ka ahaayeen qayb weyn, isla markaana wey ka muuqdeen wax soo saarkooda.

Xildhibaan Publications

Mudane Cabdulcasiis Ali Ibraahim oo ku magac dheer Xildhiban waa aasaasaha iyo aqaasimaha guud ee hay`adda Xildhiban Publications ee saldhigeedu yahay magaalada London ee dalka boqortooyada Ingiriiska, waxaana had`ad madax banaan oo la aas aasay bishii desember sanadkii 2004tii.

Cabdulcasiis Xildhibaan

Cabdulqasiis Xildhiban waxaa uu ku dhashay isla markaana ku barbaaray magaalada Muqdisho ee caasimadda dalka Soomaaliya. Waxbarashadiisii hore waxay ka billaabatey barashada Quraanka Kariimka sida caadada dadka muslimka uu yahay, ka dibna waxbarashadiisii kale waxaa uu ku soo qaatey sidoo kale magaalada Muqdisho laga soo billaabo dugsiga hoose dhexe ee Xamar Jadiid intii u dhexeeyey 1979 kii ilaa 1986 kii, ka dibna waxaa uu ku biiray dugsigii sare ee Howlwadaag ee magaalada Muqdisho sanadadii 1986 – 1990 kii. Wadanka markii uu ka qarxay dagaaladii sokeeyo waxaa uu u soo qaxay dalka dibadiisa. Horey ayuu u sii watey waxbarashadii waxaa uuna ka baxay kulliyadda cilmiga siyaasadda iyo xiriirka caalamiga (Focolta` Sceincze Politiche e` Reelazione Internationale) delta Studi di Firenze ee dalka Talyaaniga. Cabdulcasiis waxaa uu ka tirsanaa jirey dhallinyaradii waaxdii Barbaarinta wasaaradda waxbarashada ee Soomaaliya, wuxuuna kaalin weyn kaga jirey masraxyadii farshaxanka iyo qoraalladda ee dowladii dhexe, waxaana waagaas lagu magacaabi jirey Cabdulcasiis Art, halka maanta uu ku caan baxay Cabdulcasiis Xildhiban.

Qoraa Xildhiban waxaa uu u shaqeeyey hay`adaha Qaramada Midowbay laga soo bilaabo bishii desembar sanadkii 1992 kii ilaa bishii mars sanadkii 1995 kii, waqtigaana waxaa dalka yimid ciidamadii

Unitaf iyo kuwii ka socday Qaramada Midoobay, isagoo waqtigaa qandaraasyo qaadan jirey oo ku aadan howlgalinta Qaramada Midowbay ee Soomaaliya. Waxaa kale oo uu madax ka noqday Naadiga Danaha Bulshada Soomaaliyeed ee laga aasaasay magaalada Muqdisho, isla markaana waxaa uu ka dhex muuqday guddiyadii xalinta khilaafaadyadii ka jiray magaalada, ka dibna waxaa uu noqday xubin ka tirsan Guddiga Arrimaha Dibadda isla markaana ah wakiilkii Golihii wadatashiga Soomaaliyeed, arrimahaas oo dhan waa intii u dhaxaysey sanadkii 1999 kii ilaa sanadkii 2003 kii. 7dii bishii juun, sanadkii 2004 tii waxaa loo doortay Xoghayihii Guud ee Dhaqdhaqaaqa Nabadda Soomaaliyeed. Cabdulcasiis Cali Ibraahim marka laga reebo inuu qoraa yahay iyo maamulka ugu sareeya hay`adda Xildhiban Publisher, hadana waa ruux u dhaqdhaqaaqa nabadda oo jecel in wadahadal iyo dood hufan ay arimaha siyaasadeed ee murugsan ee dalka Soomaaliya lagu dhameeyo. Qoraa Cabdulcasiis Xildhiban waxaa uu u soo qaxay dalka dibadiisa, waxaa uuna waqtiyadii danbe uu deganaa dalka Ingiriiska. Horraantii sanadkii 2007 dii waxaa loo doortey inuu noqdo Xoghayaha Guud ee Dhaqdhaqaaqa Nabadda Soomaaliyeed " Somali Peace Council ". Bishii Desember sanadkii 2008 dii waxaa loo doortey inuu tafatire ka noqdo wargeyska Gorgor News oo bishiiba mar ka soo bixi jiray magaalada Birmingham ee dalka Ingiriiska.

Mudane Cabdulcasiis Cali Ibraahim waxaa uu ka mid yahay aqoonhayanada Soomaaliyeed oo wax badan isku mashquuliyey sidii loo horumarin lahaa afka hooyo, dhaqankeena suuban iyo suugaanteena quruxda badan, arimahaas oo idil waxaa uu u maray habab iyo tabo uu ka fiirsaday, waayo marka aanu dib u jaleecno sooyaalka dhaqdhaqaaq qoraaga waxaa inoo soo baxaya inuu abaaray tabaha ay ka mid yihiin:

Xildhbaan publications

Mudane Cabdulcasiis waxaa uu agaasimey xarun cilmiyeed uu ugu magac darey Xildhiban Publications oo qaab madbaceed oo kale ah, isla markaana dhigaalo soo saarta. Waxaa raacsan mareeg aad muhiim u ah oo ku kaydsan dhaxal taariikh, dhaqan iyo suugaanba leh. Waxaanu aaminsan nahay in kaydka uu Cabdulcasiis Cali Ibraahim " Xildhiban " ku kaydiyey mareegtiisa ay tahay mid aanan laga maarmi karin, gaar ahaan dadka ku howlan cilmibaarista dhaqanka, taariikhda, iyo suugaanta Soomaaliyeed ee leh tix iyo tiraabba.

Muxaadarooyin

Waxaa iyana jirta in Cabdulcasiis uu marar badan soo jeediyey muxaadarooyin iyo talo bixinno uu la wadaagey bulshada Soomaaliyeed ee qurbaha ku nool gaar ahaan qaaraddaYurub

Kulamo iyo doodo cilmiyeed

Kulamada iyo doodahaas oo uu qeyb ka noqday, iyo waliba wareysiyo nuxur leh oo ku aadan qaarkood siyaasadda iyo marxaladihii kale duwanaa ee uu dalka Soomaaliya soo marey ka dib burburkii dalkeena. Waxaa kale uu qeyb ka qaaday wacyi gelinta bulshada, sida badanna kulamada iyo doodahaas waxay ku baxeen warbaahinta leh maqal iyo muuqaal.

Qoraalo

Qoraaladaa oo leh tayo waxaa uu u soo bandhigay hab buugaag iyo dhigaalo kaleba leh, taa oo si gaar aanu u faahfaahin doono.

Haddii aanu u noqono Xildhiban Publisher waxaa ay ku guuleysatey in ay daabacdo buugaag dhowr ah si ay u buuxiso baahi badan oo ay qabaan dadka Soomaaliyeed ee qurbaha ku nool. Taa waxaa u dheer in qoraa Cabdulcasiis Xildhiban uu qorey dhigaalo badan – sida aanu soo tilmaamney – laakiin waxaanu halakan ku soo bandhigeynaa oo kaliya buugaagta uu qorey Xildhiban si aanu u ogaano dadaalada uu ku bixiyey in ay himiladiisa gaarto dhammaan dadyowga afka Soomaaliga wax ku aqriyo, kuwaa oo leh Soomaali iyo kuwo kale oo daneeya arrimaha dalka iyo dadka Soomaaliyeed. Buugaagtaa waxaa ka mid ah:

Waxay kuu dhigeen ma kugu dhaqeen?

Buuggu waxaa uu iftiiminayaa Dastuuradii iyo Axdiyadii loo dhigay Jamhuuriyadda Soomaaliya, ee 1960 – 1990 kii. Buugga waxaa uu ka hadlayaa siyaasadda iyo dowladda laga soo bilaabo markii ay Soomaaliya xurnimadeedii qaadatey ee sanadkii 1960 kii, illaa laga soo gaarayo 1991 kii, ka dib markey ay burburtey dowladdii Soomaaliyeed iyo maamulkii uu hogaaminayey madaxweyne Maxamed Siyaad Barre sanadkii 1991 kii. Buugga waxaa la daabacay bishii Janaayo sanadkii 2005 kii.

Taxanah taariikh Soomaaliya

Buugani waxa uu si buuxda u soo aroorinayaa xog-ururin ku saabsan shaqaalaha rayidka ah ee ugu darajada sarreeyay intii u dhaxaysay 1956-2006. Buuggu waxaa uu xogta u soo gudbinayaa hab taariikhi ah, isagoo qoraaga kala dhigayo xubnihii dawladda Soomaaliyeed qeybaheeda siyaasiga ah. Runtii qoraaga si nidaamsan oo hufan ayuu buugiisa u qoray, gaar ahaan dhacdooyinka siyaasadeed ee la soo marey oo uu qoraagu u kala hormariyey sida ay u kala horreeyaan iyo dadkii muddooyinkaas talada wadanka mas'uulka ka noqday, dhabtiina waa habraac iyo nidaan aad u wanaagsan. Qoraagu wuxuu soo bandhigay war bixin cilmiyeysan oo ku aadan marxaladihii kala duwanaa ee Soomaaliya soo martay. Buugga waxaa la daabacay bishii Nofenbar 2006 dii.

Horseedayaashii Halaagga Soomaaliya

Buuggan waa buug ka hadlaya wixii ka dhacay dalka Soomaaliya 30 sano oo xiriir ah laga soo bilaabo 1978dii illaa 2008da, waqtigaas oo bilowdeen aasaaska ururradii qaybta ka ahaa burburka qarannimadii dalka Jamhuuriyadda Soomaaliya. Buuggaan Horseedayaashii halaagga Soomaaliya wuxuu soo bandhigayaa ballanqaadyadii ururrada iyo wixii ku qornaa dastuuradii lagu dhisay, sidoo kale wuxuu soo bandhigayaa xasuuqyadii iyo tacadiyadii ka dhacay dalka Soomaaliya muddadaas 30ka sanadood ah, sunta lagu shubay dalka Soomaaliya, waxyeellada ay u geysatay dadka Soomaaliyeed.

Buuggan wuxuu soo ururiyay muuqaalladii aqoonyahannadii, saraakiishii, siyaasiyiintii iyo culuma'udiinkii lagu laayay intii ay socdeen dagaallada sokeeye, wuxuu sidoo kale soo bandhigayaa muuqaallada shisheeyihii lagu dilay gudaha dalka Soomaaliya wixii ka dambeeyay markii xukunka laga riday xukuumaddii ugu waqtiga dheereyd ee soo marta dalka Soomaaliya ee uu hoggaamin jiray madaxweyne Maxmed Siyaad Barre. Ugu dambeyntii buuggan wuxuu soo bandhigayaa muuqaallada hoggaamiye kooxeedyadii ururada ee ka abuurmay dalka Soomaaliya. Buugga waxaa la daabacay bishii Janaayo sanadkii 2010 kii.

Dal aan dadkiisu damqasho laheyn

Buugga aan dadkiisu damqasho laheyn wuxuu xambaarsan yahay dhammaan heshiisyadii lagu gaaray shirarkii dib u heshiisiinta ee lagu qabtay dalka dibeddiisa iyo kii lagu qabtay magaalada Muqdisho dabayaaqadii sanadkii 2007 dii. Sidoo kale buuggan wuxuu xambaarsan yahay dhammaan muuqalladii hoggaamiye kooxeedyadii mas'uulka ka ahaa burburka baahay ee ku dhacay qarannimadii dalka Jamhuuriyadda Soomaaliya yo xaqiiqooyin si tafaftiran u koobaya xumaha weli sii soconaya ee ka dhacaya Soomaaliya.

Sooyaalkii suugaanta Cabdulle Raage Taraawiil

Qoraa Cabdulcasiis Cali Ibraahim " Xildhiban " waxaa uu buugaan ku soo aruuriyey sooyaalkii suugaaneed ee uu lahaa abwaan Cabdulle Raage Taraawiil, runtii arintaa waa shaqo aad u qiimo badan oo badbaadisey dhaxalka Suugaaneed ee dheer oo uu ka tagay abwaanka oo ah curiye maanso, jilaa ka qeyb qaata riwaayadaha, waxaa uuna door weyn ka qaatay doorkii ay lahaayeen hobalada Waabari. Buugga waxaa lagu daabacay London 2008 dii, waxaana daabacday shirkada Scansom.

Xulka maansooyinka Soomaaliyeed

Buugani waxa uu ka kooban yahay in ka badan 65 maanso oo laga soo kala xulay in ka badan 50 maanso oo kala duwan oo caan ka ahaa Soomaalida wakhtiyo kala duwan, laga soo bilaabo qarnigii 18aad ilaa maanta. In badan oo ka mid ah abwaannada hormoodka u ahaa Soomaalida labadii qarni ee u dambeeyay ayaa ku jira ururintan. Buugga waxaa lagu daabacay London bishii maarso 2008dii.

Maahmaahyo Murti iyo Madadaallo

Waxaa qoraa Abdulcasiis Cali Ibraahim uu buugaan ku daabacay London – Ingiriiska, bishii oktoobar sanadkii 2007dii.

Maamulladii iyo Madaxdii soo martay Soomaaliya

Sida ka muuqadata cinwaanka buugga waxaa uu qoraaga ka hadlayaa madaxdii Soomaaliyeed ee hogaamada sare ka soo qabtay dalka Soomaaliya iyo maamuladeeda ilaa oo ka soo gaarsiiyo sanadkii 2013 kii kaa oo ku beegnaa waqtiga uu buugga soo baxay. Sidoo kale waxaa uu qoraago tilmaamayaa maamuladii madaxdaa ay soo hogaaminayeen. Buugga waxaa lagu daabacay magaalda London sanadkii 2013 kii, waxaana soo saartey shirkada Xildhiban Publications.

Laashiin: Hoyga Raadraaca Dhaqanka Iyo Suugaanta

Laashin waa hay`ad madax banaan oo ka shaqayso ururinta iyo kobcinta dhaqanka, suugaanta iyo qaraalada tayada leh ee tolmoon, saldhigeeduna waxaa weeye magaalada Katrineholm ee dalka Sweden.

Laashin howlaha ay qabato waxaa ka mid ah Bandhig buugaag, Barnaamijyo ku saabsan horumarinta dhaqanka iyo suugaanta, Falanqeynta buugaagta. Laashin waxaa hoos yimaada. Mareeg (wabside). Mareegta Laashin waxaaa la aas aasaay sanadkii 2014 kii.

Mareegta waxaa lagu ururiyaa qolaalo, buugaag, iwm, kuwaas oo quseeya arimaha dhaqanka iyo suugaanta soomaaliyeed.

MADBACAD

Madbacadda waxaana la aas aasay 2017kii waxaana lagu soo biiriyey hay`adda Laashin. Madbacadda waxay soo saartaa buugaag kuwaas oo aalaaba xoogga saara arimaha ku saabsan dhaqan, suugaanta iyo afka Soomaaliyeed. Waxay kaloo madbacadda suug gaynsaa waxyaabihii ay daabacday oo qoraalo ahaa.

Buugaagta ay daabacday madbacadda Laashin:
Laashin waxay ku guuleysatey iney soo saarto buugaag tiro ah oo tayo leh muddadii yareyd ee jirtey, waxaana ka mid ah buugaagtaa:

HILAADIN:

Buuggaa waxaa ku fara yareystey abwaan suugaanyahay ah isla, qoraa Bashiir Maxamed Xirsi, waxaana la daabacay sanadkii 2017 kii.

JAMASHADA HAWEENKA:

Jamashada haweenka waxaa qoray

Ibraahim Cismaan Afrax, waana buug xambaarsan murti iyo maax badan, kana hadlaya, habka is afgarashada iyo heshiiska lammaane, waa buug si weyn oo qota dheer uga hadlaya, habdhaqanka bulsho iyo kala duwanaanta labada jinsi ee labka iyo dhediga. Buugga waxa la daabacay sanadkii 2017kii.

SIRTA GUUSHA 2018kii

Sirta Guusha waa buug uu qoray oo maankiisa ka shaqeysiiyey qoraa Xasan Mudane, waxaa uuna ka hadlaya dhiirigelinta qofeed iyo kor u qaadista hiigsiga nololeed, gaar ahaan marka dib loo jaleeca qoraaga buugga oo ah aqoonyahay cilmi baare kana shaqeeya dhanka waxbarshada oo wax ka dhiga jaamacadaha dalka Soomaaliya. Buugga waxaa la daabacay sanadkii 2018 kii.

NOLOSHII SILOONEED:

Buugakan waa sheeko maan curis ah oo ka hadlaysa waayihii iyo noloshii Samatar yare. Buugga waxaa la daabacay sanadkii 2018 kii, waxaana qoray buugga qoraa Cabdiraxiim Holowle Galeer.

GASO, GANOON & GASIIN:

Gaso, Ganuun iyo Gasiin waxaa uu ka mid yahay buugaagta qiimaha badan ee uu qoray qoraa sare Prof Cali Jimcaale Axmed oo ah qoraa laga wada yaqaano goobaha aqoonta ee dunida, waa buug sheeko faneed iyo Af aqoolnimoba ku dhan tahay lehna xiiso gaar ah.

Buugga Gaso, Ganuun iyo Gasiin waxaa la daabacay sanadkii 2018 kii.

QODOB & GALAD:

Buugga Godob iyo Galad waa buug ka hadlaya dhacdooyin badan isa sudhan, waxaana buugga si weyn uga hadlaya, Abaalka iyo gargaarka bulshada u baahan garabka, Garsoorka iyo godobaha aadanuhu kala galo oo ugu dambayn dhaxalsiiya nabsigu inuu ku ciiro midkii gaystay gabboodfalka. Waxaa qoray Barbaariye Qoraa Dr Xuseen Maxamed Cabdulle(Wadaad). Buugga waxaa la daabacay sanadkii 2018 kii.

BIDHAAMIYE:

Waa buug ka hadlaya Afka, higgaada, dhigaalka toolmoon, waxaa qoray Barbaariye Bashiir Cali Xuseen, waxaana la daabacay sanadkii 2018 kii.

GACAL & GAYAAN:

Gacal iyo Gayaan waa buug uu qoray Xasan Cabdulle Calasow (Shiribmaan). Buugga waa sheeko loo curiyey hab uu farshaxankeedu sarreeyo, sheekadu waxa ay gudbineysaa farriimo badan, aragtiyo mug leh iyo ilbaxnimo aad u fog, kol waa dhaqan iyo hidde suubban, kol waa murti iyo suugaan, kol kalena waa af-barid iyo eray bixin, kolna waa ujeed kale oo intaas ka weyn oo yoolkeedu yahay farriin dadban oo uu qoraagu ku gudbinayo xaddaarad soomaalinimo oo aad u qiimo weyn, waxaa la daabacay buugga sanadkii 2019kii.

KAYMADOOW:

Kaymadoow waa buug uu qoray qoraa Cabdullaahi Macallin Siyaasi. Kaymadoow waa buug sheeko ah oo ka hadlaya waayihii abaartii dabadheer saameyntii ay ku yeelatay bulshada rafaadkii iyo raxanraadkii la soo maray, gaar ahaan gabadh bulshada ka mid ahayd oo uu ku reebay raad laguna naaneysay iyadoo ayaan xumo iyo bacownimo lagu tilmaamayo Kaymadoow. Buugga waxaa la daabacay sanadkii 2019 kii.

WAAYIHII WARSAME:

Buugga Waayihii Warsame waxaa qoray qoraa Cali Maxamed Diini, waana buug hab sheeko ah loo soo bandhigey. Buugga waxaa la daabacay sanakii 2019 kii.

Buugaagta ay soo saartey hay`adda Laashin waxaa kale oo ka mid ah:

- Murtikaal 2020kii, qoraa Saciid Cabdi Cawaale.
- Qaamuuska Casriga ee Maah maahda Soomaaliyeed 2020 kii Goerge..
- Qarbadoob 2020 kii, qoraa Cabdiraxiim Hilowle Galeer.
- Gardaadiye 2020 kii, qoraa Xasan Cabdulle Calasow (Shirmaan).
- Dhaxal hooyo 2021 kii, qoraa Mustafe Cabdiraxmaan (Dheereeye).
- Darajo iyo Xil yaa mudan 2021, qoraa Bashiir Cali Xuseen.
- Gar iyo gardhaqsi 2021 kii, qoraa Cabdalla Daamey.
- Laabta ka soco, 2021 qoraa Xuseen wadaad.

Run ahaantii hay`adda Laashin horumarka ay ka gaartay kor uqaadista dhaqan iyo suugaanta Soomaaliyeed kuma imaanin si fudud ee waxaa dalaalo badan ku bixin in mudo ahna u huran waqtigooda iyo maankooda aqoonyahano Soomaaliyeed oo isku xilsaaray in ay kaalintooda ku aadan horumarinta iyo tisqaadka suugaanta, afka iyo dhaqankaba ay ka qaataan, muujiyaanna in ay yihiin qayb ka mid ah bulshada Soomaaliyeed ee ku firirsan daafaha aduunka.

HOWLWADEENADA LAASHIIN

Hay`adda Laashin waa hay`ad ama urur weyn oo howl ballaaran qabtey, waxaana arrinkaa suura galiyey aqoonyahay badan oo lab iyo dhedigba leh, isla markaana ka kale tirsan qeybaha ay hay`addu u dhisan tahay, waxaana xaqiiqa ah in horumrka iyo faa`iidooyinka ay Laashin ku soo kordhisey dhaqan, hidaha, suugaan iyo afka Soomaaliyeed aysan suuro geli lahayn haddayna jirin dad gadaal ka riixaya oo maal iyo maskaxba u huray. Annaga oo og arrinka ayaanu qormadeena ku tilmaameynaa oo kaliya madaxa Laashin oo ah Xuseen Maxamed Cabdulle (Xuseen Wadaad), kaa soo tusaale u ah howlwadeenada kale ee hay`adda.

XUSEEN MAXAMED CABDULLE JIMCAALE (XUSEEN WADAAD)

MADAXA HAY'ADDA LAASHIN

Xuseen Wadaad

Xuseen maxamed cabdulle jimcaale oo ku magac dheer xuseen wadaad waxaa dhashay hooyo calasay maxamuud maxamed (calasay bisle). Xuseen Wadaad waxaa uu ku dhashay sanadkii 1958 kii magaalada muqdisho gaar ahaan xaafadda wardhiigley oo uu ku soo barbaaray. Yaraan tiisii waxaa la geeyey dugsi si uu u barto Quraanka Kariimka, waxaana macallin u noqday Macallin Axmed Maxamuud maalin (indho biyo). Markaa ka dib waxaa la geeyey dugsiga hoose Naasir oo raacsanaa dowladda Masar. Dugsiga dhexe waxaa uu ka mid noqday ardadii Maxamed Cabdulle Xasan oo raacsanayd dugsigii Allaahiga isla markaana gacanta ku haysay dowladda Masar, waxaana uu dhammeeyey 1975 kii.

Xuseen Wadaad waxaa uu ku biiray shaqaalaha wasaaradda waxbarashada isaga oo u wareegay macallinimo iyo isaga oo ka shaqeeyey gudoonka waxbarshada ee Hargeysa 1977 – 78, ka dibna waxaa loo soo badalay magaalada Muqdisho isaga oo macallin ka noqday dugsigii janaraal Daa`uud 1978 – 79, ardayda uu wax u soo dhigana waxaa ka mid ah wariyaha caanka ah marwo Aamino Muuso Weheliye. Muddadii uu ku shaqaynayey macallinimada waxaa uu Xuseen baranayey maadada musikada (music) iyo qoraalkeeda abaarihii intii u dhexeysey sanadadii1976 -77, ka dibna waxaa uu ku biiray kooxdii fanka ee Iftin ee ka tirsanayd wasaaradda waxbarashada iyo barbaarinta abaarihii sanadkii 1976 kii. Aqoon kororsiga Xuseen waxaa uu u arkayey in ay tahay wax aanan dhammaanin sidaas darteed waxaa uu ka sameeyey koorsooyin dhanka caafimaadka la xiriira machadka tabarka shaqaalaha caafimaadka ee xamar si uu ugu shaqeeyo farmashi

Ka dib waxaa uu u wareegey howlaha bulshada iyo siyaasada, isla markaana waxaa uu ku biiray ururka Dhallinyarada Gobolka Banaadir oo uu ka mid noqday guddiga fulinta ee ururka Dhalinyarada Kacaanka Soomaaliyeed, xafiiskoodana waxaa uu ku yaalay magaalada Xamar, waagaa waxaa guddoomiye ka ahaa ururka mudane Yuusuf Diiriye. Muddo yar ka dib Xuseen Wadaad waxaa uu ku biiray kulliyadda luqadaha ee Jaamacadda Ummada Soomaaliya sannadku markuu ahaa 1983 kii. Sannadkii 1985 kii waxaa uu u dhoofay dalka Yaman oo uu ka shaqeeyey wasaaradda caafimaadka Yaman magaalada Ridaac.

Isla markaana waxaa uu kor u qaaday aqoontiisa caafimaadka gaar ahaan waxaa uu safar u aaday Bakistaan (Pakistan) oo uu ka mid noqday jaamcadda Karaji ee ku taal magaalada Karaji si uu uga soo barto aqoonta kaydinta daawooyinka, isla markaana waxaa uu dib ugu soo noqday dalka Yamar. Xuseen wadaad waxaa uu u wareegey dalka Liibiya sannadkii 1990 kii oo ka mid noqday ururka Bisha Cas ee Liibiya, waxaana uu u shaqeeyey 1995 kii, laakiin mar dambe waxaa uu u wareegay wasaaradda caafimaadka ee Liibiya oo uu noqday madaxa qeybta daawada iyo qalabka caafimaad ee magaalada Bin Jawaad sannadkii1996 kii. Muddadii uu joogay Liibiya waxaa uu wax ka bartay jaamacada Bangaasi ee gaarka loo leeyahay isaga oo bartay cilmiga maamulka iyo maarayta muddo 4 sano ah. Wixii ka dambeeyey sannadkii 2009 kii Xuseen waxaa uu u soo safray woqooyiga Yurub

gaar ahaan dalka Sweden oo uu ilaa iyo hadda deggen yahay, waxaa uuna ku nool yahay magaalada Katrineholm. Intii uu deggenaa dalka Sweden Xuseen waxaa kale ee uu bartay cilmiga xariirka caafimaadka iyo bulshada oo uu ka qaatay jaamacado kale duwan oo ku yaalay Sweden muddo sannad iyo bar shahaado diploma ah (dibloom sare). Waqtigaan qoralka socda Xuseen Wadaad waxa uu yahay macallin u shaqeeya wasaaradda waxbarashada ee Sweden, isla markaana waxaa uu wax ka qabtaa arrimo ay ka mid yihiin: siyaasadda, bulshada iyo baraarujinta caafimaadka.

QORAALE:

Waxaa uu qorey Xuseen Maxamed Cabdulle Jimcaale (Xuseen Wadaad) qoraallo fara baadan oo isugu jira maqaallo iyo buugaag. Dhinaca qoraallada waxaa uu Xuseen Wadaad qori jiray maqaallo mowduucyadoodu kale duwan yihiin inkastoo ay u badnaayeen qoraallada ifinaya arrimaha bulshada iyo dhaqanka, qoraalada noocaas ah waxaa kale oo aysan ka marnayn kuwa la xiriira dhanka siyaasada. Qoraallada waxaa uu bilaabay sannadkii 1976 Kii dhammaadkiisii oo uu ku qori jiray wargayska Xiddigta Oktoobar oo ahaa wargeys ay maamulkiisa gacanta ku hayso dowladdii Soomaaliyeed ee uu hoggaanka u hayey Golihii Sare ee Kacaankii 21 oktoobar. Waxaa kale oo uu ahaa Xuseen Wadaad falanqeeye riwaayadaha, arrimaha dhaqanka, bulshada iyo siyaasadda.

ku guuleystay inuu qoro dhigaalo dhowr ah oo kale duwan haddana buugaag ahaan kuwa daabacan sidaa uma badna marka laga eego qoraalladiisa sida ay u badan yihiin, laakiin waxaa u suuro galay inuu soo saaro dhowr ka mid ah dhigaaladiisa tolmoon gaar ahaan buugaagta sida:

QODOB & QALAD

Waxaa lagu daabacay Sweden madbacada

QORAALADA BUUGAAGTA DAABACAN:

Qoraa Xuseen Wadaad inkastoo uu

Laashin, 2018kii. Laabta ka soco (dareen iyo garasho) Waxaa lagu daabacay Sweden madbacada Laashin, 2021 kii. Waxaa kaloo jiro buugaag aan wali la daabacin oo diyaar ah sida:

KULAIHI

Qayb ka mid ah waxaa lagu faafiyey mareegta Laashin.

KA DARAN BAA DADAN (SHEEKO):

Qaybo ka mid ah sheekadaan waxaa uu ku soo bixi jiray wargayskii Xiddigta Oktoobar ee Muqadisho – Soomaaliya.

FILOWAA & UUR KUTAALO (SHEEKO):

Qaybo ka mid ah sheekadaan iyadana waxaa ay ku soo bixi jirtay wargayskii sannadlaha ahaa ee uu Ururka Dhallinyarada Kacaanka Soomaaliyeed lahaa, waxaana tafatire ka ahaa muddo Xuseen Wadaad.

WAA GODOB LA GALAAYO (SHEEKO)

Haddii aanu eegno dhinaca wax u tarka bulshada Soomaaliyeed ee qurbaha ku nool, waxaanu oran karnaa Xuseen waxaa uu ka mid yahay dadka ku mashquulsan sidii ay bulshadooda ula qaybsan lahaayeen daruufaha ku hareeraysan, waxyaalaha uu aalaaba ku mashquulsan yahayna waxaa ka mid oo uu la qaybsato dadkiisa:

WACYI GALIN:

Ku saabsan isdhexgalka bulshada iyo ka faa`iidaysiga fursadaha ka jira dalka Sweden ee uu deggen yahay, sidoo kale in dadka la baro xaqa iyo xuquuqda ay leeyihiin oo uu sharciyada wadankaas u ogol yahay, iyo waajibaadka lagu leeyahay in ay ilaaliyaan.

Ururka Ilmo

Ilmo waa urur madax banaan oo daneeya horumarka carruurta Soomaaliyeed ee qurbaha ku dhaqan. Ilmo waxaa uu daneeyaa aalaaba akhlaaqda suuban iyo afka hooyo in lagu abaabiyo carruurteena, sidaa darteed waxaa ay hoggaanka Ilmo horseedeen mashaariic lagu hormarinayo himilada ay leeyihiin bahda horseedda Ilmo.

Hay'adda Ilmo waxaa aasaasay lamaanaha aqoonyahanka ee Marwo Faadumo Muuse Ibraahin iyo saygeeda ustaad Maxmed Tahir Yuusuf (Saylaci) oo deggen magaalada London ee dalka boqortooyada Ingiriiska. Faadumo waa hooyo, macallin, qoraa iyo xeel dheere dhanka tarbiyadda carruurta. Faadumo waxaa dhalay shiikh Muuse oo ka mid ah odayaasha hormoodka reerkooda, hooyadeedna waa marwo Luula Xuseen Daheeye oo reer Samaroon ah, kuna dhalatey degmada Waajid ee gobolka Bokool. Maxamed Tayir Yuusuf waxaa uu ku dhashay magaala madaxda dalka Sacuudiga ee Riyaad, waxaana dhashay Marwa Madiina Cumar oo ka soo jeeda bahweynta Samaroon. Hoggaanka Ilmo waxay mar walba isku dayaan inay dhisaan darbi adag oo difaac u ah dhallaanka Soomaaliyeed iyagoo adeegsanaya buugaag iyo agab kale oo kor u qaadaya aqoonta ay carruurtu u leeyihiin dhaqanka iyo afka Soomaaliyeed, sidoo kale waxay carruurta ku abaabiyaan qiimaha taariikhdooda iyo jiritaankooda inuu ku xiran yahay hadba sida ay xoogga u saaraan aqoonta ay u leeyihiin dhankooda iyo afkooda hooyo.

Ilmo waxay abaabushaa oo qabataa kulamo cilmiyeed ay ku marti qaadaan waalidiinta Soomaaliyeed iyago oo la kulmaya howlwadeeno aqoon durugsan u leh barbaarinta carruurta iyo koritaankooda, mararka qaarkoodna waxay madasha ku marti qaadaan aqoonyahano ku xeeldheer cudurrada maskaxda iyo wixii la xiriira oo dhibaato ah oo hakin karana waxbarashada carruurta. Ilmo waxay ku dadaaleen sidii loo buuxin lahaa kaalinta bannaan ee buugaagta carruurta oo ku qoran afkeena hooyo, inkastoo ay jirtaan buugaag dhowr ah oo carruurta quseysa oo ay qoreen qorayaal Soomaaliyeed iyo kuwo la soo tarjumeyba haddana ururka Ilmo waxaa uu wada shaqeyn la leeyahay ururrada iyo hay`adaha Soomaaliyeed oo kale oo ay ka wada shaqeeyaan sidii door fiican looga qaadan lahaa qorista iyo daabacaadda buugaag tayo leh, waxaan jira in mashruuca Ilmo aqoon ay wada shaqeyn ka yeesheen Hay`adda Hiil Press oo ah hay`add buugaagta daabacda, isla markaana qeybisa. Waxaa xusid mudan in labada shirkadood ay yoolkoodu yihiin in la qoro lana daabaco buugaag, dabadeedna la faafiyo buugaag tayo leh, lana fududeeyo sida loo heli lahaa buugaag tayaysan, bulshadana qiimo u leh.

Ilmo buugaag carruurta quseeya ayay daabaceen oo af Soomaali ku qoran, qaarkoodna waxay ku qoran yihiin labada luqadood ee Soomaaliga iyo Ingiriiska si ay u fududaato fahamka ay carruurtu si fudud u fahmi karaan. Ka dib markii ay bahda Ilmo arkeen in buugaagta sheekooyinka carruurta ee ku qoran afkeena ay badanaa ay yihiin kuwo xambaarsan sheekooyin reer guuraa ah ayey door bideen iney buugaagta Ilmo ay soo saarto ay noqdaan kuwo la jaan qaada nuxur ahaan iyo af ahaanba waqtiga iyo goobta aanu joogno oo ka duwan kuwii hore, waayo waxaa lama huraan ah inaanu fiiro gaar ah ku eegno sida aan ula hadalno ubadkeena si uusan uga leexan wacyiga casriga iyo dunida maanta ay caruurteena ku nool yihiin. Mashaariicda hay`adda Ilmo kama marna mid diiradda lagu saarayo sidii loo caawin lahaa qorayaasha dhallinyarada u badan ee ku cusub qorista iyo buug soo saaridda, iyaga oo ku hagaya habka ugu fiican uguna fudud oo ay ku soo saari lahaayeen aqoonta ku duugan, isla markaana ay u tusi lahaayeen hababka iyo siraha ku duugan howlaha daabacaadda.

BAHDA ILMO:

Bahda ILMO iyaga oo og baahida ay ubadka qurbuhu u qabaan barashada dhaqanka iyo afkooda hooyo, waxay ay diyaar u yihiin in ay dhammaan ubadka Soomaaliyeed helaan hab kasta oo ay ku baran karaan dhaqanka, Suugaanta iyo waliba sheeko xariirooyinka ku qoran afkii hooyo, iyo waliba akhris ku ababinta ubadka Soomaaliyeed. Waxaanu soo tilmaanay in hormoodka ururka Ilmo uu yahay lammaanaha aqoonyahanka ah ee Faadumo M. Ibraahin iyo Maxamed Tahir sida hufan ay ugu dhabar adeegeen hirgelinta iyo kobcinta arrimaha la xiriira carruurta iyo barbaarintooda. Waxaase xusid mudan iney jiraan dhallinyaro kale oo la wadaagay dadaalkaa iyo hiilladaa loo hiillinayo carruurta Soomaaliyeed oo la oran karo haddii ayna garab istaagin dhallintaa mashaariicda Ilmo ineyna hirgeli lahayn, taa oo aanu ula jeedno in bahda Ilmo ay ballaaran tahay isla markaana ay og yihiin dadaalada ay bixiyeen Filsan Daahir iyo Cabdullaahi Raage (Sayidka) oo ku soo biriyey aqoon iyo waxtar nuxur leh mashaariicda Ilmo.

Filsan Dahir waa dadka ilaahay hibooyinka gaarka ah ku mannaystay, waa Farshaxamiiste, Nashqadeeye (Designer) aad la tacajubayso shaqooyinkeeda. Filsan waxa ay ku nooshahay magaalada Riyaad ee dalka Sucuudi Carabiya. Waxay waxbarashada heerka koowaad ku qaadatay Dalka Suudaan oo ay baratay culuumta xisaabaadka (Finance). Filsan waxa ay ku shaqaysaa qaabaynta iyo naqshadaynta ganacsiyada iwm (Branding), shaqadaas oo ah mid ilaahay Hibo u siiyay. Mudooyinkii hore waxaa Ilmo aad ula shaqeeyey oo taageero siiyey Khaalid Saciid oo ka mid ahaa tafatirayaasha Buugta Ilmo ay soo saarto. Khaalid waa qoraa da'a yar oo ku dhaqan magaaladda Hargeysa, waxaa uu bartay culuumta Sayniska oo uu ka qalinjabiyay Jaamacadda Hargeysa. Khaalid waxa uu isku hawlaa inuu wax ka qoro arrimaha bulshada, waxaana uu leeyahay maqaallo tiro badan oo lagu daabacay Wargeysyo, Majallado, iyo in badan oo ka mid ah Deggelada afka Soomaaliga wax ku qora. Sannadkii 2016 kii waxa uu ka mid ahaa dhallintii ku guuleysatay abaalmarintii Sanaa Theathre Awards, taana waxaa uu ku mutaystay turjumaddii uu la sameeyay "Majalada Africa" oo fadhigeedu yahay dalka Kenya. Turjumudii ugu ballaadhnayd abid taariikhda Afrikaanka Halkaas oo hal qoraal oo ku qornaa afka Sawaaxiliga ay u turjumeen in ka badan 33 luqadood oo Afrika iyo caalamkaba lagaga hadlo oo Afkeenna hooyo ee soomaaligu ku jiro.

TAXANAHA HIIL BUUG CARUUREED:

Ururka Ilmo waxay tiigsadeen himilo ku aadan barnaamij ay ugu magac dareen « Taxanaha hiil buug carruureed», sidaa darteed waxay ku guuleysteen soo saaridda aqab iyo buugaag kale duwan, kuwaa oo loogu talo galay caruurta Soomaaliyeed, buugaagta la daabacay ilaa iyo waqtiga la joogo waa ay tiro badan yihiin, waxaana ka mid ah:

HOOYO & AABBO

Waa buugii ugu horeeyey oo ay soo saaraan bahda ururka Ilmo.

QURUXDA & CAAWIMAAD KHAAS AH

CADHADA & CABSIDA

DAROOGADA & HURDADA

MIDABKAYGA IYO ILKAHAGA

NADAAFADDA & ASXAABTA

AKHLAAQDA & IXTIRAAMKA

FARXADDA CIIDDA

Ururka Ilmo howlaha uu qabto oo kale waxaa ka mid ah in uu la wadaago farxadda iyo rayreenta qoosaska Soomaaliyeed ee ku dhaqan qurbaha gaar ahaan magaalada London iyo hareeraheeda damaashaadka ciidda ay dadyowga muslimiinta u dabaaldegaan sida ciidda Fidriga iyo ciidda Al adxaa. Runtii dadaalada Ilmo kuma koobno oo kaliya iney qaban qaabiyaan barnaamijyo farxad leh, ee waxaa kale oo ay la wadaaan dadweynaha iney soo saareen buug ka hadlaya ciidda iyo farxadeeda oo leh sawiro qurxoon, waxaana soo baxay buug loogu magac daray " Buugga Ciidda".

Waa Buug loogu talo galay carruurta Soomaaliyeed, oo lagu barayo dhaqankeenna iyo waliba Ciiddu halka ay inaga joogto Soomaali ahaan. Waa buug ka kooban sawiro muujinaya dhacdooyinka caadiga ah ee ilmaha soomaaliyeed la kulmo maalinta Ciidda iyo damaashaadkeeda, waa buug u sahlaya in ilmuhu wax ka bartaan sidoo kalena ku madadaashaan. Qaybta danbe ee buugga waxaa loogu talo galay in sawiradii buugga ku jiray uu dib ilmuhu u rinjiyeeyo ama u nashqadeeyo. Buugaagta waxaa kale oo ka mid ah:

AYEEYO & AWOOWE

NADAAFADDA & ASXAABTA

Boogaagtaas dhammaantoodna waxaa qortey qoraa Faadumo Muuse Ibraahin, waxaana daabacday madbacadda Hiil Press.

ANASHAXA CUNTADA & CABITAANKA

Ururka Ilmo ujeedkiisa ma aha oo kaliya in carruurtu afkooda hooyo ay bartaan ama ay wax ku akhriyaan, ee waxaa kale oo ay Ilmo ku dadaashaa sidii carruurta loogu soo bandhigi lahaa waxyaalaha ka caawinaya inay bartaan ama akhristaan anshax iyo aadaabta loo baahan yahay iyo in ay carruurta bartaan dabadeedna ay sameeyaan markay wax cunayaan ama ay cabayaan, anshaxaana waa mid ku tiirsan dhaqanka diinteena Islaamku inagu boorisay. Habdhaqanka suuban ee ilmuhu la yimaado xilliga cuntada waxa uu muujinayaa tarbiyaddiisa wanaagsan, ixtiraamka dadka kale, iyo qadarinta nimcada cuntada iyo cabintaanka, taasoo uu ilmuhu ku kasbanayo ajar iyo xasanaad, maadaama uu dhaqangeliyey anshaxii suubanaa ee nabigeenna nabadgelyo iyo naxariis korkiisa ha ahaatee.

Ugu dambayntii marka la eego qoraallada Ilmo oo ay ugu talo gashay carruurta waxaa ku soo jiidanaya iney adeegsadeen sawirro aad u qurxoon oo qeyb weyn ka qaadanaya fahamka dhigaallada, maxaa yeelay sawirradu door weyn ayey ka qaataan in akhristuhu si fudud u fahmo fariinta qoraaga iyo ujeedada loogu talo galey in qoraalku uu saameyn xoogan u yeesho akhristaha. Carruurta aad ayuu u soo jitaa qoraallada ku lammaanan sawirro qurxoon, waana midda ay ku guuleysteen bahda Ilmo in ay soo saareen taxane hiil buug carruureed oo dhowr ah.

Xarunta U Hiili Aqoonta

Ururka ama Xarunta u Hiili Aqoonta waxaa dadaal badan ku bixiyey dhalliyaro Soomaaliyeed oo ay hormuud u tahay marwa Ifraax Yuusuf Ciyow oo waqti badan galisey sidii ay ugu guulaysan lahaayeen in xaruntaan ay istaagto dabadeedan ay ka qeyb qaadato horumarka dhaqanka iyo afka Soomaaliyeed, isla markaana ay xaruntu u noqoto darbi weyn oo difaac u noqda himilada iyo horumarka dhallinta Soomaaliyeed ee qurbaha ku nool, gaar ahaan dalka Norway. Runtii layaab ma leh in Ifraah Ciyow muddo badan ay ku mashquulsaneed sidii ay Soomaalida Norway ku nool ay u siin lahayd fursad ay ku akhriyaan buugaag afkooda ku qoran iyo inay ka caawiyaan ardayda Soomaaliyeed caqabadaha wax akhriska iyo qoraalkaba. Sidaa darteed Ifraax waxay aasaastey xarun ama shirkad ay ugu magac dartey "U Hiili Aqoonta", shirkadaa oo daabacda buugaagta iyo qoraalada kalaba. Xarunta u U Hiili Aqoonta waxaa uu saldhigeedu yahay dalka Norway. Ifraax marar badan waxay sheegtey in ay diyaar u tahay in dadka Soomaaliyeed ee doonaya iney wax daabacaan gaar ahaan dhallinyarada inay garab istaagi doonto sidii ay qoraalladooda uga miro keeni lahaayeen.

K uma koobna dadaalada ay Ifraax Yuusuf Ciyow ku bixisey sidii ay gacan weyn uga geysan laheed horumarka afka hooyo iyo dhaqankeena suuban, waxayna Ifraax ka mid ahayd dhallinyaro Soomaaliyeed oo dhidibada u taagay urur loogu magac daray ururka " waddaniga Soomaaliyeed ", xaruntA ururka waxaa uu ahaa magaalda Hordland ee dalka Norway, waxaase

Ururka waddaniga Soomaaliyeed

xusid midan in aasaaska ururka lagu beegey 15 ka bisha may, Ifraax Ciyow oo ka hadashey sababaha loo aasaasay ururka isla markaana loogu beegey aasaaska taariikhdaa waxay cadeysay in ujeeddadu ahayd inaan qaadanno hannaankii waddaninimo ay lahaayeen dhallinyaradii ururka SYL, iyo inaan dhallinyarada Soomaaliyeed xusuusino halgarkii waddaninimo ay soo mareen dhallinyaradii SYL, oo natiijadeedu ay noqotay inaan noqono waddan xor ah.

Ifraax waxay kaloo sharaxaad ka bixisay qiimaha ay waddaninmada ay leedahay iyo in ay Soomaalida muujiyaan waddaninimo, waxayna tusaale ahaan u soo qaadatay xisbigii dhalinyarada ahaa ee SYL sida ay waddaninimada daacad uga ahayd. Ifraax Yuusf Ciyow waxay ururkaa ka ahayd madaxa Arrimaha Bulshada. Ururka waxaa uu ku guuleystey wacyi galinta dhallinyarada iyo abaabulka maalmaha xuriyada, dhallinyarada iyo ciidaha diinteena Islaamka. Mar ay ka hadleesey xafladda 15-ka May ee Soomaalida deggan dalka Norway ayaa waxay dhallinyarada ku boorisey sidii ay ugu wada shaqeyn lahaayeen isku tiirsanaanta dhallinta Soomaaliyeed iyo iney ku dadaalaan sidii ay diintooda, dhaqankooda iyo afkooda ugu dadaali lahaayeen horumarkiisa, isla markaana waxay dib u jeleeday dadaalladii dhallinyaradii Soomaaleed ee aasaastey ururkii SYL iyo guulihii ay u soo hoyeen ummadda Soomaaliyeed.

Hormoodka arrimaha haweenka iyo qowska Soomaaliyeed

Ifraax Ciyow waxay ka mid tahay dadka u dhaqdhaqaaqa in "codka haweenka kor noqdo" iyo qoysaska soo galootiga gaar ahaan Soomaalida ee dalka Norway ay noqdaan kuwa adag oo isku tiirsan si ay uga hortagaan in dhabaatooyinka ku yimaada caruurta iyo dhalinyarada ku korey wadamada reer galbeedka. Talooyinkaa ay soo jeediso waxay la wadaagtaa warbaahinta gaar ahaan wargeysyada dalka Norway iyo barta ay ku leedahay facebook ga iyo wixii la mid ah. Sidoo kale waxay ku soo gudbisey qoraaladeeda iyo doodaha bulshada ee fagaarayaasha ay ku yeeshaad bulshada Soomaaliyeed ee qurbaha ku nool.

BUUGAAGTA IFRAAX CIYOW

Dhigaallada Ifraax Ciyow billowgoodii waxaa uu ahaa sannadkii 2007 dii oo ay isku dayday iney qoraallo ka soo saarto waxyaabihii ka socday warbaahinada bulshadu adeegsadaan qaarkood sida Baaltooga (Paltalk), qoraalkeedana waxay ugu magac dartey "Paltalk Waa Mucjiso".

Intaa kuma joogsanin qoraallada Ifraax ee waxay haddana soo saartey qoraal dareen xambaarsan oo iftiiminayey dhacdooyinkii siyaasadeed ee ka socday dalka Soomaaliya gaar ahaan magaalo madaxda dalka Muqdisho, qoraalkaana waxaa uu xambaarsanaa cinwaanka ah "Murugada adduunyada Muqdishaa u Macallin ah". Ifraax waxay ku guuleesatey inay qorto dhowr buug oo dhammaantood ay uga hadleyso daruufaha ku wareegsan bulshada Soomaaliyeed ee qurbaha ku nool.

Buugaagtaa waxaa ka mid ah:

ILA OOY

Waa buug sheeko dhanka jaceylka u janjeero oo ku saabsan qoys ka guuraya London oo u noqonaya dalkii Soomaaliya gaar ahaan magaalada Muqdisho. Sheekada buugga waxay ku saabsan tahay gabar Soomaaliyeed oo lagu soo koobay magaceeda Fartuun. Buuggaan ayaa u qoran qaab sheeko ah. Gabadhaan iyo qoyskeeda waxay go'aansadeen inay ku noqdaan dhulkoodii hooyo si ay ugu qeyb qaataan dib u dhiska dalka. Nasiib daro, waxay la kulmeen xaalad aysan filanaynin kuwaasoo salka ku haayo darxumo, qiyaano, iyo waliba waxwalba oo kadhaca dal iyo dad bur-buray. Buuggaan waxaa uu soo baxay sanadkii 2017 kii.

Ifraax, Abtidoon, Amino, Nina Hagen Kalkodh iyo Maxamed Xuseen

TAXANAHA SHEEKO SHEEKO

Waa buug carruureed iyo sheekooyin kale oo badan. Buugga waxaa ku coran oo ay dooratey Ifraax seddex sheeko carruureed oo loogu talogalay in carruurta lagu maaweeliyo, sida sheekada " Gabar iyo Libaax". Waxaana qoraaladeeda ka mid ah sheekadii " Paltalk" iyo " Noloshu waa jaceyl. Jaceylkuna waa nolol" iyo sheekooyin kale oo tixana ka ahaan jiray mareegyada kala duwan ee af-Soomaaliga ku soo baxa. Buugga waxaa uu soo baxay dhammaadkii sanadkii 2017 kii.

MAGAC & MUUQAAL

Waa buug isugu jira qoraallo iyo sawiro loogu talo galey carruurta Soomaaliyeed iney afkooda ku bartaan , isla markaana ay si maweelo ah u midabeeyaan sawirada ku qoran, taa oo wax ka tari karta barashada afkooda hooyo isla markaana kor u qaadi karta garaadkooda aqooneed.

WAA TUMA IFRAAX CIYOW

Ifrah Ciyow

Ifraax Yuusuf Ciyow waa qoraa, kalkaaliso, hooyo u dhaqdhaqaaqda horumarka qoyska iyo haweenka Soomaaliyeed ee qurbaha. Aqoonyahay leh khibrad dhaqameed ku aadan kala duwanaanshaha.

Ifraax Yuusuf Ciyow oo ku magac dheer Ifka waxay ku dhalatey magaalada Muqdisho sanadkii 1989 kii, isla magaaladaa ayey ku barbaartey waxna ku baratey yaraanteedii. Sannadku markuu ahaa 2011 kii waxay qoyskoodu u soo guureen dalka Itoobiya oo ay muddo labo sano deggenaayeen, ka dibna waxay u soo safreen dhanka waqooyiga Yurub gaan ahaan dalka Norway oo ay soo gaareen sannadkii 2003 dii, waqtigaana Ifraax waxay ahayd 13 jir. Reerka waxay degeen magaalada Bergen oo ay muddo deggenayd, Ifraax Bergen ayey wax ku baratey laga billaabo afka Noorwiijiga , isla markiina waxay ku biirtey waxbarashii dugsiga dhexe ka dibna waxay horey u sii wadatey heerka dugsiga sare oo ay dhammeystiratey. Intaa ka dib Ifraax waxay ku dadaashay sidii ay u baran lahayd xirfad ay ku shaqeysato, sidaa darteed waxay u leexatey dhanka caafimaadka illaa ay ka qaadatey shahaadada jaamcada heerka koowaad ee kalkaalinimada ee dalka Norway. Marka laga hadlaayo aqoonta iyo waxbarashada Ifraax inkasta ay shaqeyso haddana kama daalin waxbarasha oo waxay go`aansatey iney barato qeybta maamulka iyo maareenta oo heer jaamacadeed ah. Hadda waa hooyo carruur leh oo ku howlan barbaarinta carruurteeda iyo wacyi gelinta bulshadeeda ku dhaqan dalka Norway. Ifraax waa qoraa buugaagta iyo dhigaalo kaleba qorta, waxayna ka tirsan tahay ururo bulsheed iyo aqooneedba, sida:

Xubin guddiga hindisaha xaafadda Holmlia" ee ka tirsan magaalada Oslo ee dalka Norway.

Ururka waddaniga Soomaaliyeed

Hangool

Hangool waa gole ahmiyadda ugu weyn siiya iftiiminta dhaqanka, taariikhda, suugaanta iyo afka hooyo sidii kor loogu qaadi lahaa, laguna barbaarin lahaa ubadka Soomaaliyeed ee qurbaha. Hangool waa xarun kulmin doonta qorayaasha Soomaalida ku nool Norway iyo dhammaan hal-abuurada Soomaaliyeed ee rag iyo dumar, si ay u soo bandhigaan hibadooda aqooneed oo ay ku leeyihiin hidaha iyo dhaqanka Soomaaliyeed si mustaqbalka loogu aayo.

Samsam, Maxamed, Fu`ad iyo Cabdijabaar

inkasto ay tahay xarun cusub oo dhawaan isku kaashadeen aqoonyahano Soomaaliyeed ee degen dalka Norway, haddana waxaa muuqata in durbadiiba noqotey xarun ay ku soo hirtaan dhallinta Soomaaliyeed oo daneeya taariikhda iyo dhaqanka ay ka soo jeedaan asal ahaan.

NORWAY & HANGOOL

Hangool waa xarun ama gole qaban qaabisa barnaamijyada lagu soo bandhigayo buugaagta, farshaxanka suugaaneed iyo wax alle wixii xiriir la leh taariikhda iyo ilbaxnimada Soomaaliyeed. Hangool sida aanu ku soo tilmaamney waa xarun dhaqan oo u gaar ah Soomaalida ku nool dalka Norway, ujeeddada loo aas aasayna waa ilaalinta iyo kor u qaadidda dhaqanka suuban ee Soomaalidu leedahay si uu u noqdo dhaxal ay hiigsadaan da`yarta Soomaaliyeed ee qurbaha ku barbaara. Xarunta Hangool kama marna in ay hiigsato mideynta bahda qorayaasha Soomaaliyeed ee ku firarsan dhammaan dalka Norway oo aan lahayn xiriir ka dhexeeya, si ay xaruntani u noqoto meel wada kulmisa hal-abuurada Soomaaliyeed ee ku nool dalka Norway.

Dhammaan dhallinta u istaagtey qabanqaabada xarunta Hangool waxaa ay go`aan ku gaareen in ay lagama maarmaan tahay in la helo xarun dhaqan oo ka tarjumaysa jiritaanka ummadda iyo dareenkeeda dadnimo. Hangool howlwadeenadeeda waxay u badan yihiin dhallinyaro aqoon u leh maamulka, maareenta iyo qaban qaabada kulamada iyo barnaamijyada wax ku oolka ah ee bulshada wax u tara, haddana waxay xaruntu ku tiirsan tahay oo mar walba weheshadaan aqoonyahan rug cadaa ah ee Soomaaliyeed kuwaa oo qaarkood xiriir toos ay la leeyihiin sida qoraa sare Cabdiraxmaan Abtidoon iyo Dr. Maxamed Xuseen Macallin oo talooyin iyo taageeraba siiya xarinta. Waxay ahaataba dhaqanka Soomaalidu waa haybadda iyo sharafta u gaarka ah bulsho weynta Soomaalida meel kast oo ay caalamka kaga dhaqan yihiin, kaas oo xiriir la leh luuqada, cuntada, suugaanta, fanka, farshaxanta, riwaayadaha, majaajilooyinka iwm.

Bandhigga wax soo saarka hal-abuurka Soomaaliyeed.

Waayahan dambe waxaa soo if baxayey wax soo saar kale duwan oo ay ku guuleysteen hal-abuurada Soomaaliyeed kaa oo aad u soo kordhay muddooyinkii dambe. Sida la wada ogsoon yahay wax soo saarka qorayaasha iyo hal-abuurada kale kuma koobno oo kaliya in la qoro buug ama la curiyo maanso ee waa arrin ku xeeran hidaha iyo dhaqanka iyo dhinac walba oo xiriir la leh dalka iyo dadka Soomaaliyeed. Maadaama hiigsiga xarunta Hangool ay ka mid tahay iney noqoto dallad kulmisa qorayaasha Soomaaliyeed ee dalkaan Norway waxaa ay Hangool qaban qaabisaa soo bandhigidda buugaagta ay qoreen Soomaalida, gaar ahaan kuwa ku qoran afka hooyo, sidoo kale waxaa ay Hangool gogol u fidisaa hal-abuurka Soomaaliyeed si ay bulshada uga faa`iideystaan hibada suugaaneed ee tix iyo tiraabba leh oo uu Illaaahay ugu deeqey. Xarunta Hangool waxay casumaad u fidisaa aqoonyahayka si ay uga faa`iideystaan aqoontooda dhallinta Soomaaliyeed ee ku korey qurbaha. Waxaa ka mid ahaa dadkii ay dhallinta qaarkood la kulmeen qoraa sare Abdiraxmaan Abtidoon oo xog badan ka siiyey hiddaha iyo dhaqanka Soomaaliyeed, dabadeedna uga war bixiyey buugaagta uu qorey qaarkood. Sidoo kale dadkii xarunta Hangool ay la kulmeen waxaa ka mid ahaa Dr. Maxamed Xuseen Macallin oo wada dhexmaray aqoon isweydaarsi labada dhinac ah oo ku aadan taariikhda guunga weyn ee dhaqanka iyo ilbaxnimada dalka iyo dadka Soomaaliyeed, ka dibna waxaa meesha ka soo baxay murti aad u qiimo badan oo dhalinta ku abuuray dhiiro gelin ku aadan habka cilmibaarista iyo qorista buugaagta. Dhinaca buugaagta waxaa ka mid ahaa buugaagtii ay xarunta Hangool doonayso iney soo bandhigto buugga uu qoray Dr. Maxamed Xuseen Macallin oo la magac baxay:

TAARIIKHDA CULIMADA SOOMAALIYEED

Buugga Taariikhda Culumada Soomaaliyeed waxaa daabacday hay`adda Looh Press ee saldhigeedu tahay magaalada Leicester ee dalka boqortooyada Ingiriiska, sanadkii 2021 kii. Qoraaga oo kulanka Hangool ka warbixiyey buugiisa waxaa uu sheegey in uu sameeyey dabagal ku aadan culumadii Soomaaliyeed ee ku nooleed wadamada carbeed, gaar ahaan markii aanu ogaano qarniyadii dhexe in geyiga carbeed caan ka noqdeen culimo asal ahaan ka soo jeedda geeska Afrika ee ay degaan dadka ay ka mid yihiin Soomaalidu, kuwaa oo qeyb lixaad ka qaatey kaalimo kala duwan oo kaga aaddanayd horumarka bulshada, ha ahaato dhanka cilmiga iyo faafintiisa, ama dhanka garsoorka, tarbiyadda iyo gundhigga diinta Islaamka. Culimadaasi kuma aysan jaango'neyn degaan keliya ee waxay ku kala firirsanaayeen dhammaan geyiga carbeed, muddooyin kala duwan. Raadraaca taariikhda culumada Soomaaliyeed ee waayadii hore waxaan ku ogaan karnaa heerka iyo baaxadda ay gaarsiisan tahay magaca iyo qiimaha ay ku lahaayeen bulshada Islaamka dhexdeeda, waxaana hubaal ah in aanay jirin magaalo ama goob ay bulshadu deggan tahay oo aanay joogin culimo ku xeel dheer diinta iyo cilmiga la xiriira.

Buugga Taariikhda Culumada Soomaaliyeed waxaa la daabacay waqti aanan jirin buug lagu soo bandhigo sooyaalkii culimada Soomaaliyeed oo ka faalloonaya taariikhdooda oo keliya, afka uu rabo ha ku qornaadee. Hangool waa urur dadaalo badan ku bixiya sidii horumar weyn looga gaari lahaa dhaqanka, hiddaha iyo afka Soomaaliga, waxaana hoggaanka u haya dhallinyaro aqoon u leh maamulka iyo maaraynta. Waxaa kale oo jira dad dhowr ah oo la shaqeeya Hangool oo taageeradooda iyo hiilkooda muuqato.

HOGGAANKA HANGOOL

Cabdijabaar, Fu`aad, Samsam iyo Maxamed

Waxaa inala haboonaatey ineynu tilmaamno hoggaanka sare ee ururka Hangool iyo qaar ka mid ah xubnihiisa, kuwaa oo kale ah:

- Samsam Cali Cabdullaahi, gudoomiye.
- Fu`aad Warsame, gudoomiye ku xigeenka.
- Filsan Maxamed Jimcaale, xogeeyaha guud
- Ruweyda Cabdiraxmaan, madaxa howlaha isku dubaridka
- Cabdijabaar shiikh Axmed, tafatire iyo dhanka warfaafinta.

Ruweyda, samsam iyo qoraaga

Waxaa sharaf ii ahayd in dhallinta ururka Hangool ay ina dhaxmartey wada shaqeyn aad u qiimo badan, isla markaana aan kala shaqeeyo dhanka qoraalka iyo qorayaasha oo la rajeenayo in iskaasha dhex mari doono. Runtii waxaan qabaa rajo aad u weyn in dhallinta Hangool wax weyn ku soo kordhin doonaan qurbojoogta Soomaaliyeed ee ku nool dalka Norway.

Samsam Cali iyo qoraaga

Samsam Cali Cabdullaahi waa guddoomiyihii ugu horeeyey ee ururka Hangool loo doorto. Samsam Cali Cabdullaahi waxaa dhashay hooyo Nuuro Haaruun Ciise, waxayna ku dhalatey magaalada Burco sannadkii 1991 kii. Samsam waxaa barbaarisey ayeedeen Saafi Ducaale Geedi kula nooleed magaalada Barbara ka dib markii ay ayeeydeed mas'uuliyada barbaarinteeda la wareegtey. Yaraanteedii waxaa la geeyey dugsi ay Quraanka kariimka ka barato dabadeedna waxay billaawday waxbarashada dugsig hoose ka dibna dhexe oo ay ku wada qaadatey magaalada Barbara. Intaa ka dib waxay Samsam u soo wareegtey dalka Itoobiya oo ay in muddo ah ku nooleed, waxaase u suuro galay iney u soo dhoofto dalka Norway bishii may sannadkii 2007 kii, wixii markaa danbeeyey Samsam si rasmi ah ugu nooshahay. Ugu horeyntii waxay ku dadaashay Samsam sidii ay u baran lahayd afka looga hadlo Norway, taa oo ku qaadatey muddo gaaban, dabadeedna waxay gudo gashay sidii ay u dhammeystiri lahayd waxbarashada, iyada oo marka hore diyaarisay waxbarashada dugsiga dhexe iyo duqsiga sare si ay ugu biirto jaamacadda Oslo gaar ahaan si ay u haleesho himiladeeda ku aaddan inay barado qaybta Farmasiga oo hadda waxay ku shaqaysaa wixii ay soo baratay. Samsam waxay ka qayb qaatadaa arrimaha bulshada gaar ahaan kaabidda dhaqanka iyo kor u qaadidda afka Soomaaliga.

Cabdijabaar sh Axmed

Cabdijabaar Shiikh Axmed waa qoraa leh hal-abuurka ururka Hangool isla markaana dhanka warfaafinta hormood ka ah. Cabdijabaar waxaa dhalay Shiikh Axmed Jibriil (Macallin Yarow), oo ahaa nin shiikh ah kuna xeel diinta, taa macnaheedu waxay tahay in Cabdijabaar uu ka soo jeedo guri uu hogaankiisu yahay nin cilmi u leh diinta iyo ku dhaqankeeda, oo la yaab ma leh in yaraantiisaba uu ku barbaaray barashada Quraanka Kariimka, dabadeedna uu ku biirey dugsiyadii waxbarashada ee degmada Bedel Xaawo ee gobolka Gedo. Markii uu dalka burburey dagaaladii sokeeyo awgeed. Cabdijabaar Shiikh Axmed waxaa uu u soo qaxay dalka dibaddiisa waxaana uu gaaray dalka Yaman oo uu intii uu joogey wax ka bartey jaamacadda caalamiga ee Lubnaan intii u dhexeysay 2008 – 2013 kii. Muddo ka dib waxaa uu Cabdijabaar u soo qaxay dalka Norway oo uu meesha kasii watay waxbarashadiisii ka dib markii uu bartey luqada dalka Norway. Waxaa kale oo uu Cabdijabaar xiriir fog la sameeyey jaamacadda Hertsfordshire oo dalka Ingiriiska ku taal isagoo ka qaatey shahaado ku aadan culuumta siyaasadda iyo xiriirka caalamiga sannadku markuu ahaa 2021 kii.

Cabdijabaar waa qoraa leh buugaag iyo dhiganayaal dhowr ah, dhinaca buugaagta waxaa uu leeyahay oo la daabacay buugaagta ay ka mid yihiin:

- Jeceylkaaga iyo qaladaadkii iigu weynaa nolosha, 2021, Yaman.
- Duruufaha dhallinta iyo ahmiyadda waqtiga, 2013, Yaman.
- 5 ta tiir ee Guusha, 2020, Oslo.

Sidoo kale qoraaga waxaa uu leeyahay dhigaalo maqaalaad ah oo uu ku faafiyo mareegyada Soomaalidu leedahay kuwaa oo dhinacyo kale duwan taabanaya.

Ugu danbeyntii

Runtii warbaxinta ku aadan xarumaha aqoonta iyo dhaqdhaqaaqyadooda kale duwan waxaa la oran karaa qeyb weyn ayey ka qaateen difaaca iyo kobcinta afka iyo dhaqanka Soomaaliyeed ee qurbaha gaar ahaan boqortooyada Ingiriiska iyo wadama woqooyiga Yurub, gaar ahaan bandhigyada buugaagta, fanka iyo dhaqdhaqaaqyada ku xeeran oo noqday mid ay dad badan ay idhaha ku yahaan. Runtii arrinkaa ma aha mid fudud oo iska yimid ee waa natiijo ka dhalatey dadaalada ballaaran oo ay bixiyeen dhallinta Soomaaliyeed oo ka damqaday daruufaha adag ee ku wareegsan bulshadeena qurbaha u soo hayaantay iyo baahida weyn ee ay u qabaan dadkeena bandhigyada aqooneed oo noocaas oo kale ah. Sidaa darteed waxaanu oran karnaa la yaab ma leh in xarumaha aqoonta iyo dhaqanka ay isku taxluujiyaan iney la qaybsadaan dadweynaha dareenkooda ku aaddan adkaynta iyo kobcinta dhaqanka iyo afkeena hooyo. Faa`iidooyinka ay leeyihiin bandhigyada buugaagta ee ay soo abaabulaan xarumaha aqoonta ee Soomaaliyeed iyo hay`adaha Soomaaliyeed ee ku howlan daabacaadda buugaagta meel ay joogaanba waa mid aan la soo koobi karin, waxaana xaqiiqo ah in maanta ay muuqdaan dadaaladooda iyaga oo aanan taageero iyo taakuleynba ka helin dowlad. Marka ay wakiilada qaar ka mid ah xurumahaas aanu horey u soo sheegney ay cadeenayeen ujeedada iyo hiigsigooda dhabta ah gaar ahaan haddii aanu tusaale ahaanba u soo qaadano bandhiggii buugaagta ee ka dhacay magaalada Muqdisha dabayaaqadii sanadkii 2021 kii, waxaa inoo muuqanaya ujoodooyinkooda wanaagsan oo sabab u noqday dadaalada lagu diirsaday. Bal aan wax yar dib u jaleecno waxa ay ka yiraahdeen howlahooda ku aadan wax soo saarka aqooneed qaar ka mid ah howlwadeenada qolooyinka aanu soo tilmaamney.

"Kama fakarno dhaqaalaha kasoo baxayo buugaagta aan daabacno ee waxa aan xoogga saarnaa sida ay fariintu ku gaari lahayd bulshada."

Waxa aan rejaynayaa in ay ururada iyo naadiyaasha dib boorka isaga jafaan oo ay soo celiyaan barnaamijyadii akhris wadareedka, sidaana waxaa yiri wakiilka Laashin Ibraahim Nolosha. "Qoraayadu waxa ay u baahan yihiin in ay helaan tababar, talo iyo taakulayn, si ay u fahmaan waxa ay u baahan yihiin iyo waxa looga baahan yahay". Sidaana waxaa yiri madaxa Loox press Maxamed Cabdullaahi Cartan. "Caqabado badan ayaa ka jira suuqa iyo daabacaadda, waa muhiim in aan la wiiqin awoodda daabacaadda iyo waxsoosaarka". Sidaa isna waxaa yiri madaxa Hiil Press[7] C/ladiif Geelle.

---

[7] Dadaalada xoogan iyo wax soosaarka aqooneed ee ay ku guulaysatay hay`adda Hiil Press wax yar maaha waxayna hay`adu xarumo ku leedahay Hargaysa, Muqdisho, Qaahira iyo goobo kale. Waxaa lagu bartay Hiil Press iney daabaceen buugaag dhowr ah oo tayo leh. Sabaha ay u guulaysatay Hiil Press waxaa ka mid ah iyaga oo ay howlwadeeno ka yihiin dhallin aqoon durugsan u leh qoraalka iyo soo saaridda buugaagta ku qoran afafka Soomaaliyga, Caribiga iyo Ingiriiska.

CUTUBKA 2

KAALINTA AQOONYAHANKA SOOMAALIYEED

Rashiid Shiikh Cabdullaahi Xaaji Axmed
(Rashiid Gadhweyne)

Rashiid Garweyne iyo Maxamuud Sh Dalmar

Qoraalkaan waxaan ku soo qaadaneynaa abwaan weyn laakiin qarsoon oo aan dadka badankii aqoonin intii la jaan qaaday mooyee, ama macagiisa iyo heerkiisa aqooneed ay ku kooban tahay degaanka uu ka soo jeedo iyo aqoon yahanada Soomaaliyeed ay ku kulmeen golayaasha aqoonta iyo bandhigyada dhaqanka iyo buugaagta ee dibadda iyo gudahaha Geeska Afrika, waa aqoon yahay Rashiid shiikh Cabdullaahi Xaaji Axmed oo ku magac dheer Rashiid Garweyne, gaar ahaan waxaanu xoogaa wax ka sheegeynaa kaalinta uu Rashiid shiikh Cabdullaahi ka qaatay horumarinta dhaqanka suuban ee Soomaaliyeed iyo Suuganta qeybaheeda kale duwan ee Tix iyo Tiraab.

Ugu horeyntii qof ahaan dadka yaqaana Rashiid Garweyne badankood waxaa ay ku garanayaan inuu aqoon mug weyn u leeyahay Suugaanta Soomaaliyeed, waayo Rashiid waa aqoonyahay ku takhasusay Cimiga Bulshada Suugaan ruug iyo qoraa ku xeel dheer siyaasadda. Rashiid waa gabay dhaadhi caan ku ah dhadhanniga iyo kala shiilka maansada tix iyo tiraab gaar ahaan maansada iyo qeybaheeda kale duwan, iyo inuu muddo tafatire iyo rog roge ahaa marka laga eego wax soo saarkiisa aqooneed ee tix iyo tiraab ay isugu jiraan, iyo dhigaalo dhawr ah oo ay wehliyaan oraahyo uu ku cabirayey fikirkiisa iyo dareenkiisa suugaaneed oo ku dheehan maan gurka iyo gorfeynta cilmiyeed ee uu xanbaarsan yahay, laakiin marka aad la fadhiisato Rashiid ama aad dib u jaleecdo khayraadka uu xanbaarsan yahay waxaa uu soo baxaya in dib loo eego nolashii hore ee uu soo marey taa oo ka billaabaneysa gurigii uu ka soo jeedey ama uu ku soo barbaarey , taa oo ay ugu horeyso Hooyo macaan Jawaahir Aw Maxamuud Aw Cilmi, iyo Shiikha dhaley shiikh Cabdullaahi Xaaji Axmed. Sida muuqata waxaa kuu cad in uu Rashiid ka soo jeedo qoys lammaanaha oo asal ku leh diinta Islaamka iyo cilmigeeda maadaama ay awoowoyaalkii ahaayeen dad lagu xurmeeyo hoggaanka diinta oo ay xambaarsan yihiin darajooyin cilmiyeed, gaar ahaan aabihii oo la wareegey tarbiyadda ininkiisa ka dib markii ay dhimatey hooyadii isagoo 11 toban jir ah taa oo ku aadaneyd sannadkii 1955kii , waayo Rashiid waxaa uu dhashay sanadkii 1944kii, goobta uu ku dhashey ee tuuladii Cadaadley markii ay ka soo guureen waxaa reerku soo abaarey tuulada cilmiga ku caan baxdey ee Harashiikh taa oo u dhaweyd degmada Oodweyne halkaa oo uu ka billaabey barashada Quraanka kariimka gaar ahaan dugsigii uu gacanta ku yahay macallin Cabdullaahi oo Beesha Ciide Gale ahaa gaar ahaan Gunyaale, iskasta uu heer ka gaarey barashada Quraanka oo isugu jirtey akhris, qoraal iyo xifdin waxaa aabihiis shiikh Cabdullaahi doorbidey in wiilkiisa uu kula noqdo degaankii uu ku dhashey kana soo jeedey ee Cadaadley, halkaana waa uu ka sii watay barashadii Quraanka Kariimka, laakiin waxaa macallin iyo shiikh u noqday aabihii shiikh Cabdullaahi Xaaji Axmed oo waqti badan galiyey wiilkiisa, kaa oo ka faa`iidaystey cilmi kale duwan sida: Cilmiga Quraanka, Luqada Carabiga iyo Fiqiga gaar ahaan kutubta bilowga ah oo ay ka mid ahaayeen Safiinadtul Salaad.

Shiikh Cabdullaahi Xaaji Axmed markii uu arkay horumarka uu sameeyey wiilkiisa waxaa uu u go`aansaday inuu ka mid noqdo Rashiid ardada Machadkii Diinaga ee ku yiil magaalada Burco, kaa oo raacsanaa Xarun Cilmiyeedka Caanka ka ah adduunka ee Al Ashar taariikhdu markey aheyd 1960 kii waxaana u suura gashay Rashiid inuu ka bilaabo marxaladii labaad ka dib markii uu ku guulaystay imtixaano laga qaaday.

Rashiid Garweyne

Sannadkii 1963 kii waxaa u dhammaaday waxbarashadii Machadkii Diiniga ahaa isagoo darajo saro kaga gudbay, sidaa darteed waxaa uu deeq waxbarasho ka helay dalka Masar gaar ahaan hay`addii al As-har isagoo markaa ogolaasho u helay inuu bilaabo dugsiga sare, dabadeedna jaamacadda, laakiin Rashiid shiikh Cabdullaahi waxaa uu u wareegay iskuul lagu magacaabo dugsigii Ismaaciil al Gubaashii oo ku yaalay xaafadda al Cabaasiya ee magaalada Qaahira taa oo raacsanayd wasaaradda waxbarashada ee Masar, waxaana uu ka bilaabay fasalka labaad ee dugsiga sare ka dib markii uu dhaafay imtixaan laga qaaday oo la ogaaday inuu u dhigmo marxaladaa waxaa uuna dugsigii sare uu dhammeeyey sanadkii 1966 kii, dabadeedna si toos ah ayuu u galay jaamacadda al Qaahira, gaar ahaan qaybta bulshada, waxaana uu qalin jibiyey sannadkii 1970 kii, ka dibna waxaa uu Rashiid ku soo noqday dalkii Soomaaliya.

Waqtigaa waxaa uu ku aadanaa curashadii Kacaankii 21 oktoobar oo mudda yar ka curtay dalka, aalaabana dadka ka soo noqda dibadda waxaa ay ahayd in tababar ay ku soo qaataan xaruntii Xalane oo ahaa machad lagu qaato tababar ciidan iyo wacyi galin la jaan qaadaya kacaankii jiray taa oo qaadatay muddo seddex bilood ah, dabadeedna waxaa loo bilaabay tababar kale oo ka socday dugsigii Booliiska ee Xamar kaa oo isagana qaaday sidoo kale muddo seddex bilood ah. Markii uu ka gudbay Rashiid dhammaan tababaradii loogu talo galay waxaa uu ka mid noqday shaqaalihii wasaaradda waxbarashada gaar ahaan waaxda dhaqanka.

Sannadkii 1972 kii waxaa uu u wareegay xafiiska xiriirka guud ee dadweynaha ee golaha sare ee kacaanka, laakiin durbadiiba waxaa loo diray tababar uu u aaday dalkii la oran jiray Midowga Soofiyeed gaar ahaan magaalada caasimadda ee Moosko, halkaana waxaa uu ku biiray machadka cilmiga siyaasadda ee loogu talo galay dhalinyarada, halkaa uu joogay muddo sanad ah, dabadeedna waxaa uu ku soo laabtay dalka Soomaaliya oo uu shaqadiisii meesha ka sii watay. Sannadkii 1975 kii Rashiid waxaa uu galay xabsiga ka dib markii si hufan uu uga gilgishay waxna uga sheegay dilkii culumadii ka hortimi ogaanadii ay soo saareen hogaanka dalka oo meel uga dhacayey diinta Islaamka, iyo xarigii loo gaystay qaar ak mid ah culumada. Rashiid ka hor imaadkiisa arintaa si hoose ayuu ugu sheegay fadhiyada qaarkood oo uu is lahaa waa saaxiibo, laakiin natiijadii waxay noqoday inuu ka mid noqdo dadkii xabsiga loo taxaabay, laguna eedenayey iney kacaan diid yihiin kana hor yimaadeen himilada kacaanka. Waxay ahaataba muddo dhowr biloodka dib Rashiid waxaa la soo saaray xabsigii bishii oktoobar markii loo sheegay in la cafiyey, dabadeedna waxaa uu ku noqday shaqadiisii. Sannadkii 1976 kii waxaa uu u wareegay in uu ka mid noqdo gudiga tafatirta wargayskii Halgan ee Xisbiga

Hantiwadaagga raacsana, wargeyskana waxaa uu ahaa mid soo baxa bishiiba mar. Rashiid waxaa uu u xilsaarnaa arrimaha bulshada, waxaase xusid midan Rashiid afarka Carabiga iyo Soomaaliga ayuu wax ku qori jirey oo ay u dheereed tafatirka maqaalaadka iwm.

Sannadkii 1979 kii waxaa loo magacaabay inuu noqdo Rashiid Garweyne xubin ka mid ah golaha shacabka dalka, isla markaana shaqo ahaana waxaa loo soo wareejieyey wasaaradda tacliinta sare, gaar ahaan Akademiyad Cilmiga, Fanka iyo Suugaanta sanadkii 1982 kii waagaa waxaa guddoomiye u ahaa Dr. Cali Cabdiraxmaan.

uu u hayey madaxweyne Maxamed Siyaad Bare, dabadeedna waxaa uu doorbiday in uu ku biiro mucaaradkii Soomaaliyeed ee hubaysnaa oo saldhigooda ahaa Itoobiya sannadkii 1982 kii, gaar ahaan waxaa uu ka mid noqday jabhadii SNM (Somali National Movenent). Waxaa uuna ka mid noqday dadkii ka shaqeenayay raadiyo Halgan oo ay isla maamulayeen labada jabhadood ee SNM iyo SSDF (Jabhadda Diimuqraadiga Badbaadinta Soomaaliyeed), waxaa uu Rashiidna noqday agaasimaha xiriirka dibadda ee Jabhadda.

Markii dowladdii dhexe ay dhacday waxaa u suuro galay inuu ku noqday magaalada Hargaysa ka dib doorashadii Mudane Maxamed Ibraahim Cigaal, muddo yar ka dibna waxaa uu go`aan ku gaaray inuu ka dhex baxo siyaasadda iyo arimaha murugsan ee Geeska Afrika ka socda, laakiin uu u soo jeestey dhinaca aqoonta iyo dhaqanka oo uu in muddo ahba ku jirey illaa iyo waqtiga aanu qorayno qormadaan, sidoo kale waxaa waqti badan uu ku

Rashiid markii u adkeysan waayey siyaasad xumadii dalka ka jirtey waxaa uu dareemey in aysan meesha wax qurxoon ka soo socan , dabadeedna waxaa uu is tusay inuu ka fogaado maamulkii hoggaanka

bixiyey arimaha nabadayda bulshada. Runtii Rashiid garweyna waxaa lagu yaqaanaa inuu yahay aqoon yahay sare, khabiir arrimaha bulshada iyo suugaanta Soomaaliyeed qeybaheeda kale duwan, ha ahaato tix iyo tiraab, hadal iyo howraar iwm.

QORAALADA RASHIID GARWEYNE:

Qoraa Rashiid shiikh Cabdullaahi waxaa uu dalka dib ugu soo laabtay isaga oo xambaarsan aqoon iyo waayo aragnimo oo uu kasbaday intuu wax ku baranayay dalka Masar oo waagaa ahaa meesha ay ku hirtaan sida badan dadyowga adduunka, laguna yaqaanay Ilbaxnimo fog, isla markaana ay u wehliso hoggaamintii dhaqdhaqaaqyada xurnimo doonka caalamka, sidaa darteed Rashiid markii uu dib u soo noqday waxaa uu aalaaba wax ku qori jiray wargeysyada dalka ee kale duwan, waxaana ka guuxayay arrimihii ka socday caalamka gaar ahaan halgankii ummadda reer Falastiin ay ku doonayeen xornimo buuxda isla markaana ay ku difaacayeen Muqadasaadkooda iyo jiritaankooda ummadeed. Qoraalada Rashiid si ay u baahdo isla markaana raad fog u reebto waxaa uu gartey inuu ku qoro afka Carabiga, waxaana uu soo saaray magaalo taxano ah oo ka hadlaayo waxa ka socda Bariga dhexe iyo waliba Geeska Afrika oo uu u arkayay in ay isku meel u aroorayaan. Rashiid maadaama ay dad badan xiiseenayeen qoraaladiisa ku soo baxa Afka Carabiga waxaa kale oo uu wax ka qori jiray dhaqanka iyo taariikhda Soomaaliyeed. Maqaalaadka noocyada aanu soo sheegay waxaa ay ku soo bixi jireen wargeyskii la oran jiray Daleeca (Horseed) horaantii todobaatameeyadii ee qarnigii tagay.

Dhanka buugaagta uu qoray waxaa ugu dambeeyey buugga:

ADUUN & TALADII

Waxaana daabacday shirkada Redsea Online ee Hargeysa, asalka buugga waxaa uu ahaa curisyo dhowr ah oo ku soo baxay Kayd online iyo mareegyada kaleba, sidoo kale waxaa lagu soo bandhigay bandhigyada buugaagta sannad walba dhaca, ka dib waxaa uu gartey qoraaga inuu isku uuuriyo curisyadaa si ay akhristayaashu uga faa`iidaystaan. Wuxuu uu sidoo kale dhawaan qoraa Rashiid ururiyey isla markaana tafatiray curisyadii:

SUUGAANTA COLAAD & NABAD

Waxaa uu buuggaan ku eegayaa Rashiid noocyada kale duwan ee suugaanta Soomaaliyeed iyo sooyaalka Nabadda iyo Colaada. Waxaa xusid mudan in ay diyaarinta iyo ururinta ay ku wehliyaan labo qoraa oo kale ah Axmed Aw Geedi iyo Ismaaciil Jaajuumow.

CADLI DOONAHA DAAL ALLAA BADAY

Buugga waa sheeko maanseed uu curiyey abwaan Axmed Shiikh Jaamac, ka dibna waxaa ka shaqeeyey oo isku dubariday qoraa Rashiid Shiikh Cabdullaahi Garweyne, isagoo soo bandhigey murtida iyo miidda ku jirta maansooyinkii awbaan Axmed Shiikh Jaamac, ka dibna soo saarey buug si ay bulshada uga faa'iideysato. Buugga waxaa lgu daabacay Hargeysa waxaan daabacday shirkada Redsea Online ee Hargaysa.

QARAN & QABIIL

Buuggan waxaa uu qoraagu ku gorfeenayaa sida Soomaalidu uga fog yahay dhaqankeedii reer guuraaga ahaa iyo dowladnimada, qoraagu waxaa uu ka shidaal qaadanayaa maansooyinkii hore ee Soomaalida oo ay wecliso dhacdooyin taariikheed. Si qoto dheer ayaa uu qoraagu buugga kaga hadlayaa in dhaqanka reer guuraaga aysan dowladnimo shaqo ku lahayn. Mar uu ka hadlayey Dr. Jaamac Muuse Jaamac buugga waxaa uu yiri: " Howraarta odhanaysa in Qaran iyo Qabiil aanay marna wada socon karin, in badan ayuu Rashiid Sheekh Cabdullaahi ka hadlay, buugganina waxaa uu soo bandhigayaa cilmibaadhis qoto dheer oo tubta ugu toosan kuugu tusaysa runnimadda howraartaas ". Buugga waxaa daabacday shirkada Redsea Online , Hargeysa.

Qoraalo isku dhex jira (suugaaan, bulsho iyo burbur)

Qoraa Rashiid halkaan waxaa uu ku sharxyaa qoraalo kale duwan oo uu ku muujiyey dareenkiisa aqooneen oo uu la wadaagey akhristayaasha ku xiran qoraaladiisa.

HADRAAWI & SUUGAANTIISA

Qoraa Rashiid waxaa uu gacanta ku hayaa mashruuca uu ku baarayo suugaanta kale duwan ee uu curiyey abwaan Maxamed Warsame Hadraawi. Ganaanadka qoraalka ku saabsan qoraa Rashiid Garweyne waanu ku soo hoorineynaa oraah kooban oo aad u qiimo badan uu ka qoray mid ka mid ah saaxiibada Rashiid oo lagu magacaabo Dr. Jaamac Muuse Jaamac si uu dadka ugu sheego waa kuma Rashiid, waxaa uu yiri Jaamac: "Rashiid Sheekh Cabdullaahi Axmed " Gadhweyne" waa cilmibaadhe bulsho, qoraa iyo mufakar in badan qoraalladiisa ay saamayn wayn ku yeelato masuuliyadda uu had iyo jeer iska saaro ummaddiisa iyo danta guud ee uu muddada dheer u soo halgamayay. Waa qoraagii " Adduun iyo taladii " iyo buugaag kale oo dad kale curiyeen fikirkooda, balse uu isagu ururiyey oo soo saaray, kuwaas oo uu ugu xiise badnaa " Cadli doonaha, daal Allaa baday", sheekadii Axmed Macallin Jaamac.

Saciid Jaamac Xuseen

Saciid Jaamac Xuseen waa macallin, haldoor, qoraa iyo hal-abuur aad ugu weyn guud ahaan ummadda Soomaaliyeed, gaar ahaan bulshada Soomaaliyeed ee Qurbaha ku nool, taana waxaa uu ku mutaystay in uu si firfircoon uu ugu muuqday goloyaasha iyo kulumada aqooneed ee aalaaba ka dhaca Ingiriiska iyo goobo kale.,

Saciid Jaamac Xuseen

Inta aanan guda galin xog waranka wax qabadtii Saciid Jaamac Xuseen iyo kaalintiisa ku aadan horumarinta dhaqankeena suuban iyo Suugaanteena sareysa waxaa xusid mudan in markii iigu horeysay ee aan la kulmo Saciid inayna sidaa u fogeyn marka loo eego waqti ahaan, laakiin isla markii aan ku booqday degaanka uu ka degan yahay magaalada London waxaan u arkay qof aan waayo hore is niqiinay oo i soo jiitey hufnaanta ka muuqata iyo galgacaylka uu u qabo walaalaha Soomaaliyeed isagoo xaaladiisa caafimaad ay liidatey, haddana muddadii aan la joognay Saciid waxaa uu kor u qaaday rajadeena mustaqbalka, isla markaana waxaa uu ififaalo fiican ku kordhiyey moraalka iyo hamiga guud ahaan ee nolosheena. Waxaan aad ugu raaxaystay IIMAANKA ka muuqday iyo sida uu nolosho u arkaayey iney tahay mid aanan dhammaan haddii qofka uu aaminsan yahay ILLAAHEY.

Inaan reerka soo barto oo aan salaadii duhur ku tukato xaafada wey fiicnay, si aan ugu ducayno dhammaan reerka. Saciid inta aanan u soo galin warkeyga waa uu hayay, isla markiina waxaa uu iigu yeeray magacaygii, si hoos ahna waxaa uu iigu sheegay caruurta aan adeerka u ahay in afkooda labaaad uu yahay carabi maadaama ay muddo degenaayeen magaalada Cadan ee dalka

Yaman, taana waa midda igu qasabtay in aan u hadiyadeeyo dhowr kutub oo aan af carabi ku qorey kana hadlaayey taariikhda iyo ilbaxnimada dadka iyo dalkeena, in kastoo aan magaca Saciid ku qoray buugaagta hadana niyadaydu waxaa ku weynaa dhalinyarada ilma Saciid si ay u arkaan wax soo saarka taariikhdooda oo ku qoran af ay si fiican u yaqaaniin isla markaana uu qoray qof ay barteen kuna weyn aabahood.

Waa kuma qoraa Saciid Jaamac Xuseen?

Saciid waxaa uu ku dhashay gobolka Sanaag gaar ahaan dooxada la yiraahdo Yufle, abaarihii billowgii 1940 kii, markii uu gaarey afar jir waxaa Ayeedii Cawo Faarax Odawaa Axmed ula soo dhooftey magaalada Cadan ee dalka Yaman oo ay Soomaali badan degenaayeen waagaa, xiriir fiican oo qoto dheerna ay labada bulsho ee Soomaalida iyo Yamanta ay lahaayeen. Intii uu ku noolaa Yaman waxaa ka mas`uul ahayd barbaarintiisa iyo waxbarashadiisa ayeeydii Cawo oo mar walba u hiilaneed wiilka ay ayeeyada u tahay inuu helo nolol fiican oo qiimo badan, sidaa darteed koritaanka Saciid waxaa uu ahaa magaalada Cadan oo uu wax ku bartey laga bilaabo dugsiga Quraanka iyo waxbarashadii kale ee heerka hoose, dhexe iyo sareba lahayd oo uu dhammeeyey sannadkii 1960 kii. Dabadeedna sannadkii 1961 kiiba Saciid waxaa uu ka shaqeeyey Cadan ilaa muddo, shaqadiisii ugu horreysay waxaa ay ahayd shirkad lagu magacaabi jirey Shell isagoo 20 jir ah. Waxaa kale oo uu ka soo shaqeeyey Saciid shirkada diyaaradaha ee Cadan (Aden airways) gaar ahaan dadka gacanta ku yahay qorshooyinka ay diyaaradaha ku duulaan oo ah shaqo muhim ah oo la oran karo waa wadnihii diyaaradaha ay ku duulaan, waayo waxaa uu Saciid xirfadaa u lahaa aqoon ka dib markii uu tababaro arrinkaa la xiriira oo ku qaadan Cadan gudaheeda iyo dalka boqortooyada Ingiriiska, markii ay tababarkii u dhammaateyna uu shaqo ka bilaabey shirkada aanu soo sheegney.

Saciid xiriir fiican ayuu la lahaa bulshadii uu la noolaa gaar ahaan dadkii Soomaaliyeed oo uu ka ahaa xubin firfircoon jaaliyadda Soomaaliyeed ee ku nooleed Cadan ilaa uu ka gaarey heer oo uu u noqdo xogeeyaha guud ee jaaliyadda Soomaaliyeed. Waxaase xusid mudan in Saciid muddadii uu waxbaranaayey oo waqtiga fasaxyada soo aadi jirey dhankaa iyo dalkiisii hooyo oo uu ku soo booqan jirey dadkiisa isagoo markab soo raaci jirey dabadeedna dekedda Barbara marka uu yimaado u sii gudbi jirey ilaa iyo Sanaag oo uu ku dhashay, waxaa uuna caawinaad ka heli jirey macallimiintiisii Ingiriiska ahaa oo kula talin jirey inuu dalkiisa aado. Wixii ka danbeeyey sanadkii 1967 kii waxaa uu Saciid Jaamac u soo wareegey dhanka dalkii Soomaaliya gaar ahaan magaalada Muqdisho oo uu si rasmi ah u degey halkaa, isagoo markaa iska tuuray baasaboorkii Ingiriiska kuna bedeshay kii Soomaaliya.

Saciid waxaa uu dhex galay bulshadii ku nooleed magaalada Xamar, waxaa uuna xooga saarey sidii uu u heli lahaa shaqo oo uu ka bilaabey xirfadii uu lahaa oo ahayd diyaaradaha sidaa darteed waxaa uu xiriir la sameeyey shirkadii diyaaradaha Soomaaliya (Somali Airlines), laakiin nasiib xumo ma aysan jirin diyaarado waaweyn oo duulimaadyo xoogan ama fog fog leh, sidaa darteed waxaa uu ku mashquuley sidii uu shaqo kale u heli lahaa, waxaa uuna shaqo ka heley shirkad Ganacsi oo la oran jirey Ebes oo xafiis ku lahayd, Xamar, Hargeysa, Neyroobi, Jabuuti iyo Cadan, shirkadaa oo keeni jirtey alaabaha yar yar oo ay ka mid yihiin saabuunta, maacuunta, daawooyinka iwm oo ah waxyaabaha dadka u baahan yihiin, waxaa uuna ku shaqeenayey shaqaale caadi ah, taana uma aysan cuntameynin.

Muddo labo sano dabadeedna sannadkii 1969 kii waxaa uu shaqo ka heley madaxtooyada Soomaaliya waqtigii uu kacaanka Curtey ka dib, waxaana uu ka soo shaqeeyey xafiisyo kale duwan oo raacsaneyd madaxtooyada sida:

- Xafiiska xiriirka dadweynaha ee madaxtooyada
- Xafiiska Siyaasadda ee madaxtooyada
- Xafiiska cilmi baarista iyo buugeynta oo uu agaasimo ka noqday
- Sidoo kale waxaa uu ka soo shaqeeyey gobolada dalka sida:

Gobolka Mudug gaar ahaan degmada Gaalgacyo oo uu ahaa wakiilkii xafiiska siyaasadda, ka dibna waxaa loo magacaabey gudoomiyaha degmada Gaalgacyo oo markaa hoos yimaaneysay madaxtooyada dalka. Ka dib waxaa loo bedelay gobolka Galgaduud gaar ahaan degmada Ceel dheer. Sannadku markuu ahaa 1975 kii waxaa looga yeeray magaalada Muqdisho dabadeedna waa la xirey isaga iyo koox kale oo lagu eedeeyey in ay himilooyinka kacaanka ka soo horjeedaan, laakiin muddo markii uu xirnaa waa la soo daayey, isla markaana waxaa la farey inuu shaqadiisii madaxtooyada ku soo noqdo oo meeshiisa ka wato. Markii uu qarxay dagaalkii sokooye ee Soomaaliya 1991 kii waxaa uu Saciid dib ugu soo laabtey magaaladii uu ku barbaarey ee Cadan ee dalka Yaman, halkaa ayuuna deganaa ilaa uu ka qarxay iyana dagaal sokeeyo oo dhexmaray labadii qeybood ee Yaman ka dib markii ay midoobeen, laakiin khilaaf xoogan ka dhex dhacay sannadkii 1994 kii.

Intii uu joogey Saciid magaalada Cadan waxaa uu ka tirsanaa mucaaradkii dowladda Soomaaliya ka soo horjeedey waxayna xafiisyo ku lahaayeen dalal dhowr ah. Saciid waxaa uu xoogga saari jirey inuu ardadii Soomaaliyeed ee halkaa joogtey la raadiyo waxbarasho jaamacadeed isaga oo adeegsanaya xafiiska mucaarka Cadan oo xiriir fiican la ahaa dowlado dhowr ah oo uu ka mid ahaa Midowgii Soofiyeeti, Siiriya, Yurub qeybo ka mid ah, dadaaladaana waxaa ka soo baxay miro wanaagsan ka dib markii ay arday aad u badan ay ka soo qalan jibiyeen jaamacadihii uu Saciid iyo saaxiibadii u direen ardadaa.

Waxaa ay duruuftu ku kaliftey qoraa Saciid Jaamac Xuseen inuu mar kale haddana qaxo oo u hayaamo qaaradda Yurub gaar ahaan dalka Boqortooyada Ingiriiska, ka dibna waxaa u suura gashay in xaaskii iyo caruurtii ay iyana halkaa u soo safraan si ay meel ugu wada noolaadaan Saciid.

Kaalinta Saciid ee dhaqanka iyo suugaanta Soomaaliyeed:

Saciid Jaamac Xuseen waa aqoonyahay dhowr qoraalo soo saaray, waxaase qoraalada u weliya Saciid Jaamac inuu aalaaba goob joog ka yahay kulamada aqooneed ee soo abaabulaan hardcorka Soomaaliyeed gudo iyo dibadba, isaga oo ka qaata kaalin mug iyo muuqba leh, sida badanna ay talooyinkiisa ay ku diirsadaan dhalinta Soomaaliyeed ee u ooman talooyinka tolmoon ee ku aadan dhaqanka iyo suugaanta Soomaaliyeed. Saciid Jaamac Xuseen waa qoraa dhowr buug soo saaray, buugaagtaa waxaa ka mid ah:

SHUFBEEL

Waxaa buug ay ku ururursan yihiin sheekooyin, maqaalado, murti iyo majaajilooyin aan laga daalin laguna daalin, aqristahana waxaa u soo baxaya oo uu miraayadda ka daawanayaa qoraa Saciid halbeegiisa iyo qofka uu yahay dhab ahaantii, waayo inkasta uu buugga xambaarsan yahay murti, taariikh, dhaqan iyo suugaan, haddana waxaad ka dheegan kartaa shakhsiyadda qoraaga iyo xaaladihii uu soo marey isaga oo aanan ka tagin daruufihii iyo degaankii ku wareegsanaa. Buugga waxaa ka muuqata in qoraagu uu isku tahay inuu akhristayaasha u soo gudbiyo dareenkiisa xagga nolosha iyo dabeelihii taariikhda ee soo maray ummaddeena oo uu isaga ugu horeeyo si murti ay ku jirto isla markaana uu wacyigeedii iyo kasmadiisii ugu dambeysey uu qoraagu u soo gudbiyey dareenkaa. Waxaa buugga la daabacay sannadkii (2011 kii).

SAFAR AAN JIHO LAHAYN

Qoraagu waxaa uu ugu talo galey buuggan inuu ku soo bandhigo taariikh nololeedkiisii iyo howlihii uu ka qeyb galay intuu uu garaadsaday laga soo billaabo lixdankii ilaa iyo waqtiga uu buuggu qorayey Saciid, gaar ahaan waxaa uu ka sheekeenayaa maamuladii dalka Soomaaliya ka jirey oo uu qeyb ka ahaa, qaar kalena uu arrimahoodu xogogaal u ahaa oo ay la socoto wixii lagala kulmay maamuladaa oo uu u arkey qoraagu in loo baahan yahay in la iftiimiyo gaar ahaan kuwii uu qeybta ka ahaa si bulshada ay uga faa`iideysato. Qiimaha buugani leeyahay waxaa weeye in uu qoraagu arrimaha uu ku soo qaatey buugiisa oo ka mid ah taariikhdii uu dowladnimada Soomaaliya maamulkeeda qeybta ka ahaa inuu soo bandhigey isla markaana uu ka ahaa goob joog, taa oo xoojineysa dhab ahaanta macluumaadka ku soo aroorey buugga. Buugga waxaa la daabacay sannakii (2013 kii).

MA INNAGUUN BAA

Qoraagu waxaa uu buugiisa ku caddeynaa in aysan suuragal ahayn in bulshadeenu aysan is go`doomin oo ay arkaan daruufaha iyo xaaladaha ku weegaaran oo ay ku ekaanin oo kaliya degaankooda iyo waxa ay gooni u leeyihiin oo kale, balse loo baahan yahay in caalamka aanu wax la wadaagno, isaga oo arrinkaa iftiiminaya ayuu qoraagu dhinacyo badan ka tusinaa akhristayaasha Soomaaliyeed iney u foog jignaadaan nolosha dhabta ee loo baahan yahay iney la qeybsadaan dunida inteeda kale oo aysan meel ku xirnaanin. Dulucda qoraaqa waxaa weeye inuu dadkiisii dood ka dhex dhaliyo sidii adduun weynaha fariimaheena iyo gaar ah aanu ugu gudbin laheyn intii aanu meel go`doon ku noqon lahayn, isla markaana sidii wax looga qaadan lahaa iyo habka aanu kula dhaqmi lahayn, doodaas oo uu qoraagu u arko iney tahay tabta ugu fiican ee aanu horumar ku goori karno isla markaana dhibaatooyin iyo hagardaamo badan aan kaga baxsan karno. Waxaa la daabacay buugga sannadkii (2018 kii), waxaana lagu daabacay madbacada Redsea Cultural Foundation, Hargaysa.

Saciid Jaamac wuxuu kale oo uu qabtay arrimo xoojinaya aqoonta iyo suugaanta Soomaaliyedeed sida inuu tarjumay:

QORAALLADA ANTHON CHEKHOV

Waxaa uu ka mid yahay waxyaabihii uu tarjumay Saciid Jaamac Xuseen, waana sheekooyin gaagaaban oo murti badan xambaarsan oo uu leeyahay qoraaga caanka ah ee u dhashay dalka Ruushka ee Anthon Chekhov, adduunkana loo arko inuu ka mid yahay hormoodyada curiyayaalka sheekada. Waxaa xusid mudan in qoraagaa uu leeyahay 800 oo sheeko taa oo loo tarjumay afaf badan oo uu ka mid yahay afkeena Soomaliga ee uu tarjumay qoraa Saciid. Waxaa ku wehliya Saciid tarjamada iyo xulashada qaar ka mid ah sheekooyinkii Anthon Chekhov qoraasha kale ah Maxamed Cali Xasan (Alto) iyo Rashiid Shiikh Cabdullaahi (Garweyne), dabadeed waxay ka soo xusheen oo ay tarjumeen toboneeyo sheekooyin gaaban oo faa`iidooyin iyo xikmado xanbaarsan si ay uga faa`iideysato bulshada Soomaaliyeed.

MAANSOOYINKA ABWAAN HADRAAWI

Qaar ka mid ah maansooyinkii Hadraawi ayuu Saciid ku tarjumay afka Ingiriisiga ka dib markii uu codsi uga yimi meelo badan oo ay ka mid tahay xarunta tarjumaada ee Ingiriiska, ujeedaa Saciid Jaamac waxay tahay in uu adduunka u gudbiyo waxyaabaha wanaagsan ee uu leeyahay dhaqanka Soomaaliyeed oo xambaarsan suugaanteena qiimaha badan.

Waxay ahaataba, Saciid Jaamac wuxuu laf dhabar u ahaa isku keenista dadka ku hadla af Soomaaliga iyo doodista arrimaha dhaqanka iyo suugaanta Soomaaliyeed. Waxaa uu qeyb weyn ka qaataa kulan dhaqameedka weyn ee lagu magacaabo toddobaadka dhaqanka Soomaalida (Somali Week Festival) oo sannad walba lagu qabto magaalada London, Saciid waxaa lagu tiriyaa inuu yahay tiirarka tu ku taagan yahay kulankaa aqooneed oo muddo badan socday laguna soo bandhigey aqoon badan oo ku aadan dhaqanka, fanka, suugaanta iyo afka Soomaaliga. Dhinaca gudaha Geeska Afrika Saciid waxaa uu door weyn ka qaataa bandhigyada buugaagta ka dhacay gobolka iyo kulumada dhaqanka iyo suugaanta sida:

Carwada Caalamiga ee Hargaysa lagu qabto sanad walba oo uu tiir dhexaad u yahay Saciid. Sidoo kale Saciid waxaa uu ka mid yahay aasaasayaalka iyo qabanqaabiyaalka ururka qoraaga ee hal-abuurka Soomaaliyeed ee lagu magacaabo (Somali Pen), taas oo uu howshoodu tahay ururinta iyo ilaalinta afka Soomaaliga. Waxaa meesha iyana ka maqneyn in Saciid Jaamaca ka mid yahay ururka akaadeemiyad goboleedka af Soomaaliga oo loo soo gaabiyo (AGA), oo uu gudugeeda ka mid yahay, curinteeda iyo hirgelinteedana qeyb lixaad leh uu ka qaatey.

Sidee u arkaan aqoonyahayka Soomaaliyeed Saciid Jaamac Xuseen?

Mareegta Wardheernews ayaa waxay soo bandhigtay maamuuska haldoorka Soomaaliyeed ee nool, taa oo ah mid aanan horey loo baran, waayo waxaa dhab ah in aysan caadadu ahayn in qofka laga hadlo taariikhdiisa iyo waayihiisa aqooneed isaga oo wali ifka ku nool, balse waxaa qofka la maamuusaa oo laga sheekeeyaa wanaagiisii iyo taariikhdii ka dib markii uu dhinto, waxaana filayaa in mareegta Wardheernews ay uga gol lahayd arrinkaa si ay ugu noqoto qofka dhiirrigalin, una ogaado inay dadkiisu qaddarinayaan dadaalkiisa. Hardoorkii la soo qaatey isaga oo ifka jooga si looga sheekeeyo kaalintiisa aqooneed iyo dadaaladii uu ku bixiyey horumarka dhaqanka iyo suugaanta Soomaaliyeed waxaa ka mid ahaa Saciid Jaamac Xuseen, kaa oo laga yiri erayo hufan oo ku aadan qofka uu yahay Saciid. Waxaana halakan ku soo bandhigaynaa dhowr qalinlayda Soomaaliyeed ka mid ah oo wax ka yiri abwaan Saciid Jaamac Xuseen, kuwaana waxaa ka mid ahaa:

- Dr. Maxamed Daahir Afrax
- Rashiid Shiikh Abdillaahi (Gardhweyne)
- Saynab Aadan Sharci
- Yasmeen Maxamuud
- Dr. Jaamac Muuse Jaamac
- Khaliil Cabdiraxmaan X. Xasan
- Dr. Cabdifitaax Nuur Axmed (Ashkir)
- Liibaan Axmed
- Boodhari Maxamed Warsame
- Saddaam Xuseen Carab (Wiilkaagii)
- Cabdikarim Cabdiraxmaan Xaaji Xasan

Way fiicnaan lahayd inaanu mar kale ku celino aqoonyahankaa iyo wixii ay ka yiraahdeen qoraa Saciid Jaamac Xuseen[8], waxaanse ka maarmi weyney inaan

___

8 - Ka bogo qoraaladaa mareegta Wardheernews cinwaanka : Saciid Jaamac Xuseen"Faras"- Haldoor Ku Dayasho Mudan Abril 22, 2020

xoogaa ka xusno mid ka mid ah waxay ay ka yiraahdeen Saciid." Qalinka ayaan ka baqayaa in uu xarga-goosto marka Saciid Jaamac la xusuusiyo. Haddaba waa afeefe, qalinku hadduu taraaraxo uga garaaba sababtu inay tahay nooca qofka uu yahay ina Jaamac Faras iyo qotadheerida aqoonta uu u leeyahay Ina Daahir Afrax! " .. Sidaa waxaa qoray Dr. Maxamed Daahir Afrax oo ka hadlayey Saciid Jaamac. Dr Afrax oo warkiisa sii wata waxaa uu yiri: "Saciid Gucmudi" shaki kuma jiro in uu yahay haldoor kudayasho mudan. Igama aha waa saaxiibkaaye ammaan ugu eexo, balse waxay iga tahay "runta Ilaah baa kugu jecel". Eex igama ahee waa oraah ka soo maaxatey aqoon dheer iyo u fiirsi badan. Muddo nus-qarni gaareysa ayuu Saciid Jaamac ii ahaa waxa Af Carabiga lagu tilmaamo رفيق الدرب(jaalkayga jidka dheer). Jid dheer oo qodax iyo qaniinyo badan ayaan isla soo jibaaxnay, ka soo bilow Muqdisho iyo toddobaatannadii qarnigii labaatanaad; Addis Ababa iyo horraantii siddeetannada; Cadan iyo nuskii dambee isla siddeetannada; London iyo sagaashannadii; ka dib iyo goobo teelteel ah oo ay ka mid ahaayeen Jabuuti iyo Hargeysa; markaan kala fognahayna kala war-helid joogta ah ayaan juhdi-wadaag ku ahayn. Juhdigaas aan isku biirsaneyney iyo jidkaas qodxaha badan ee aan isla soo jibaaxayney wuxuu naga ahaa raacdayn hiigsi sama-doonnimo – Waxay nala ahayd, ama aan is moodsiineyney inaan nahay *sahanka samaha guud* (common wellbeing). Afrax waxaa uu Saciid ku tilmaayey: haldoor kudayasho mudan"; sama-talis saxar-diid ah; indheer-garad aqoon-dhaari ah; ikhyaar akhlaaq suubban lagu mannaystay; aftahan aan laga daba hadlin, lagana daalin kaftankiisa murtiyeysan. Waxa aan ku 'tilmaamayo kaftanka murtiyeysan' waa mid ka mid ah hibooyinka Saciid Jaamac lagu mannaystay. Dadka badankoodu marka ay hadlayaan ama wax qorayaan laba ayay u kala baxaan. Qof maadeeya uun oo hadalkiisa lagu qoslo (jaajaale) iyo qof murti qayaxan iyo fikrado wanaagsan kugu kordhiya laakiinse kuugu soo tabiya si mutuxan ama culus oo aan dufan kahayn.

Saciid Jaamac wuxuu ka mid yahay inta yar ee awoodda u leh iyagoo murti iyo aqoon kuu faai'deynaya inay haddana kuugu soo tabiyaan si macaan oo kaftan iyo maad lagu khafiifiyey, marka uu hadlayo iyo marka uu qalinka qaatoba.

Soomaali aad u tiro badan baa Saciid Jaamac u taqaan aqoonyahan iyo qoraa ku caan ah curinta sheekada gaaban iyo maqaalada fiirada dheer leh, dadkaa waxaa ka mid ah qoraa Rashiid Sheekh Abdillaahi(Gadhweyne) oo ku nool cariga Ingiriiska, isaga oo aqoonta uu u leeyahay shakhsiyadda Saciid ka hadlaya ayuu wuxuu yiri: Saciid Jaamac Xuseen waxa aan ku bartay dhawr sifaale oo ay yar tahay dadka cid kulansatay. Waxaa ka mid ah ildheeri, indheer-arag, ogaal hayn, degganaansho iyo hal-adeeg.

Saciid Jaamac iyo Rashiid Gadhweyne

Qoraalada Saciid Jaamac Xuseen (Faras):

Runtii qoraalada faraha badan ee uu aalaaba soo saari jirey qoraaga weyn Ina Jaamac waxaa ku diirsaday akhristayaal fara badan oo duna dacaladooda jooga, waxaa kale oo cuskaday oo ay qoraalada u noqdeen tiir weyn oo la wahesho iyo iftiin aqooneed oo lagu siraado dhowr mareeg oo qoraalada nuxurka leh lagu daabaco sida Mareegyada:

- Wardheernews
- Gaaroodinews
- Laashin
- iwm

Waxaa muuqata in qoraa Saciid Jaamac uu qoraalka u arkayey quud iyo wahel aan la faaruqi karin, waayo muddo aad u dheer ayuuna marnaba ka nasan qorista maqaalaadka laga soo bilaabo waagii uu dowladda Soomaaliyeed u shaqeenayay ilaa intuu u soo hayaamay dalka dibadiisa , sida marka uu ku sugnaa magaalada Cadan ee dalka Yaman , iyo markii uu u soo wareegey cariga Ingiriiska. Haddii aanu wax ka tilmaamno qoraalada Saciid Jaamac Xuseen waxaa ka mid ah:

- Tiraab-Curinta Toolmoon

waa qoraalo taxane ah oo lagu faafiyey mareegta Laashin.

Qoraalkiisa aad u dheer waxaa uu Saciid Jaamac ku bilaabay in: " Afsoomaali sax ah oo qoristiisa la laasimo, hodonnimo af oo si weyn loo hanto, hab iyo hannaan toosan oo had walba la adeegsado, niyad iyo rabitaan aan marna la loodin karin oo la la yimaaddo, culimo hab-qoraalkaas ku xeeldheer, kuna caanbaxay oo hal-abuurkooda la aqristo oo casharro wax ku ool ah laga la baxo, farakuhayn had walba la caadaysto ayaa sal iyo saas adag u noqon kara sheeko-curinta ".

Intaasi waa dhowr tilmaamood oo ka mid ah qoraalka Saciid oo uu uga hadlayo marka tiraab-curinta la rabo in hawsheeda dhab loo galo.

Saciid sida uu sheegey waxaan uu u door biday in qoraalkiisa uu ilayska saaro dhawr arrimood oo dhabbada loo marayo hawshan culus.

Waxaa dhab ah in adeegsiga afka iyo qoristiisa saxa ah in wax badan laga yiraahdo in kastoo qaybaha kale ee tababarkan si faahfaahsan u gudagelayaan qorista saxa ah ee Afsoomaaliga, misna waxaan u aragnaa in qormadan kooban fiiro gaar ah loo yeesho.

Saciid waxaa uu guud ahaan qormadiisaa ku muujiyey taariikhda dheer ee uu leeyahay Afka Soomaaliga iyo hodontinimada balaaran ee Afka Soomaaliga Illaahey ku manaysatey isagoo u soo bandhigay qormadiisa hab carsi ah oo laga dheehan karo inuu xanbaar yahay aqoon iyo baaritaan qoto dheer.

- U kala gudubka odhaahda iyo qorista

Waa qormo kale oo uu Saciid Jaamac Xuseen qoray, waxaa uuna qoraaliisa ku bilaawday sidatan:

Hadalka, Akhriska, iyo Qoristu waa saddex jaranjaro oo kala sarreeya.Waa saddex qaybood oo waxbarasho oo laysaga gudbo.Waa saddex heer oo dhaqan oo kala durugsan, gaar ahaan intay dhinaca awoodda ku kala taggan yihiin, ee bulshadu u kala suntan tahay.. Hadlaa.. Akhriste..iyo Qoraa.Ummad kasta aayaheeda, ilbaxnimadeeda, iyo awooddeeda waxaa laga garan karaa had walba sedka iyo saamiga ay ka kala hanato saddexdaas qaybood. Horumarkeeduna wuxuu si toos ah ugu xiran yahay isaga-gudubkooda kor u socda.

Qormada Saciid Jaamac oo tiyo leh waxaa uu gabagabadii ku tiiqtiiqsadan (erayga qoran) isaga oo tilmaamay muhimada ereyga qoran leeyahay, gunaanadkiina Saciid waxaa kuu ku soo gabagabeeyey : " Xarafyada maroorsan, isku mareegsan, ee eryga qorani uu ka koobmaa ka sixir daran kun durbaan oo baar-cadde loo tumo, iyo kun dab-qaad oo fooxley mingis ku shiddo. Curinta, xardhinta, iyo farsamaynta Ereyga Qorani ka adag, ka qurxoon, maskaxdana kasoo jiidan og farshaxan kastoo ka muuqan kara qadiifadaha lagu fara-yaraystay ee dalalka Iiraan iyo kuwa kale ee bariga fog carwooyinka caalamiga ah la shir yimaaddaan. Hawsha ereyga qoran gasha waxaa isu dugsadey gacmaha, maanka, wadnaha, iyo rabitaanka nafta ".

Qofka aad u dhuuxa qoraalada Saciid Jaamac Xuseen waxaa u soo baxaysa in uu qoraagu aaminsanaa in wax qoristu ay leedahay tiirar ay ku taagan tahay, taana waxaa uu u arkayey in ay tahay mabaadi guud oo lagama maar maan u ah qoraaga. Wuxuu saciid u arkayey mabaadiida qoraal-curinta toolmoon inay tahay hilinka innagu hagaya, fududaynayana soosaarka curin toolmoon ha ahaato sheeko gaaban, tu dheer sida noofalka ama maqaalladaha wargeysyada iwm.

Qoraa Saciid oo tilmaamaya mabaadiidaas qaar ka mid ah waxaa uu sheegey inay ka mid tahay:

• Dhalad iyo dhidid:

Saciid waxaa uu is weediiyey hibo loo dhasho oo dhaxal ah miyaa iyo mise waa waxsoosaar ku yimaadda dhidid iyo dedaal? Labada ba. Curinta qoraal toolmoon waa hibo ku duugan qofkasta. Ma jirto cid xuurto ku haysata oo looga haybadaysanayaa. Waxa se dhab ah oo waayaha laga bartay in hibada curinta qoraal toolmoon tahay boqolkii ba kow(1%), halka inta soo hadhay ee boqolkii ba sagaal iyo sagaashan(99%) ay tahay dhidid iyo dedaal. Sida dedaalka loo kala badsado ayaa curinta toolmoon guusha laga gaadhayo loogu kala horraynayaa.

• Weydiin.

Saciid waxaa uu tibaaxay in weydiintu u tahay lama huraan qoraal curinta toolmoon, qofka si uu u helo xog waxaa ku haboon intuu weydiiyo waxa uu rabo, waayo aragtida Saciid waxay ku fadhidaa hadba inta goor ee aad weyddiin keento ayay ku xidhan tahay aqoonta aad shaygaas ka korodhsanaysaa.

• Barbardhig:

Halkaan Saciid waxaa uu ku qanacsan yahay halbeegtu iney muhim tahay, sidaa darteed waxaa uu yiri Saciid: " ma jiro ama aqoon laga ma korodhsan karo wax aan lahayn halbeeg lagu cabbiro". Saciid waxaa uu dulucdiisa daliil uga dhigtey erayadii abwaan Xasan shiikh Muumin oo oranaysay: "

Waa qaali malabkuye
qiimaha la siistiyo
inta xiiso loo qabo
idinku ba qiyaasoo
haddii aan qallooc jirin
miyaa qiri lahaydeen?".

Saciid waxaa uu kula dardaarmey dadka wax qora oo uu ku yiri: " Ku dhegganow isbarbardhigga si aqoonta qofka, walaxda ama wixii aad qoraal curin toolmoon ka samaynaysaa u noqoto mid mug leh."

Akhriska:

Waxaa uu Saciid qorayaasha xasuusinayaa in ay wax akhrinta kordhiyaan , waxaa uuna kula tiraabay: " badso akhriska si ogaalkaagu u ballaadho oo ugu baaho in ka fidsan, aad uga durugsan aagagga araggaaga iyo maqalkaagu dhugan karaan." Intaa kuma uusan ekaanin oraahdii Saciid ee waxaa uu hoosta ka xariiqay in weliba lagu dedaalo in qofku wax ku akhriyo af ama afaf kale oo aan kaagii hooyo ahayn. Garashada af qalaald kuu ma soo kordhinayo aqoontii ummadda afkaas ku hadasha oo keli ah ee waxa uu kuu keenayaa aqoomo kale oo laga soo dheegtay dhaqammo kale. Aqoon badan oo aan afka Soomaaligu cawo u yeelan in loo soo raro ayaa afafkaas kale laga korodhsan karaa.

Abtirsiin:

Qoraa Saciid waxaa uu arkaa – oo dhabtuna tahay – in curin kastaa ay ku aroorto abtirsiimo soojireen ah. Tusaalana waxaa uu u soo qaatay (Foodhida) afka laga yeedhsho oo uu tilmaamay iney ku abtirsanayso dhuun geed laga soo jaray loo qoray oo cod hallaasi ah samaysay, isu beddeshay saksafoon godad badan leh iyo waxyaabo kale oo maanta la adeegsado.

Sheeko-Curinta iyo Saciid Jaamac (Faras)

Labo tilmaamood oo muhim ah ayuu Saciid u sheegay qoraaga ku hoolan sheeko-curinta:

• Dulucda Sheeko-curinta

Ugu horeyntii waxaa uu tilmaamay iney

muhim tahay in qoraaga uu ka fakiro dulucda ama ujeeddada laga rabo inay maskaxda akhristayaasha degto oo ku hadho.

Dhiska Sheekada

Halkaana waxaa uu tilmaamay iney muhim tahay hannaanka iyo habraaca loo gudagelayo sheeka-curinta aad ayay u badan yihiin, wayna kala duwan yihiin; waxaana uu ku soo koobay Saciid Chowr arrimood oo kale ah:

a. Bilowga Sheekada Gaaban:

Waa qaybta furitaanka sheekada. Sidaas awgeed, soo-jiidasho iyo xiisagelin akhristaha loogu talagalay waa inay ka muuqataa.

(b) Qaybta Dhexe:

Waa tan ugu muhimsan; waana tan ku saabsan daadihinta dhacdooyinka sheekadu ka kooban tahay. Waana isla tay ka wada muuqdaan shakhsiyaadka sheekada ku socoto.

b. Dhammaadka – Gebagebada:

Qaybtan waxaa lagu tuuntuunsadaa si ay ujeeddada sheekada looga gol leeyahay ay maskaxda aqristayaasha baaqi ku noqoto. Qaybtani waa mid la timaadda tabo iyo xeelado aad u kala duwan, sida sheeko qorayaasha laftoodu u kala duwan yihiin. Badanaa waa mid aad u urursan, cajabna ku reebta aqristayaasha maankooda.

Run ahaantii waxaa qoraalka Saciid uu ku soo gudbinayo talooyinka ku aadan sheeko-curinta waxaa ka muuqata aqoon aad u fog oo uu ka soo dheehday qoraalo kale duwan oo ku qoran afaf kale duwan iyo khibradiisa aqooneed ee uu u leeyahay arrinkaa, waxaana uu u soo gudbiyey hab aad u sareeya oo caalami ah.

- xabaalaha

qoraa Saciid Jaamac waxaa uu qoraalkaan ku baahiyey mareegta Garoodinews, qoraalkiisana waxaa uu ku bilaabey oraah cajiib ah oo akhristuhu jug culus ku reebaysa. Saciid Faras wuxuu yiri:

Xabaaluhu way hadlaan ee dhegihii maqli lahaa ayaa awdan!

Farriinta Toronto iyo caasimadaynta Hargeysa:

Qoraalkan waxaa uu soo baxay xagaagii 2014 kii, qoraaga oo markaa safar ku marayay magaalada Toronto ee dalka Kanada.

Dulucda ujeeddadu waxay ahayd in Hargeysa, si kasta oo afarta beeni-jaho ay isku feeraariso, waddooyin, daaro iyo huteello casri ah laga furo, aanay misna ugu fillayn inay magaca caasimad qaadi karto inta arrimo dhowr ah maqan tahay. Arrimaha uu rabo in Saciid laga helo Caasimadda Hargeysa waa arrimo laf dhabar u ah nolosha bani`aadmiga oo aanay marna ka maarmin ummad kasta oo doonayso iney horay u marto. Saciid waxaa uu lato ku bixiyay in Hargeysa iyo wixii la mid ahba ay haboon tahay in laga helo goobtii iyo xannaanadii ay ku kori lahaayeen facaadda dhalanaysa inta ay taabba-gal noqonayaan, waxaa uuna si kalsooni ah oo ay wadaimo ku jirto tibaaay jeer loo sii diyaariyo facaadda soo socota habkii, goobtii iyo xannaanadii ay ku kori lahaayeen inaan qaran suuban la noqon karin.

Gabagabadii:

Xaqiiqdu waxay tahay in aanan marna laga dhargeynin qoraalada Saciid Jaamac Xuseen waayo akhristayaasha waxaa ay ku barteen qalin bilan, murti wax-ku-ool ah, iyo xiise aan marna damayn, waana sida uu ku soo if bixiyey qoraalladiisa. Qoraal-curinta toolmoon, gaar ahaan sheekada gaaban iyo maqaalka aad ugu tegaysid buugaagtiisa 'Shufbeel' iyo "Safar Aan Jaho Lahayn' iyo midka kale ee 'Ma Innaguun Baa!' ayaana caddayn ugu filan inuu Saciid Jaamac Xuseen hab-curintaas hormood ka yahay.

Saciid Jaamac Xuseen (Faras) waa qoraa marna qoraaladiisa aanan ku hungoobayn, waxaa intaa u dheer in Saciid Jaamac uu wax ku akhriyo kuna qoro Afafka kale duwan sdia: Soomaaliga, Carabiga iyo Ingrisiiska, waxaase xusid mudan in Saciid ay saddexda afba ay isugu mid yihiin, laakiin uu doorbiday in uu bulshadiisa Soomaaliyeed waxa u qorayaayo uu kula wadaago afkooda hooyo.

Ugu danbayntii aqoonyahanadii isku dayey iney Saciid nooca uu yahay wax ka sheegaan waxay isu raaceen in Saciid Jaamac Xuseen yahay waayo arag wax badan u soo joogay, waayo arag jecel in waayihiisii iyo wixii uu u soo maray bulshada la wadaago.

Haddii Saciid bulshadiisa la wadaagay waaya aragnimadiisa ee uu soo maray, waxaa uu ku darsaday in uu ku dhiirigeliyo xogogaalka kale ee Soomaaliyeed in ay waayo aragnimadooda u soo gudbiyaan ummaddooda, taana si cad ayuu ugu tiraabi jiray qoraaladiisa isaga oo doorbidaya in dadka kalena ay uga hobboon yihiin in ay iyana la wadaagaan ummadda wixii xasuusqor ah ee ay hayaan.

Abwaan Xasan Shiikh Muumin

Abwaan Xasan Shiikh Muumin – Allaha ha u naxariisto - murtidii, maaweeladii, maansadii, mullaaxdii, midhihii, miiddii iyo mahadhooyinkii uu macallinka inoogu ahaa Geeska Afrika waxaa uu ula soo qaxay dalka Norway. Muddo ayuuna magaalada Oslo iyo hareeraheeda kula wadaagay bulshada Soomaaliyeed aragtidiisii fogeyd ee cilmiga ku dhisnayd iyo waliba suugaantiisii cusleyd ugu danbeyntiina ku geeriyooday Oslo.

Abwaan Xasan Sh Muunin

Abwaan Xasan Sheekh Muumin wuxuu ku dhashay magaalo xeebeedka qadiimiga ahayd ee Saylac ee ka tirsan gobolka Awdal, taariikhdu markay ahayd bishii Janaayo ee sannadkii 1931kii. Xasan Shiikh Muumin waxaa uu ka soo jeeday qoys ahlu diin ah oo aabihiis waxaa uu ahaa shiikh ku xeel dheer diinta, sidaa darteed la yaab ma lahayn inuu yaraantiisaba billaabo dugsi Quraan lagu barto, isla markaana uu ku bulaalo afka Carabiga. Markii uu noqday abwaanku sagaal jir ayaa qoyskiisu u guureen dhanka magaalada Boorama ee isla gobolka Awdal, meeshaana waxaa uu ka sii watay barashadii Quraanka iyo waxbarashadii kale ilaa uu ka gaaray dugsiga sare. Isla dhalinyaranimadiisii waxaa la sheegaa in Xasan Shiikh Muunin ku biiray dhaqdhaqaaqyadii xurnimo doonka dhulka Soomaalida wakhtiyadii ay socdeen gaar ahaan ururkii dhallinyarada Soomaaliyeed ee SYL (Somali Youth League), halkaasi oo uu ka mid noqday gudiyadii ururka.

Shaqooyinkii uu soo qabtay

Shaqooyin kala duwan ayuu qabtay, laakiin shaqadiisii dowladeed ee ugu horeysay wuxuu ka qabtay Raadiyo Mucdisho iyo Wasaaraddii Waxbarashada ee Soomaaliyad. Dhanka Raadiyo Mucdisho wuxuu ka ahaa soo saare barnaamij, taana waxay fursad wacan u siisay inuu diyaariyo agaasinka waxna ka alifo barnaamijyka "Riwaayadada Raadiyaha," hab taxane ah oo ay dadweynuhu aad ugu riyaaqeen waagaa, waana meesha abwaan Xasan Shiikh Muumin uu ku soo caan baxay.

Billowgii suugaaneed ee Xasan Sh Muumin

Sida taariikhdu xustay Abwaan Muumin wuxuu fanka bilaabay isagoo yar, wakhtigii gobanimo doonka heesihii ugu horeeyey ee uu kaga qayb galay oo ahaa bilowgii iyo baraarujintii gobanimada waxay ahayeen kuwo Af carabi iyo Afsomali isugu jira. Waxaa ka mid ahayd heestan wadaniga ah:
- Yaa ayuuha Soomaliyu
- Saluu calaa Nabi
- Wa aalihii wa saxbihii
- Yaa taabical wadanii
- Nin islaana oo
- Aqalkuu lahaa
- Eeyar loogu soo galayoo
- Iiga baxa yiri baan ahayoo

Aflagaado loo rogayee.

Abwaan Xasan Sheekh Muumin wuxu jilaa ka noqday Riwaayaddii ugu horeysay ee laga dhigey goboladii waqooyi ee Soomaliya. Riwaayaddaas oo la oran jiray Qaadi Mowlaana oo ku baxday Af-carabi. Riwaayaddaa waxaa sameeyey abwaan Bullaale Boorama, waxaana laga dhigay magaalooyinka Hargeysa iyo Burco sanadihii afartameeyadii. Hawshiisii suugaaneed ee ugu horeysay, wuxuu abaabulay Riwaayad la magac baxday: "Hubsiimo hal baa la siistaa." riwaaddaa waxay la kulantay furitaankii golaha murtida iyo madadaalada.

Waxaa xigtey oo lagu soo bandhigay golaha murtida iyo madadaalada riwaayaddii "Shabeel Naagood" oo iyana noqotay riyaad caan ah, kuna faaftay meelo badan oo degaanada Soomaalida ka mid ah. Riwaayadda "Shabeel Naagood" waxay isku bedeshay heer caalami oo ugu dambayntiina waxaa loo tarjumay af Ingiriisiga oo uu u tarjumay ninkii Soomaalida u bixisey Macallin Goosh oo la oran jiray Andrzejwski (Leopard Among the Women), si buug ahaan ah, oo islma markaana lagu daabacay magaalada London, sanadkii 1974 kii). Buugaa waxaa uu ka mid noqday manhajka dhowr jaamacadood oo Yurub ku yaal kuwaa oo ay ka mid yihiin:

- SOAS (Egland)
- Oxford (Egland)
- Uppsalla (Sweden)
- Hedmark University College (Norway)

Waxaa xusid mudan in buugga laga qoray riwaayadii Shabeel Naagood uu ka mid ahaa buugaaga manhaj ahaan ugu jira liista jaamacadda Hedmark University College ee Norway.

Riwaayadaha kale oo uu abwaanka alifay waxaa ka mid ahaa:

- Gaara Bidhaan
- Ehelunaar Adduunka.

Sida macaga riwaayaddan dambe ku muuqda (Ehelunaar Adduunka), waxaa uu abwaanku ka guuriyey suugaan carbeed oo dalka Masar laga dhigey taa oo ahayd: masrixiyaddii "Al mucadabuun fil ardi", maadaama uu buuni ku ahaa afka carabiga. Ulajeedka abwaan Xasan Shiikh Muumin waxaa uu ahaa inuu ifiyo cabaatada haysata shaqaalaha iyo xoogsatada Soomaaliyeed ee dulman mar haddii ay wax soo saarkoodii ayna nafci fiican ka helin, lagana yaabo in hanti goosato iyo dad yar ay ka faa'iidaan, waayo abwaanka waxaa uu isku arkayay inuu yahay af-hayeenkii dadkiisa.

Waxaa kale oo iyana jiray riwaayado kale oo uu abwaanku alifay sida riwaayaddii la magac baxday "Dunidu maskaxdey magan u tahay".

Hibadii suugaaneed ee Abwaan Xasan shiikh Muumin

Sida aanu horey u soo tilmaamney abwaanku waxaa Illaahay siiyey murti iyo hibo suugaaneed oo qiimo badan, marna kama uusan baqiilin in dadkiisa uu la wadaago murtidii, maaweeladii, maansadii, mullaaxdii, midhihihii, miiddii iyo mahadhooyinkii uu macalinka ku ahaa, meel iyo waqti kasata uu joogayba intii awoodiisii ahayd. Aragtidiisii fogeyd ee cilmiga ku dhisnayd iyo waliba suugaantiisii cusleyd iyo riwaayadihii qiimiga badnaa ee uu allifay ayaa dad badani oo u dhadhmayey mucjisada suugaaneed ee abwaanka u riyaaqeen. Dhinaca maansooyinka waxaa la sheegaa bartamihii sanadkii 1950 kii ayaa abwaanku waxaa uu sameeyay oo soo shaac baxay gabaygii ugu horeeyay ee uu si rasmi ah u sameeyo. Waxaa hubaal ah in qofkii si qoto dheer u dhuuxa erayada iyo maldahaadyada ku dheehan maansooyinkiisa gabay iyo geeraar, hees iyo heelaba waxaa uu dareemayaa:

- Isaseeg iyo ekaansho
- Sarbeeb iyo hadal saran

Dhageystaha ayaa loo baahan yahay inuu ujeedka ubucda maansada Muumin iyo miidda murtidiisa la soo baxo si wanaagsanna u dhuuxo. Bal si qoto dheer u fiirso heestiisii caanka ahayd ee (Hadduu Dab dhaxamoodo). Waxaa uu ku soo bandhigay waxyaabo iska soo horjeeda laakiin dareen suugaaneed bixinaayo oo loo baahan yahay in la dhuuxo. Hadaba eeg oo dhadhami:

- Dab dhaxamooday
- Durdur oomay
- Daawo bukootay

Waa la yaab iyo amakaad, waa ujeedo fog oo falsafadeysan, waa xaalka sida

Soomaali noqotay oo uu mar horaba ka digay Ina Shiikh Muumin, bal adiguba aqristoo eeg oo u fiirso inaan hesho meel aad ka maro af-maalka iyo garab-daarka abwaanka. Dadka qaarkood waxay Marxuun Xasan Shiikh Muumin u aqoonsanaayeen inuu yahay Abwaanka abwaannada, taana waxaa uu ku mutaystay curintiisii suugaaneed ee tiro iyo tayo badnayd.

Geeridii abwaanka

Abwaan Xasan Shiikh Muumin waxaa uu ku geeriyooday magaalada Oslo ee dalka Norway ee uu deganaa sanooyinkii ugu dambeeyey, waxaa uu geeriyoodan maalin Arbaco 16 bishii Janaayo, sannadkii 2008 dii, dabadeedna waxaa oo qaaday oo lagu aasay dalkiisii Soomaaliya gaar ahaan magaalada Boorame ee gobolka Awdal.

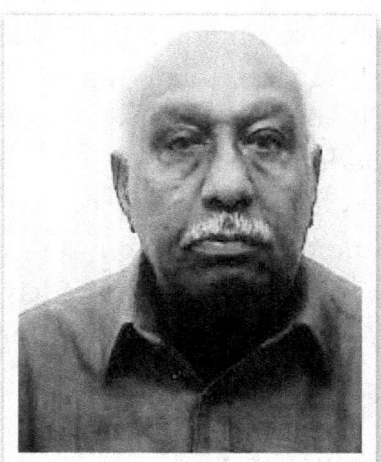

Xasan Sh Muumin

Inkasta oo ay bulshada Soomaaliyeed guud ahaan ay ka dheragsan yihiin sooyaalkii suugaaneed ee abwaan Xasan Shiikh Muumin uu lahaa, haddana waxaa laga yaabaa in dadka badankiisu aanay ku baraaruqsanayn in abwaan Xasan Shiikh Muumin uu ahaa:

- Qoraa
- Alifaa
- Ruwaayad-sameeye
- Halabuur
- Abwaan
- Laxamiiste
- Fikire

Taa waxay kuu caddeyneysaa in abwaan Xasan Shiikh Muumin uu ahaa qof aad uga qeyb qaatay balaarinta fanka iyo suugaanta Soomaalida.

Maxaan ku xusuusan karnaa abwaanka?

Maxay bulshada Soomaaliyeed meel ay joogtaba ku xasuustaan kartaa abwaan Xasan Shiikh Muumin? Waa su`aal muhim ah , laakiin jawaabteeda oo gaaban waxaan oran karnaa waxa lagu xasuusan karo abwaanka:

- Riwaayaddii Shabeel Naagood
- Heestii Marxab marxab yaa ramadaan

Heestaa waxaa la qaadi jiray Ramadaanka si loo soo dhaweeyo bishaa barakaysan laguna farxo la kulkeeda oo loo arkayey bil danbi dhaaf iyo kheyr badan. Heestiina waatan:

Marxab Marxab yaa Ramadan
Wayaa marxabaabika yaa Ramadaan
Bishuu magaceedu bilaha u mudnaa
Macbuudku amaanay yaa Ramadaan|
Miskiin iyo taajir bishii la misoobay
Islaamku midoobay yaa ramadaan
Sidii mayay hooray bishii muumiita
Dunuubta ka maydhay yaa ramadaan
Qofkii kala miira xumaanta ka maaga
Bishuu ka macaasho yaa ramadaan

Waana dadaalada iyo suugaanta uu ugu talo galay abwaanka wacyi galinta bulshada Soomaaliyeed.

Ugu danbeyntii lama soo koobi karo taariikhdii sooyaalka suugaanta abwaanka Xasan Shiikh Muumin, waxaase xusid mudan in Muumin uu bulshadiisa ka warqabi jiray, isla markaana qorshihiisa ay ku jirtay inuu wadamo badan oo Yurub iyo Ameerika ka mid ah socod ku soo maro si uu xaalada jira ula qeybsado dadkiisa. Waxaana hubaal ah in dad badan ay ka faa'iideysteen xikmado badan, gaar ahaan waqtigii uu deganaa magaalada Oslo oo lagu soo hiran jirey fadhiyadiisa, sida uu ii sheegey abwaan Cali Cusmaan Cige oo reer Oslo ah waxaa uu ka mid ahaa dadkii aadka ugu xirnaa kulamadiisa, waxayna ka wariyeen 10 sheego oo Soomaali ah oo uu sammeeyey kuwaa oo kuligood xanbaarsan xikmad iyo ku cibro qaadasho.

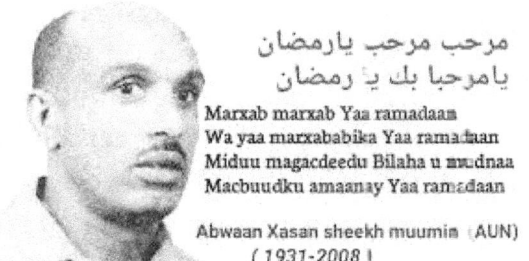

Abwaan Xasan sheekh muumin (AUN)
(1931-2008)

Khaalid Cali Guul

Shiikhii Qurbaawiyiinta Soomaaliyeed oo maskax, waqti iyo maalba u huray horuminta diinta, dhaqanka, suugaanta iyo afka Soomaaliyeed muudda aan yaray, gaar ahaan intii uu ku noolaa dalka Darmark. Iskasta oo qoxooti ahaa, da`diisana aan yareyn, isla markaana aanan haysan taakuleen dowlad, bulsho guud, xigto iyo xikaalo, haddana kama uusan daalin soo saarka iyo kobcinta taariihkd, ilbaxnimada iyo waxii la xiriira dhaqankeena suuban iyo suugaanteena qiimaha badan.

Khaalid Cali Guul Warsame waxaa uu ku dhashay magaalada Qardha ee ku taal waqooyi bari ee Soomaaliya, waxaa uuna dhashay sannadkii lagu magacaabi jirey Aragsame oo barwaaqada ahaa ee ku beegnaa intii u dhexeysey 1930 – 1931 kii. Dhanka waxbarashadiisa waxaa uu Khaalid ka bilaabey yaraantiisii in la geeyey dugsi uu ka barto Quraanka Kariimaka sida ay caadada dadyowga muslimiinta ahayd, dugsigaana oo ku yiilay meeshii uu ku dhashay.

Waxbarashadiisii kale waxaa isla yaraantiisa uu ku biiray dugsiga hoose ee magaalada Qardha, laakiin intii uu ku jiray heerka dugsiga hoose oo uusan dhammeystirin ayaa reerkoodii u guureen magaalada Baladweyne ee gobolka Hiiraan, halkaana waxaa uu ku dhammeeyey dugsiga hoose iyo dhexe, ka dibna waxaa uu meeshii ka soo watay waxbarashadiisii ku aadaneyd marxaladdii dugsiga sare ka dib markii uu u soo wareegey caasimaddii Soomaaliya ee mgaalada Muqdisho. isla markii uu dhammeeyey dugsiga sare waxaa uu ku biirey Machadka Macallimiinta iyo Macadyo kale oo ku yiilay Muqdisho. Hamuunta iyo baahidda uu qoraa Khaalid u qabay waxbarashada waxay ku qasabtey inuu u safro dalka dibaddiisa gaar ahaan dalka Masar iyo dalkii la oran jirey Middowga Soofiyeedka isagoo markaa heerka waxbarashada Jaamacadda soo dhammeeyey, ka dibna ku soo laabtey dalkiisii Soomaaliya.

Muddo waxaa uu noqday shaqaale dowladeed oo uu ka shaqeenayey meelo kale duwan oo xarumaha dowladda ka mid ah ilaa uu qarxay dagaaladii sokeeye ee dalka ka qarxay 1990 kii, ka dib markii ay daciiftey hanaankii iyo maamulkii wadanka, hogaankiina uu hanan kari waayey xasiloonida iyo degenaashaha siyaasadeed iyo dhaqaale, isla markaana ay caburintii iyo maamul xumadii ay sii badaatey. Khaalid waxaa uu ka mid noqday dadkii soo qaxay, go'aanna ku gaaray in uu u qaxo dalka dibaddiisa, si uu u badbaadiyo naftiisa iyo nolasha ehelkiisa.

Marxuub Khaalid Cali Guul waxaa uu ahaa nin u dhuun duleela suugaanta Soomaaliyeed waxaana lagu tiriyaa in uu ahaa gabyaa Illaahey hibo u siiyey curinta maansada Soomaaliyeed sida gabayga iyo geeraarka. Marka la eego afafka waa uu sareeyey aqoontiisa dhinaca afafka, arrinkaana waxaa u marqaati kacaya buugiis qaamuuska af Soomaaliga ee uu qoray kuna soo uruuriyey in ka badan 50 kun oo ereyo af-Soomaali ah.

Khaalid iyo ubadka Soomaaliyeed ee qurbaha

Qoraa Khaalid waxaa lagu xasuustaa sida buuxda oo xilkasnimada leh oo uu isaga xilsaarey qurbo joogta Soomaaliyeed oo marar badanna ka walwali jiray mustaqbalka faca soo koraya iyo sida uu noqon doono dhaqankooda. Waxaa kale ee uu ku dadaalay sidii wax looga qaban lahaa diinta, dhaqanka iyo afka Soomaaliyeed isagoo mar walba ku taami jiray horumarka iyo kor u qaadista arrimahaas. Waxaa muuqatay in uu ahmiyad gooni siin jiray bulshada Soomaaliyeed ee ku dhaqan qurbaha gaar ahaan caruurta iyo dhalinta soo koraysa, waana midda ku qasabtay in uu ugu adeego hibadiisa suugaaneed iyo aqooneedba, la yaabna ma lahayn markii uu soo saaray buugaag ku aadan dhaqanka iyo suugaanta Soomaaliyeed, sidaa darteed marna ma uusan hilmaamin doorka kaga aadan faca soo koraya, waxaa uuna qoray buugaag dhanka sheekooyinka ay weheshan karaan carruurta Soomaaliyeed ee qurbaha ku nool.

Dhaxalkii aqooneed ee Khaalid Cali Guul

Dhanka wax soo saarka waxaa la oran karaa Khaalid Cali Guul Warsame waxaa uu ummadda Soomaaliyeed uga tagay dhaxal qiimo badan oo aanan marnaba la hilmaami karin, gaar ahaan buugaagtii uu qorey. Waxaa xusid mudan in qoraa Khaalid uu wax ka qoray dhinacyo kale duwan oo xariir la leh dhaqanka, taariikhda, ilbaxnimada, suugaanta iyo afka Soomaaliya. Muddadii uu qoraa

Khaalid Cali Guul ku jiray baaritaanada iyo ka gun gaarka dhaxalka Soomaaliyeed ee ku aadan taariikh, ilbaxnimo, suugaan iyo dhaqan waxaa uu ku guulaystay inuu soo saaro buugaag iyo dhigaalo badan oo dhinacyo badan taabanayey. Runtii waxaa la oran karaa kalsoonida uu isku qabay iyo hamuunta u haysan in uu ka tago dhaxal loo aayo ayaa waxay ahayd awoodda uu adeegsaday, dhibaatooyinkii ka soo maray qaxii iyo qurbaha ma aysan noqon wax ka hor isaaga higsigiisa aqooneed iyo riyadiisa qofnimo. La yaab ma leh marka qof ahaan dib loo jaleeco qoraaga guusha uu ka gaaray riyadiisa uu marar badan ku taami jiray inuu ku guuleysto soo saaro buugaag mowduucyo badan oo kale duwan taabanaya isagoo oo qurbo ku nool isla markaana aanay jirin dowlad iyo bulsho garab ku siisa ka dhabeenta riyadiisa ku aadanayd gudbinta aqoonta iyo hibadiisa ku aadan dhaqanka, taariikhda iyo suugaanta Soomaaliyeed ee tix iyo tiraabba leh.

Waxaa jira buugaag dhowr ah oo uu qoray Khaalid Cali Guul , isagoo markaa buugaagtaas ku faaqidey arrimo kale duwan oo taabanaya Soomaaliya iyo Soomaalida meel ay degtaba. Buugaagta la xiriira taariikhda Soomaaliya waa buugaag uu qoraagu galiyey maskax iyo waqti badan, qaarkoodna aysan ka maarmin cilmibaarayaasha ku howlan arrimaha taariikhda iyo ilbaxnimada Geeska Afrika, buugaagtaa waxaa ka mid ah:

- Taxanihii Taariikhda Soomaaliyeed – qeybta 1 aad
- Taxanihii Taariikhda Soomaaliyeed – qeybta 2 aad
- Hiirarkii Taariikhda iyo Halgankii Soomaalida

Dhinaca dhaqanka, hiddaha iyo suugaanta, waxaa uu Khaalid sidoo kale qoray dhowr buug oo ay ku urursan yihiin:

- Suugaanta Geela
- Maahmaahyo
- dhaqanka Soomaalidu

Dhinaca sheekooyinka, Khaalid wuxuu curiyey dhowr sheeko oo uu ugu talo galey iney noqdaan suugaan caruureed ay ka faa`iideystaan faca Soomaaliyeed ee soo karay gaar ahaan kuwooda ku dhashay ama ku korey qurbaha, waxaa ka mid ah buugaagta noocaas oo kael ah sheekooyinka ay ka mid yihiin:

- Sheekaba Sheekay Keentaa
- Sheekada Xariirka iyo Sheekada Baraleyda Soomaalida
- Maxaa ka qabsaday qurbaha.
- Guur la qariyey
- Jacaylkii Qaxu Jiiray ee Hufan iyo Halac

Ka sokow buugaagta uu Khaalid qoray wuxuu sidoo kale gacan weyn ka geystey sidii jiilka ku koraya qurbuhu u heli lahaayeen buugaag ay ka bartaan luuqaddooda, diintooda iyo dhaqankooda.

Buugaagta Khaalid tarbiyada, diinta iyo barashada af-Soomaaliga ka qoray waxaa ka mid ah:

- Tubta waxbarashada 1 iyo 2
- Tarbiyadda Islaamka
- Beerta Xayawaanka
- Koobaha Carruurta
- Iwm.

Qoraalada Khaalid Cali marna kama marneyn in uu bulshada Soomaaliyeed ku wacyi geliyo dhowrista degaanka iyo inaan la dhibaateenin dabeecadda wanaagsan ee uu Illaahey siiyey dalkeena, taana waxaa la oran karaa oo ku bixiyey qoraaga inuu arrimahaas wax ka qori ka dib markii uu arkey xaalufinta dhirta iyo daaqa, wasakheydta ilaha waraabka, darbar goynta xoolaha iyo duur joogta, daryeel la`aanta nimcada tirada badan ee ceegaagan badda iyo berigeena, intaas oo dhan markii uu arkey ayuu qalinka u qaacay Khaalin inuu dareensiiyo dadkiisa dhibaatada weyn ee ku socota nimcooyinkii uu Eebbe Weyne ku galladeystey dalkeena bad iyo berri si loo badbaadiyo oo aan la dabar goyn ama la xaalufinin. Dereenkiisa waxaa uu ku muujiyey qoraalada ay ka mid yihiin:

- Aan booqano beerta Xayawaanka
- Geel waa magool xoolaad
- Haad Geed Waayey

Buugga dambe ee « Haad Geed Waayey » waxaa uu qoraagu kuga hadlayaa xaalufka deegaanka iyo saamaynta uu ku leeyahay duurjoogta Soomaaliya. Buuggu waxaa uu ka hadlayaa mowduucyo badan sida isbeddelka cimilada, xaalufka dhirta, wasakheynta degaanka iyo wixii la mid ah Akhristaha buugaagta uu qoray Khaalid durbadiiba waxaa uu dareemayaa in qoraaga uu aqoon u lahaa afaf kale duwan sida afafka Soomaaliga, Carabiga, Ingiriiska, Ruushka, Talyaaniga iyo Darishka (Danmark), gaar ahaan marka aan dib u jaleecno masaadirta iyo agabka uu cuskaday markii uu qorayey buugaagtiisa, taa oo qiimo gooni siiyey dhigaaladiisa isla markaana heshey kalsooni iyo awood aqooneed oo gaar ah. Waxaana halkakan ku soo gudbineynaa qaar ka mid ah Buugaagta uu Khaalid Cali Guul Warsame qorey, sida:

- Qaamuuska Af Soomaaliga

Quumuuska Af-Soomaaliga waa buug dhinaca afka la xiriiro oo u qoran hab qaamuus taxane ereyo ah oo Soomaali – Soomaali isku qeexaya. Buugaan qaamuuska ah waa mid ballaaran, waxaana uu ka kooban yahay in ka badan kontan iyo seddex kun oo ereyo Soomaali ah, waxaa kaloo qaamuuska ka heleysaa ku dhawaad 425 sawiro ah. Buugga waxaa lagu daabadacay magaalada Neyroobi (Nairobi) ee dalka Kenya, sanadkii 2008 dii.

- Geel waa magool xoolaad
- Sheekaba Sheekay Keentaa

Buuggani waxaa uu iftiiminayaa sheeko-xariireedka soo jireenka ah ee Soomaalida oo facba fac u gudbin jiray. Sheeko-sheeko kastaa waxa ay noqon kartaa buug gaar ah. Buuggu waxa uu ka kooban yahay 29 sheeko-xariirood oo duug ah oo si wanaagsan loo diiwaangeliyey. Ujeeddada qoraa Khaalid Cali Guul uu ugu uruuriyey hal buug sheekooyinkaan waa sidii ay ugu fududaan lahayd carruurta iyo dhallinta Soomaaliyeed si ay wax uga ogaadaan sheekooyinkii soo jireenka ahaa isla markaana ku farxaan aqrinta iyo dhageysiga sheekooyinka qaarkood. Bauuga waxa lagu daabacay Denmark sannadkii 2006 dii.

Sheekada Xariirka iyo Sheekada Baraleyda Soomaalida

Buuggu waxa uu ka kooban yahay sheeko-xariiro Soomaaliyeed, sidoo kale waxa uu buuggu xambaarsan yahay sheeko-xayawaanno ka hadlaya xaalado nololeed oo kala duwan, sida; dawaco iyo waraabe, iyo waliba sheekooyin kala duwan oo ku saabsan nolosha dhabta ah. Waxa kale oo jira sharraxaad ereyo iyo gabayo uu qoraagu u tiriyey carruurta iyo dhallinyarada. Buugga waxaa lagu daabacay Darmark sannadkii 2002 dii.

- Tubta Waxbarashada Carruurta
- Nederst i skjemaet

Qoraa Khaalid walwalkiisa ku aaddan faca soo koraya ee Soomaaliyeed waxaa ku tusinaya sida uu mar walba uga fikiri jiray isla markaana ku qasabtay in uu qoro buug gaar u ah carruuta gaar ahaan wixii la xiriir waxbarashadooda, sidaa darteed Khaalid waxaa uu soo saarey buug carruureed ka kooban heeso carruureed iyo waliba sheeko-dhaqameedyo gaagaaban oo badan oo la xiriira dabeecadda iyo duur-joogta. Ujeedada qoraagu waxay ahayd ain uu kor u qaato garaadka iyo aqoonta carruurteena ku nool qurbaha. Buugga waxaa la daabacay bishii julaay sanadkii 2004 tii.

- Hiirarkii Taariikhda iyo Halgankii Soomaalida

Buugga waa taxanihii Taariikhda Soomaaliyeed, waxaana soo baxay labo qeybood oo 1 iyo 2 kala ah. Buuggu mowduucyada uu ka hadlayaa waxaa ka mid ah xiriirkii hore ee Bulshada Soomaaliyeed ay la hayd caalamka ku wareegsan.

- Taxanihii Taariikhda Soomaaliyeed – qeybta 2 aad

Buuggani waxaa uu si gaar ah uga hadlayaa

dhacdooyinkii ka dhacay Taariikhda Soomaalida ee 1960-2000. wuxuu si mug leh u falanqaynayaa sababaha keenay in dalku burburo. Waxa ku jira arrimo badan oo kale sida hiddaha iyo dhaqanka ummadda Soomaaliyeed. Buugga waxa qoray mid ka mid ah taariikhyahannada dhaqanka Soomaaliyeed ee Khaalid Cali-Guul. Waxa lagu daabacay Denmark Feb. 2005.

- Haad Geed Waayey

Haad geed waayey, waa buug ka hadlayaa xaalufka deegaanka iyo saamaynta uu ku leeyahay duurjoogta Soomaaliya. Buuggu waxaa uu ka hadlayaa mowduucyo badan sida isbeddelka cimilada, xaalufka dhirta, wasakheynta degaanka iyo wixii la mid ah

- Aan booqano beerta xayawaanka

Buugani waa sawir aad u quxux badan oo laga soo ururiyey sawirada xayawaanka duurjoogta ah oo ay weheliyaan sheeko-dhaqameedyo gaagaaban oo xayawaanno badan oo la soo xulay. Waxaa buugga lagu daabacay dalka Danmark sannadkii 2007 dii.

   - Geel waa Magool Xoolaad

Khaalid mowduuca geela waxaa uu ka eegayaa inuu yahay nimwo Illaahey addoomadiisa siiyey, iyo dhinac kale in uu geelu yahay mawduuc suugaaneed oo tix iyo tiraabba leh, taa oo ay ku dhan yihiin maahmaahyo, heeso iyo sheeko-xariiro, maxaa yeelay Khaalid waxaa uu tilmaamayaa in geela inta badan ka mid yahay mawduucyada gabayada iyo suugaanta dhinacyadeeda kale ku soo arooray.

- Jacaylkii Qaxu Jiiray ee Hufan iyo Halac

Buugani waxaa ku jira sheeko xiise badan oo ku saabsan sheeko jacayl oo heer sare ah oo dhex martay Hufan iyo Halac. Nasiib darro rajadii iyo himiladii jacaylka waxaa burburiyay dagaaladii sokeeye, lamaanahana waa kala tageen. Sheekadan oo aad ayay u xiisa badan si hab sare ahna waxaa u soo gudbiyey qoraha buugga. Waxay ahaatab buugga waxaa lagu daabacay magaalada Kobanheegan (Copenhagen) ee dalka Danmark, sannadkii 2007dii.

- Maahmaah Waliba Madasheeday Leedahay

Buuggu waxaa uu si mug leh u sharraxayaa sida loo kala saaro Maahmaahyada Soomaalida, sidoo kale buuggu waxaa uu diirada saarayaa in maahmaah kastaa ay asalkeeda iyo ujeeddooyinkeeda leedahay. Buugga waxaa uu sannadkii 2006 dii ka soo baxay dalka Darmark.

Ugu dambeyntiina waxaa kale oo jira iyana buug uu Khaalid qoray kuna uruurshey gabayadiisa oo cinwaankiisu yahay:

- Diiwaanka gabayada Khaalid Cali Guul

Diiwaankaas waxaa ku uruursan in ka badan 50 Gabey oo uu Khaalid ka tiriyey mowduucyo kale duwan. Waxaa xusid mudan in diiwaankaa uu wato codka gabayadaa oo hab CD u sameysan. Qoraa Khaalid Cali Guul Warsame waxaa loo arkay inuu ahaa maktabad baaxad weyn oo ay ka buuxdo taariikhdii iyo sooyaalkii Soomaalida.

Geerida Khaalid Cali Guul

Qoraa Khaalid Cali Guul waxaa uu adduunka ka tagey 29 Oktoobar sannadkii 2011 kii, isagoo markaa in muddo ah ku xanuunsanaa magaalada Kobanheegan (Copenhagen) ee dalka Danmark, waxaana loo qaaday oo lagu aasay dalka Soomaaliya gaar ahaan degaankii uu ka soo jeedey ee duleedka magaalada Qardha.

Axamed Faarax Cali (Idaajaa)

Axmed Faarax Cali oo ku magac dheer Idaajaa, waxaa uu ku dhashay magaalada Gaalgacyo ee gobolka Mudug sannadku markuu ahaa 1947 kii, waxbarashadiisii waxaa uu ku gaarey ilaa dugsiga sare. Axmed Faarax Cali daajaa waa abwaan, gabyaa iyo qoraa caan ka ah dhammaan Soomaali meel ay degtaba, Idaajaa dhab ahaantii waa suugaaryahan aad ugu xeel dheer dhaqanka iyo taariikhda suugaanta Soomaalida. Wuxuu caan ku ahaa Idaajaa maqaalo uu ku qori jiray wargeyskii Xiddigta Oktoobar horraantii todobaataneeyadii qarnigii hore.

Idaajaa waxaa uu ka ceyb qaatey silsiladii suugaaneed ee lagu magaabi jirey "Deeleey" oo uu kaga qeyb galay labo maanso sannadkii 1979 kii. Axmed Faarax Idaajaa waxaa uu madax ka noqday akademiyaddii cilmiga fanka iyo suugaanta ee Soomaaliya

Alaaba waxaa uu Idaajaa ka faalloodaa suugaanta Soomaaliyeed noocyadeeda kala duwan ee tix iyo tiraabba leh iyo caadooyinkii hore ee sooyaalka ahaa. Waxay dad badan oo Soomaaliyeed ku xusuustaan barnaamijyadii faraha badnaa oo uu ka soo jeedin jiray Raadiya Muqdisho berigii dowladdii Soomaliyeed ay jirtay inta aanan dowladii Soomaaliyeed dumin.

Dadaalada iyo maskaxda uu galey Axmed faarax Cali Idaajaa horumarka afka, dhaqanka iyo suugaanta Soomaaliyeed waa mid aad u muuqata gaar ahaan shan iyo labaatankii sano ee ugu dambeeyey intuu uu deganaa dalka Holland iyo markii uu u soo wareegey dalka Ingiriiska gaar ahaan magaalada Birmingham.

Muddadaa dheer ee uu ku howlanaa masraxa cilmibaarista iyo wax soo saarka waxaa uu qoraa Axmed Faarax Idaajaa ka muuqday golayaasha aqoonta iyo cilmiga ee Soomaaliyeed ha ahaato degaanada Geeska Afrika ama meel ka baxsan, waxaa uuna soo saarey buugaag badan oo uu ugu adeegeyey horumarinta iyo kobcinta suugaanta, afka iyo dhaqanka Soomaaliyeed. Intaa waxaa u dheereed dadaalo kale duwan oo uu uga gol lahaa sidii uu u iftiimin lahaa hantida suugaaneed ee Illaahey ku manaystey dhaqankeena iyo suugaanteena, taa waxay keentey in uu qeyb weyn ka qaatey dadaalada isdaba jooga ahaa ee socday ka dib markii la qorey afka hooyo.

Haddii aanu isku dayno inaanu iftiimino nolol cilmiyeedkii ku wareegsanaa qoraa Axmed Faarax Cali Idaajaa iyo waxyaabihii uu adeegsadey si uu hibadiisa ula wadaago ummadda Soomaaliyeed meel ay joogtaba, waxaanu tilmaami karnaa in Idaajaa uu adeegsatey habab kale duwan si uu u gaaro himiladiisa sida:

- Idaacadaha, telefishanada iyo baraha bulshada
- Kulamada dhaqanka iyo suugaanta
- Bandhigyada buugaagta iyo fanka

Dhanka wax soo saarka iyo qorista buugaagta, waa midda uu ku caanbaxay gaar ahaan buugaagta uu soo saarey xilliyadii dambe ee uu ku sugnaa qurbaha, taa oo ay ummadda Soomaaliyeed meel ay joogtaba ka faa'iideysatey, waxaana la oran karaa waa dhaxal bulshadeena ay heshay oo u adeegaya dhaqanka iyo suugaanteena qiimaha badan.

Ma aha arrinta lala yaabo in Axmed Farax Cali Idaajaa uu sidaa uu u muuqdo, waayo waxaa uu ka mid ahaan jirey xubnihi Guddigii Afsoomaaliga iyo Akademiyadii Cilmiga, Fanka iyo Suugaanta intii u dhexaysey 1973-1991 kii, muddadaa dheer waxaa ay siisey aqoon iyo xirfad sareysa oo yar tahay in qof walba uu helaa, sidoo kale waxaa uu fursad u heley inuu la kulmey lana shaqeeyey dad rog cadaa ah oo ay is weydaarsadeen aqoon iyo waayo aragnimo xeel dheer, sidaa darteed dhigaalada uu qoray, isla markaasna faafiyey oo abuugaag iyo maqaalo oo ku salaysan cilmibaaris oo tayo iyo tiraba leh.

Haddii aanu u jaleecno si aan wax uga sheegno buugaagta uu soo saarey qoraaga Axmed Faarax Cai Idaajaa waxaa ka mid ah:

- Ismaaciil Mire (Xamar, 1974)
- Dabkuu Shiday Darwiishkii; Riwaayad (qoraha iyo Yamyam; Xamar, 1975)
- Maansadii Deelleey: Ururin iyo Faallo (qoraha iyo Ibraahin Cawed)
- Afsoomaaliga iyo Warfidiyeenka Cusub (London, 2003)
- Aadan-carab 1917-2001 (London, 2004)
- Murtida maahmaahda Soomaalida (Qaahira 2005)
- Federaalnimada Soomaaliya: Maxaa looga gol leeyahay? (London, 2004)
- Caleemo-saarkii Garaadka, Birmingham, England (2006)
- Silsiladda Xulka Suugaanta Soomaalida; Qeybta 1d (Leicester,

2017)
- Wan iyo Waraabe, Saarkii Careys Ciise, (Qaahira 2021)
- 5 Sheeko (Neyroobi, 2017)
- Waayihii iyo gabayadii Samatar Baxnaan (2016)

Waxa kaloo iyaguna jira buugaag uu qoruhu diyaariyey oo aan wali la daabacain laakiin sugaya in la daabaco.

Idaajaa waxyaabaha uu qabto kuma koobno oo kaliya gabay inuu tiriyo ama uu ururiyo ee waxaa uu soo banchigaa isaga oo ururin, tifaftir iyo waxyaabo kale ku biiriya gabayada taariikhda iyo xikmaddaba leh.

Ugu dmnbeyntii Idaajaa waa nin afka, dhaqanka, iyo suugaanta Soomaalida si xeel dheer u yaqaan, waxaa uuna wax ku qoraa afafka kale duwan sida Soomaaliga, Carabiga iyo Ingiriiska.

Qoraa Axmed Faarax Cali Idaajaa waxaa uu dhan ahaantii ka mid yahay dadka yar oo noociisa oo kale ee maanta nool, Illaahey cimri dheer oo barakeysan ha siiyo, waxaa uuna degan yahay muddooyinkaan danbe magaalada Birmingham ee dalka boqortooyada Ingiriiska.

Axmadey Cabdi Gaashaan

Axmadey Cabdi Gaashaan waa abwaan Laashin ah, curiye maansada noocyadeeda kale duwan, sameeya ruwaayadaha, sida riwaayadii caanka ahayd ee la magac baxday 15 kii Shumey. Laashin Axmadey waxaa uu ku xeel dheer yahay hidaha iyo dhaqanka Soomaaliyeed, waxaa uuna ka mid ahaa abwaaniintii kooxda Waabari ee Soomaaliya. Dalka Norway oo uu degen yahay dadaaladiisii ku aadaneyd dhaqanka Soomaaliyeed iyo hibadiisa suugaaneed waxay ka muuqataa bandhigyada iyo kulalada Soomaaliyeed gaar ahaan guubaabada dhaqankeena suuban iyo maansooyin kale duwan oo xagga Diinta u badan sida Nabi amaan iyo xoojinta Diinteena suuban.

Laashin Axmadey Gaashaan

Abwaan Axmadey Cabdi Cali Cabdi Gaashaan Tigilow Colow Magan Faarax, waxaa dhashay hooyo Caasha Maxamed Mayow (Caasha ma duule), wuxuuna ku dhashay tuulada Cumar Beere ee ka tirsan degmada Afgooyo ee gobolka Shabeelada hoose sannadku markuu ahaa 1948 kii.

Yaraantiisii waxaa uu Axmed Cabdi Gaashaan Quraanka ka bartay macallin Maxamed Cabdi Caliyow (MacallinNuunow) oo ka soo jeedey beesha Galadi, ka dibna waxaa uu Axmadey ku taxmey daruustii ka socotay masjidka tuulada Cumar Beere ee uu akhrinayey Shiikh Yuusuf Shiidlow oo Galadi ahaa, kaas oo uu ka akhristey Fiqiga gaar ahaan kutubta ay ka mid yihiin Safiinatul Salaad iyo Abuu Sujaac.

Axmadey waxaa uu ka soo jeedaa qoys beeraley ah oo aabe u ah Shiikh Cabdi Cali Gaashaan oo ahaa shiikh ka mid ah culumada tuulada – sida aanu soo tilmaamney- isla markaana waxaa uu ahaa nin ahlu kheyr ah oo waraha biyaha gala ka qoda tuulada Cumar Beere iyo kuwa u dhowba, si dadka iyo xoolaha ay uga faa'iidaystaan.

Intaa wixii ka dambeeyey Axmadey waxaa uu aad u daneyn jirey dhallinyaranimadiisii suugaanta gaar ahaan waxaa uu laashin buuni ah ku noqday Shiribka Shablayda ee caanka ka aha Afgooye iyo hareeraheeda aadna loo adeegsado maalmaha ciyaaraha Istunka ay socdaan. Sidoo kale waxaa uu Axmadey caan ku noqday gabayga iyo geeraarka, waxaana uu ku muteystey in loo aqoonsado Laashin, taana waxay gaarsiisey in uu u soo wareego magaalada Muqdisho sannadkii 1968 kii si uu dadweynaha Soomaaliyeed ula qeybsado aftahanimadiisa iyo dareenkiisa suugaaneed, waxaana meeshaa uga billawday noloshii laashinnimada oo uu markii dambe ku soo caanbaxay, ka dib markii uu ka dhex muuqday kooxihii daneynayay hiddaha iyo dhaqanka ee markaa magaalada Xamar ka jiray isla markaana hormood u noqday ciyaarta Wala walaay iyo ciyaarta Hurdo diid oo aroosyada iyo maalmaha munaasabooyinka la ciyaaro sida ciidda iyo xuriyadda la sameeyo, taana waxay keentey in uu bulshada ka soo muuqday Axmadey iyo suugaantiisa oo dadka qaarkood u arkayey in uu mustaqbal fiican ku leeyahay masraxyada suugaanta iyo dhaqanka.

Waxay ahaataba Axmadey sannadkii 1971 kii waxaa uu ku biirey barnaamijkii heesaha hirgalay oo lagu soo bandhigi jirey tartanka heesaha iyo suugaanta, waxaa uuna Axmadey ugu qeyb galay gabay iyo ciyaarta hurda diid oo aaladda shareerada lagu tumo, isagoo markaa soo bandhigey shirib iyo ciyaar tusaale ahaan:

- Tibil iyo qabiil ma jiro towradaa diiday
- Qof walbow tartiib u soco ee tuko salaadaada
- Tuug iyo dibitaati waa la xirey wixii Soomaalida u taagnaa
- Tobankii sano ee hore raggii talada noo haayey
- Tubasho iyo lee nabadeen iyo tawiis la dheelaayo
- Shicbiga tacbaaney ka dhigeen waxba uma tareynin
- Calankaan wadankeena ka taagan hawada u sii toosan
- Tarriiq ay ka rabeen iney dhulka ku tuuraan
- Towradaa mahadsanee taladeeda aan yeelno

Shirib:

- Tibil ma leh towraddaa diidey ... Ninbow tacabkaa u toos

Markii uu barnaajimkii tartarka heesaha hirgaley dhammaadey waxaa dadkii madaxda ka ahaa u muuqatey in Axmadey uu yahay qof culus oo suugaantiisu mug weyn leedahay, sidaa darteed waxaa uu ku biirey kooxdii qaranka ee Waabari sannadkii 1972 kii, waxaana arrinkaa u sabab ahaa ragga ay ka mid yihiin:

- Cali Maliixaan oo madax u ahaa
- Abgaal Saciid Riyaal
- Qaasim Hilowle
- Maxamed Nuur Akhayaar oo macallin u ahaa barnaamijka.

Axmadey waxaa uu ka soo dhex baxay 40 qofood oo habeenkii tartanka la xuley oo lagu xireeyey Lafoole mudo bil ah.

Laashin Axmadey iyo sannadkii 1972 kii:

Billowgii sannadkii 1972 kii waxaa dadka qaarkood u muuqday in Axmadey ka muuqan doono goobaha laysku yimaa

Waxaa Axmadey sannadkii 1972 kii loo qaatey inuu ka mid noqdo kooxdii qaranka ee Waabari, Wixii markaa ka dambeeyeyna waxaa uu ka tirsnaa Axmadey kooxdii hiddaha iyo dhaqanka ee Waabari waxaana isla markiiba uu ka qeyb galay tartarka dhaqanka waddamada bariga Afrika oo ay Soomaaliya ka gashay kaalinta koowaad.

Isla sannadkaa waxaa uu ka mid ahaa Laashin Axmed Gaashaan kooxdii Waabari oo ku soo wareegtey dhammaan gobolada dalka oo dhan iyaga oo soo bandhigaya murti iyo madadaalo.

Muddo gaaban ka dib waxay safar faneed u aadeen Magaalada Khartuum ee caasimadda dalka Suudaan si ay labada dal isku weydaarsandaan fanka iyo dhaqanka labada dal.

Waxay kaloo sannadkaa galeen kooxda Waabari safar dheer oo ay isku mareen dalalka ay ka mid yihiin: Ruushka, Jarmalka Bari, Masar iyo Imaaraadka Carabta.

Dabayaaqadii sannadkii 1972 kii waxay Soomaaliya qeyb weyn ka qaadatey bandhig faneedkii la magac baxay Barlin fastival, sida uu ku warbixiyeyna Axmadey waxaa ay halkaas ka soo qaadeen billadii koowaad ee abaarmarinta ahayd.

Masraxyada dhaqanka iyo suugaanta:

Laashin Axmadey Gaashaan waxaa uu caashaqay fagaaraha dhaqanka iyo suugaanta lagu soo bandhigo waqtiyadii uu dhalinyarada ahaa, mar walbana waxaa uu ahaa mid ka muuqdo goobaha damaashaadka aroosyada iyo ciidaha, taa waxay gaarsiisey in loo arko inuu yahay abwaan cusub oo aan ka maarmi masraxa dhaqanka iyo fanka lagu soo bandhigo, wixii markaa ka danbeeyey waxaa uu ahaa Laashin Axmadey mid suugaantiisa tix iyo tiraabba ay ka muuqdaan golayaasha lagu kulmo.

Haddii sannadkii 1972 kii uu u ahaa Laashin Axmadey mid uu shaqo badan qabtey isaga oo ku cusub masraxa fanka iyo dhaqanka, gaar ahaan safarradii shaqo ee gudaha dalka iyo dibaddiisa, taa uu la wadaagey kooxdii Waabari ee uu ka mid ahaa sida aan horey u soo tilmaamney, taa macnaheeda ma aha in ay safarada shaqo ay intaa ku ekaayeen, ee waxaa iyana jirey xiriir joogto ah ee ka dhexeeyey dalka Soomaaliya iyo caalamka ee ku aaddan dhanka fanka, hidaha iyo dhaqanka xilliyadii toddobaatameeyadii gaar ahaan wadamada Hantiwaaga ah ee xulufada la ahaa Middowgii Soofiyeed.

Safarada shaqo ee kooxdii Waabari ee uu Axmadey ka mid ahaa qabteen waxaa ka mid ahaa safarkii ay ku tageen dalka

- Ugandha xilligii uu maamulka hayay Marshaal Xaaji Iidi Amiin Daada sannadkii 1974 kii.
- Itaaliya oo ay isla sannadkaa safar ku tageen ka dib markii ay casumaad ka heleen xisbigii Shuuciga ee talada wadankaa gacanka ku hayey.
- Brundi, Gaaboon, Za'iir, Zambiya, Tanzaniya, Ugandha iyo wado kale oo ay safar ku tageen sannadkii 1975 kii.
- Isla sannadkaa waxay soo booqdeen wadamada ay ka mid yihiin Kongo Barazabil iyo Ugandha.
- Sannadkii 1976 kii waxay safar ku tagey Axmadeey isaga oo ka tirsan kooxdii Waabari wadanka Musanbiig si ay ula qeybsadaan dabaaldagga xurnimada uu qaadanayey wadankaa.
- Billowgii sannadkii 1977 kii waxay safar ku tageen dalka Neejeeriya oo ay kaga qeyb galeen dabaaldagyadii dhaqanka Afrika.

Hal-abuurka riwaayadaha iyo Axmadey:

Laashin Axmadey waxaa uu ka mid yahay abwaanada Soomaaliyeed oo ay yar tahay in ay kulansadeen curinta gabay, geeraar, hees iyo riwaayad, isla markaana shiribka u sameeya ciyaaraha hidaha iyo dhaqanka. Sidoo kale waxaa uu Axmadey ka mid yahay abwaanada kulansaday iney ku tiraabaan lahjadaha dalka Soomaaliya badankood, arrinkaana waxay u baahan tahay baaritaan qoto dheer in lagu sammeeyo.

Dadka daneeya suugaanta Soomaaliyeed ee casriga ah waxay ka wada dharagsan yihiin in Laashin Axmadey uu kaalinta hore uga jiro hal-abuurka murtida iyo madadaalada oo lagu soo bandhigo masraxyada iyo goobaha ay dadweynaha ku kulmaan, si ay firiinta abwaanka u gaarto dadweynaha, iyada oo xanbaarsan madadaalo iyo murti gaamurtey. Marka loo sii fiirsado riwaayadihii Axmadey sammeeyey intii u dhexeysey 1975 – 1988 kii, waxaa muuqaneysa in Laashinku mar walba doodiisa la xiriirtey ku dhax rafashada arrimaha bulshada goaar ahaan arrimo xasaasi ah isla markaana xanbaarsan dhibaatooyin dhaawaca bulshada una baahan in la muujiyo dabadeedna la raaciyo daawada iyo sidii loogu heli lahaa xal waara oo daawo u noqda dhibaatooyinka bulshada ku dhex faafa, sida:

- Quursiga iyo yasmada
- Qabyaaladda iyo isir sooca
- Baaseesiga iyo faalalowga
- Xasadka iyo kale geynta ummadda
- Hor istaagga guurka iyo yegleelka qows
- Khiyaanada iyo isdabamarinta
- Musuqmaasuqa iyo laaluushka
- Iwm

Riwaayadihii uu samaaeyey Axmadey oo aad u badan waxaa ka mid ah:

- Jacaylkii Luul iyo Layla, 1975 kii.
- U samir ama ka samir, 1975 kii.
- Cudur iyo caashaq kee culus?, 1976 kii.

Riwaayadaa lama dhigin laakiin waxaa aad u faafay heesaheedii, sababtana waay ahayd wadanka oo galay dagaalkii aanu kula jirney dalka Itoobiya, waxaana markii ugu horeysey masraxa lagu daawaday sannadkii 1985 kii.

- Guur waa nasiib ee gacal ha boobin, 1978 kii.
- 15 kii Shumey, 1979 kii.
- Guurka maxaa gadaal u dhigey? 1980 kii.
- Warbixintii Jacaylka, 1981 kii.
- Libintii guurkeyga libaaxaa laqay, 1982 kii.
- Shamaala yaa sheegan kara?, 1983 kii.
- Galladdii Jacayka adigaa gudan waayey, 1984 kii.
- Kibirkii beertaa karfan saaray jacayl, 1987 kii.
- Shan u yar ha ii sheegin, 1988 kii.

Wixii markaa ka danbeeyey waxaa Axmadey u muuqatey in dalku uu galayo mugdi iyo jahwareer niyaddiisana ma aysan daganeyn, sidaa darteed wax soo saarkiisa suugaaneed ma uusan fiicney, waxaana dhacay wixii dad badan ay maleenayeen oo dowladnimadii dalka ayaa burburtey waxaana dhacay kala haad iyo jahwareer meel kasta gaarey. Laakiin markii ay dowladnimadii dub u soo noqotey ka dib dhirkii Carta ayaa abwaan Laashin Axmadey soo rogaal celiyey, isagoo wax soo saarkiisa tix iyo tiraab ay u badnaayeen dhinaca nabadda iyo diinta xoojinteeda, waxaa uuna sammeeyey dhowr riwaayadood oo ay ka mid ahaayeen:

- Nabad geli dadkaaga aad nabadgashidee, 2002 kii.
- Xusuustaa ma xariirsho, 2005 kii.
- Shirka ligligow nabad sheeg, 2006 kii.

Waxaa lagu soo bandhigay riwaayadaa iyada oo maqal ah raadiyo Shabeele.

Qarax iyo qax

Intii uu ku jirey hanuuninta iyo ku baaqidda nabadda iyo xasiloonida waxaa uu Laashin Axmadey la kulmey qaraxii lagu beegsaday xarunta golaha murtida iyo madadaalada ee Tiyaatarka qaranka 4 tii abriil sannadkii 2012 kii, halkaas oo ay ku dhinteen dad badan , qaar kalane ay ka soo gaartey dhaawacyo culus, Axmadey waxaa uu ka mid ahaa dadkii ku dhaawacmay qaraxaas oo ay geesteen argagaxiso isku qarxiyey meeshaa.

Dhaawaca Laashin Axmadeey waxaa uu u baahday in dibadda loo caato, dabadeedna waxaa uu u soo qaxay dalka Norway oo uu illaa iyo waqtigaan u ku nool yahay.

Kaalinta Axmadey ee dhaqanka iyo suugaanta ee qurbaha:

London, 2021, Somali week festival

Laashin Axmadey waxaa uu ka mid noqday bulshada Soomaaliyeed ee ku dhaqan waqooyiga Yurub gaar ahaan dalka Norway, waxaa uu si rasmi ah u degen yahay magaalo lagu magacaabo Drammen oo magaalo madaxda Oslo u jirto 45 km. Wuxuu Axmadey mu'adin ka yahay masaajidka magaalada oo lagu magacaabo masjidka Abuubakar al Sadiiq.

Meesha kama marna in Axmadaey uu bulshada Soomaaliyeed ee dalka Norway iyo Yurub inteeda kale la wadaagaa dareenkooda, damaashaadka iyo farxadda, mar walbana waxaa kaalin mug leh ka qaataa soo bandhigidda dhaqanka iyo suugaanta Soomaaliyeed, gaar ahaan suugaanta koofurta dalka.

Waxaa uu ka qayb qaataa kulamada suugaaneed iyo kuwa dhaqanka, isagoo marar badan booqasho ku tagey wadamada ay ka mid yihiin Ingiriiska, Sweden, Swizerland iwm.

Axmadey iyo soo dhaweyntii London 2019

Qof ahaan waanu labadeena ka qeyb galney kulankii dabaaldegga toddobaadka dhaqanka Soomaalida ee London oktoobar sannadkii 2021kii, halkaa waxaa uu Laashin Axmadey ku soo bandhigey sooyaalkiisa suugaaneed qaar ka mid ah taa oo aad iyo aad looga faa`iideystey.

Waxaan qabaa in shakhsiyadda Laashin Axmadey oo kale ay u baahan tahay baaritaano qoto dheer iyo iney qalinka u qaadaan dadka u dhuul daloola dhaqanka iyo suugaanta Soomaaliyeed.

Mar aanu qayb kawada ahayn bandhiggii toddobaadka Soomaalida ee London (Somali week festival) ee oktoobar sannadkii 2021 kii oo ay qaban qaabisay hay`adda Kayd Somali Arts and Culture waxaa ii muuqatey aqoonta iyo khibrada Axamadey ee baaxadda weyn in ay u baahan tahau mar kale in dib loogu noqdo oo la falanqeeyo, taana waxaa ila wadaagey inta badan ka soo qeyb galayaashii kulanka ee aqoonyahanka ahaa, durbadiina waxaan ogaaday in qoraa Boodhari Warsame uu gacanta ku hayo barnaamij qoral ah oo lagu muujinayo sooyaalkii suugaaneed ee Laashin Axmadey gaar ahaan dhanka riwaayadaha.

Axmadey iyo Somali week, London

Mustafe Shiikh Cilmi Sooyaalkii suugaaneed iyo Sweden

Mustafe Shiikh Cilmi waa abwaan, gabyaa iyo qoraa ku xeel dheer suugaanta Soomaaliyeed oo tix iyo tiraabba leh, muddo badanna ku jiray masraxa oo ka mid ahaa bandhigayaasha dhaqanka iyo suugaanta oo u hiilan kobcinta iyo faafintiisa, ugu danbeyntiina u soo qaxay dalka Sweden ka dib dagaaladii sokeeye, walina aan ka daalin talo bixin iyo guubaago uu la daba joogo bulshadiisa Soomaaliyeed.

Abwaan Mustafe Shiikh Cilmi waxaa uu ku soo barbaaray gurigii waalidkii oo isla yaraantiisaba waxaa la geeyey cugsi Quraan markii uu waalidkii la jeclaaday inuu Diinta barto, maxaa yeelay waxaa uu aabihii rabay inuu si fiican ciinta u barto wiilkiisa gaar ahaan Quraanka, taana ma aha wax lala yaabo maadaama uu aabihii Shiikh Cilmi uu ahaa nin ciinta ku xeel dheer. Waxay ahaataba uma suuro galin inuu Mustafe dhammaystiro Quraanka.

Mustafe waxaa uu isla yaraantiisa u wareegey dhanka suugaanta iyo hidaha iyo dhaqanka Soomaaliyeed oo uu xiiso badan u qabay. Waxaa uu sheegeyna in yaraantiisa uu kor ka xafidin jiray maansooyinkii Soomaaliyeed ee ay mariyeen abwaanadii ka horeeyey sida: Sayid Maxamed Cabdulle Xasan, Qammaan Bulxan, Salaan Carrabay, Cali Dhuux, Iwm.

Shaqo ahaan waxaa uu ahaa Dawaarle oo ku shaqaysta dhalinyaranimadiisa makiinada dharka tosha ee Qarqaanka u yaqaanaan dadka qaarkii.

Markii Soomaaliya ay dowladnimada qaadanaysay oo Calanka Soomaaliya la saarayey waxaa uu joogay magaalada Gaalgacyo oo uu ka ahaa Dawaarle, markaa ayuuna si fiican ugu baxday suugaanta Soomaaliyeed oo leh tix iyo tiraab, waxaa uuna isla maalmahaas sammeeyey barnaajim loogu dabaal degayo xurnimada dadka Soomaaliyeed ay heleen.

Laga billaabo 1960 kii ilaa iyo sannadkii 1970 kii waxaa uu aad u danayn jirey maansada iyo wixii soo raaca, laakiin wixii ka danbeeyey sannadkii 1970 kii waxaa uu u go`ay fanka iyo suugaanta waxaa uuna ku biiray hoboladii Qaranka ee Waabari.

Qaabka uu u soo bandhigo abwaanka suugaantiisa (Tixda):

Waxaa la wada og yahay in curiyaha suugaanta uu wacyigiisu aad u sareeyo lana jaan qaada mar walba xaaladda iyo daruufaha ku wareegsan, sidaa darteed abwaan Mustafe Shiikh Cilmi maadaaba uu la kulmey burburkii dowladnimada Soomaaliyeed iyo wixii ka dhacay dalkeena ayaa mar walba waxaa uu la jaan qaadayey heerka iyo xaaladda dadka iyo dalku marayey, isaga oo ka gubanaya wixii ka dhacayay wadanka Soomaaliyeed gees ka gees haba kala darnaadeenee ayuu si xanaaq leh oo aan caadifad ku jirin mariyey tix uu ugu magac darey " DILA", waxaana abwaanka u muuqatay in daawada ay ku jirto dhaga hadal iyo waran waran ku taag, sidaa darteed ayuu wuxuu tiriyey maanso aad u kulul oo uu doonayey inuu dareenkiisa ku cabiro

waxa socda iyo sida xaaladu tahay, taana waxay run ahaantii dhalisay doodo soo noqnoqday oo furo u noqday waxyaabo badan oo ay ka mid tahay in lays weydiiyo ereyada kul kul ee uu abwaanku ku dhawaaqay iyo waxa ku kalifay. Tixdii abwaanku tiriyeyna waxay u dhacday sidatan:

- Dila
- Soomaaliyeey taladiina DILA,
- Docnaba uma dhaafsanee,
- Waxaad aragtaanba dila,
- Miyaa dawo lagu helaa,
- Ninkii hore aado dila,
- Hadduu dib u harana dila,
- Hadduu doc u leexdo dila,
- Hadduu dowlad sheego dila,
- Hadduu diin wadana dila,
- Sajuudda ku daaha dila,
- Ka dara oo xishoodka dila,
- Dumarka dhulka xaaqi dila,
- Ardada iskuulaadka dila,
- Islaan canug duudsan dila,
- Middii dihaneysa dila,
- Horeba waa loo dilee,
- Ninkii duunyo heysta dila,
- Hadduu dibjir yahayna dila,
- Hadduu daarta korana dila,
- Hadduu soo degana dila,
- Hadduu duub yahayna dila,
- Hadduu doctor yahayna dila,
- Midkii wax daweeya dila,
- Wixii wax ogaada dila,
- Intaan wax ogeyna dila,
- Ogaalka naftiisa dila,
- Si aan waxba loo ogaan.

- Hadaad sidaas doorateen,
- Is dila isdaayaa ka wacan,
- Dagaalka aad sii wadaan,
- Dadku waa dhamaanayaa,
- Dalkuna waa wareegayaa,
- Waxaana soo dagi dad kale,
- Digniin idin siiyayoo,
- Dardaaranna iima harin,
- Haddiise aad diidan tihiin,
- Waxaad aragtaanba dila,
- Xitaa idinkoo dhan is dila.
- Sun Waraabe loo qooshay

Gabayada abwaan Mustafe Shiikh Cilmi waxaa ka mid ah tix gabay ah oo uu ugu magac daray abwaanku " Sun Waraabe loo qooshay ". Waa gabay talo iyo digniinba xanbaarsan.

Ergo Soomaal

Suugaanta Mustafe waxa ku jira gabay uu ugu magac daray «Ergo Soomaal» oo jawaab u ahaa niman suugaanyahan ahaa oo waagii madaxweyne Maxamed Siyaad Barre dalka maamulayey curiyey maanso ay ugu magac dareen»Ergo Daarood, abwaanka oo silsiladaa ka qeyb qaadana ayaa gabaygaa tiriyey isagoo ka digaya faquuca bulshada walaalaha ah oo aan kala maarmin iyo in fidnada aan la garab siinin.

Waxaa xaqiiqo ah in gabayada Mustafe Shiikh Cilmi waxaa uu tiriyey maansooyin dhowr ah oo ay adag tahay in la tiro koobo, laakiin haddii aanu xoogaa ka tilmaamno waxaa ka mid ah:

- Jahli
- Aqligoodu ma dhaafo
- Bulsho doqona
- Ciribtir
- Arad
- Musiibo
- Cariish
- Talo iyo tusaale
- Jinni iyo Insi, iyo kuwo kale.

Waxaa kale oo jira suugaan uu ciriey abwaanku ka dib markii uu qurbaha yimi gaar ahaan dalka Sweden, oo uu talo iyo tusaalaba ku siinayo bulshada Soomaaliyeed mmel ay joogtaba, ujeedada uu uga danlahaana waa isag oo doonayey in uu la wadaago dadkiisa xanuunka jira iyo meesha ay taladii dalka iyo dadka aaday. Tusaale ahaan waxaa uu tiriyey maanso xanbaarsan xikmad iyo talo bixin, waxaa uu ku yirina:

- Soomaaliyeed aqligeenii waa guray
- Gaawihiisii baa jabay
- Ma gu`yaal soddon ah
- Baan gowrac isku haynaa
- Oo isku gumaad ku jareynaa
- Soomaaliyeey gumownay
- Giyigeenii bi`inay
- Sharafkeenii gubayay
- Goob cidla ah istaagney
- Dhiigeenii gasleeyey
- Gu gumaa ka naaxay
- Sidii ariyo weer galay
- Goshonkeenii yaacyay

- Gedigeed adduunyada
- Afarteeda geesood
- Gabaldhac iyo waabari
- Meedkeenii isgod yaaliin
- Bab gig weeye iyo miiniyo
- Madfac nalagu gami iyo
- Qax iyo barakac gaajiyo
- Tahriib baa na gaasiray
- Goortii ay ogaadeen
- Goobta maanta aanu naal
- Cadowgeen gur baan iyo
- Gabley iyo ciyaar tumay
- Farxadbay isu gadaftoo
- Qosolbow u galgalanoo
- Gows dambeedka muuqdee
- La go`yeey
- Meeshaan gaarney fogaa
- Go`nayeey
- Waxa na geeyey xumaa
- Qabiil lagu gabraartoo
- Nin danlihi ku gaatoo
- Wax gal iyo nacfi lahayn
- Garaadkeenii lumiyayoo
- Maskaxdeen garooftaye
- Gaal leex afweyn iyo
- Tuuri gararac leysaa
- Gundhiyo beerka
- Wadnaha iska gelinaye
- Geeri go`an cidla iyo
- Gole laga hayaamoo
- Beri reer ka guureen

Kaligeen galgalanayee
Gaadiid ma leh diyaarado
Markab gooshayana ma leh
Geel ubidiisii

Runtii gabayga oo dheer aadna u qaayo iyo qiiro badan waxaa uu abwaan Mustafe Shiikh Cilmi ku soo gunaanudayaa ereyada ah:

- Soomaaliyeey is garabsada
- Waxaad kala gasheen beri
- God qoda oo ku tuura
- Soomaaliyeey is garabsada
- Gabaygii Jinni iyo Insi

Xaalada adduunka galay ka dib cudurka Karoona ayaa wuxuu tiriyey abwaanka gabay uu kula hadlaayo bulshadiisa, gabaygiisana waxaa uu ugu magac daray Jinni iyo Insi.

Suugaantaa baaxada weyn ee leh tix iyo tiraab oo uu curiyey Abwaan Mustafa Shiikh Cilmi la yaab ma leh markii la eego meesha uu ka soo jeedo, waayo waxaa uu u leeyahay hido oo awoowayaalkii ayaa ahaan jiray abwaano ku xeel dheer suugaanta qeybaheeda kale duwan.

Heesaha:

Waxaa xusid mudan in suugaanta Mustafe aysan ku ahayn oo kaliya gabayga iyo geeraarka, belse waxaa kale oo jire heeso isugu jira wadi, Jeceyl iyo guubaabo, kuwaana waxaa ka mid ah:

- Carsaanyo Bileed, heesaha hirgeley ayuu ku galay.
- Heestii waa lagu kufaa lagu kala jabaa kibirkaa.

- Heestii uu tiriyey kuna luqeeyey ee "Madaxweyne Kol Idhaha"

ee uu ka qaaday shirkii dib u heshiisiinta ee magaalada Carta ee dalka Jabuuti ayaa waxay ka mid ahayd suugaantiisii uu ugu talo galay wacyi galinta bulshada Soomaaliyeed si ay caqabadaha horyaal ay u xalliyaan iyo dhibka siyaasadeed meesha uu kaga yimid iney tahay oo kaliye sadbursi iyo kursi jeceyl nin ahay oo dadka sida xaabada u adeegsanaya.

- Ka qeyb qaashada kulamada dhaqanka iyo suugaanta

Dadka Soomaaliyeed kama qarsooney sooyaalka suugaaneed ee ku duugnaa abwaan Mustafe Shiikh Cilmi, sidaa darteed marar badan ayaa lagu casumey dhowr madal oo ay Soomaalidu kaga arinsanayeen danahooda gaar ah, marka la yaab ma leh in abwaanka muddadii uu degenaa dalka Sweden lagu casumey oo uu hormood ka noqdo kulumada ay dadweynaha Soomaaliyeed isuga yimaadaan gaar ahaan kulamada dhaqanka, diinta iyo suugaanta. Abwaanku waxaa uu dareemayay baahida loo qabo in dadka ay isku tiirsadaan oo ay boorka ka jafaan dhaxalkooda si uusan u duugoobin iyo in ay faca soo socda ee qurbaha ku barbaaray ay u helaan wax ay hiigsadaan iyo dar ay ka cabaan dhaqankii iyo suugaantii ay asal ahaan ka soo jeedeen. Sida darteed inta badan martiqaadyada loo soo diro abwaan Mustafe waa uu soo dhaweyaa si uu u gudo waajibka qof ahaan ka saaran dhaxalka iyo hantida ummadda Soomaaliyeed intii awoodiisa ah.

Waxaa la oran karaa waa midda ka yeeshay abwaanka in uu weli curiyo maansooyin uu talo iyo tusaalaba ku bixinayo sidii xummaanta looga fogaan lahaa hurumna loo gaari lahaa, si dadka Soomaaliyeed ee qurbaha ku nool ay u hiigsadaan dadyowga kale ee la midka ah.

Kulamada uu kala qeyb qaatay abwaanka bulshada Soomaaliyeed ee ku dhaqan dalka Sweden waxaa ka mid kulankii dabaaldegga maalmaha dhaqanka iyo suugaanta Soomaalieed ee lagu qabtey magaalada Stockholm ee caasimadda Sweden 1-4 disember sannadkii 2006 dii, kulankaa waxaa kale oo ku lammaanaa oo wehliyey kulanka woqooyiga Yurub ee dabbaaldegga toddobaadkii Soomaalida (Nordic Somali week festival), waxaana lagu qabtey xarunta Kista Träff ee magaalada Stockholm ee uu marti geliyay Machadka sare ee Kista (Kista Folkhøyskola). Madashaa waxaa lagu soo bandhigay dhaqan, suugaan iyo buugaag oo ay dheer tahay dood – wadaag lagu gorfeenaya dhaqanka iyo suugaanta Soomaaliyeed. Abwaan Mustafe door weyn oo kaga aadanaa kulankaa ayuu ka qaatey.

Buugii Mustafe:

Abwaan Mustafe Shiikh Cilmi dadaalo badan ayuu ku bixiyey inuu bulshadiisa Soomaaliyeed meel ay joogtaba la wadaago hibada uu Illaahay siiyey, iyadoo tix iyo tiraabba leh. Haddii markii hore lagu bartey abwaanka in suugaantiisa ay ahayd dhanka maansada oo lahayd gabay iyo geeraarn, hees iyo heelo, sheeko iyo sharaxaad, waxaa u soo baxday in uu qalinka ku duugo qaar ka mid ah sooyaalkiisa suugaaneed gaar ahaan maansooyinkii uu curiyey wixii ka dabneeyey dagaaladii sokeeya ee ka dhacay Soomaaliya, waana midda

Dal masiibo dabbaashay dareen hoy u ahaaday

Abwaan Mustafe Shiikh Cilmi waxa uu buugiisaan soo baxay 2012 kii, waxaa uuna ku qeexayaa waaya-aragnimadii uu kala kulmay Soomaaliya sannadihii u dhexeeyey 1978-2011kii. Abwaanku buugiisa waxaa uu u soo bandhigaya oo uu u sameeyey qaab gabayo, weero, sheeko gaaban iyo sawiro tusaale ah. Waxaa uu abwaan Mustafe halkaan ka dirayaa dhambaal guud oo ku aadan in Soomaaliya ay weli tahay dal ay dhibaatooyin ka jiraan, loona baahan yahay iney isgarato oo la joojiyo dhibaatada, lagana soo horjeesto dadka dhibaatada wada.

Waxaa xusid mudan in abwaan in suugaanta Mustafe Shiikh Cilmi oo dhan aan lagu soo koobi karin buug qura oo ay ka baaxad weyn tahay in buug kaliya lagu soo koobo marka loo fiiriyo mudada dheer ee uu ku jirey masraxa fanka iyo hibada durugsan ee uu Illaahey siiyey, balse buuggu uu yahay qeyb ka mid ah hibadiisa suugaaneed oo tix iyo tiraabba leh. Waxaa kale oo mudan in la tilmaamo in buuggani aysan ku jirin suugaantii ka hadleysey jaceylka iyo waddaniyadda ee uu ku taag taagsaday abwaanka, laakiin buuggu uu ka hadlayo dhacdooyinkii soo marey dalka wixii ka dambeeyey 1978 kii iyo wixii uu abwaanku ka tiriyey maanso ah oo ku qotoma aragtidiisa qof ahaaneed iyo dareenka suugaaneed ee uu xanbaarsan yahay abwaanka.

Sababta ku kaliftey in abwaan Mustafe Shiikh Cilmi uu qoro buug isaga oo ka hadlaayo waxaa uu yiri: "Maadaama uu dalkii ku dhacey burbur xoog leh in ka badan labaatan sano aysanna jirin meel keydisa suugaanta Soomaaliyeed ayaa waxaa lagama maarmaan ila noqotey in aan qoro buugaan waxaana la sugaayey waqtiga ugu habboon oo hadda ayay noqotey fikraddana waxa igu caawiyey dad badan".

Cabdillaahi Diiriye Guuleed (Caraale)

Cabdullaahi Diiriye Guuleed oo ku magac dheer Caraale waa aqoonyahan, macallin, qoraa, abwaan heley miisaanka maansada Soomaaliyeed, dadaal badanna ku bixiyey sidii uu u horumin lahaa arrinkaa intii uu ku ku noolaa dalka Soomaaliya ilaa goortii uu u soo wareegey dalka Danmark, isagoo dadka Soomaaliyeed ee degen dalalka laysku yiraahdo Iskaandaneefiya (Scandinavia) la qeybsaday aqoontiisa marar badan oo uu kala qeybgaley kulimadooda dhaqanka iyo Suugaanta.

Cabdullaahi Diiriye

Cabdullaahi Diiriye Guuleed waxaa uu sannadkiii 1945 kii ku dhashay duleedkeedka dagaanka Gaashaamo ee dhulka Soomalida oo ay Itoobiya haysato ahna meel daagsinka ku fiican, waqtigaana waa markii la degey degaanka Gaashaamo. Waxay ahaataba degaankaa ayuu Cabdullaahi Diiriye Guuleed (Caraale) ku bartey Quraanka kariimka oo uu ku dhammeeyey, dabadeed waxaa la geeyey iskuul ku yaala degmada Oodweyne ee ka tirsan gobolka Togdheer sannadkii 1958 kii, halkaa ayuuna kaga baxay dugsiga hoose iyo dhexe.

Sanadkii 1965 kii waxaa uu ku biiray iskuul lagu tababari jirey macallimiinta oo ku yiiley inta u dhexeysa magaalada Muqdisho iyo degmada Afgooye ee Lafoole oo berigaa la oran jiray National Teachers Education Center (NETC), waxaa uuna qalin jabiyey sannadkii 1968kii.

Muddo seddex sanadood ka dib waxaa uu ku guugleystey shahaadada sare ee dibloom (diploma), waxaana markaa qasab looga dhigey iney soo shaqeeyaan labo sanadood oo macallin ka noqdaan dugsiyada dalka, gaar ahaan dugsiga sare ee la oran jiray Village arab girsl's school,

Sanadku markuu ahaa 1968 kii ayaa waxaa iskuulkii uu dibloomka ka qaatay waxaa loo bedelay heer jaamacadeed, waxaana la abuuray kulliyadda tababarka macallimiinta ee Lafoole, Cabdullaahi Diiriye Guuleed waxaa uu ka mid ahaa ardadii ku biirtay kulliyaddaa, waxaa uuna ka qalin jibiyey halkaa sannadkii 1974 kii isagoo ku soo takhasusey maadada Ingiriiska, waxaana xusid mudan in waqtigaa ay jaamacadda Lafoole isku soo gaareen oo ay isku waqti ahaayeen rag ay ka mid yihiin:

Faarax Abokor Kheyre (Faarax Askari)
Cismaan Aadan Iimaan
Maxamed Xaashi dhamac (Gaarriye)
Cabdi Axmed Xuseen (Ina aw Hawd)
Axmed Aadan Axmed

Cabdullaahi Diiriye Guuleed markii ay waxbarashaa u dhammaatey dabadeed waxaa uu ku shaqeeyey oo uu ahaa macallin dugsiyada sare dhiga gaar ahaan waxaa uu shaqadii ugu horeysay ka billaabey dugsiga sare ee Sayid Maxamed Cabdulle Xasan ee ku yiilay magaalada madaxda gobolka Shabeelada hoose ee Marka.

Sannadkii 1977 kii waxaa loo magacaabey macallin wax ka dhiga jaamacadda Ummadda gaar ahaan kulliyaddii Lafoole , waxaana uu ka tirsanaa qeybta afka Soomaaliga.

Sannadkii 1980 kii waxaa uu prof Cabdullaahi Diiriye Guuleed (Caraale) ka mid noqdey macallimiin afar ah oo loo direy iney waxbarasho shahaado sare oo takhasus ah ka soo qaataan jaamacadda Kalifoorniya (California) ee ku taalay magaalada Loos anjalos (Los Angeles) ee dalka Mareekanka, labada jaamacadoodna waxaa ka dhexeeyey wada shaqeyn iyo isweydaari aqooneed.

Cabdullaahi waxaa uu halkaa joogey muddo labo sanadood ah oo uu ku guuleystey shahaadada labaad ee Masterka (Masters degree).

Markii prof Cabdullaahi Diiriye uu soo gabagabeeyey waxbarashadiisii ku aadaneed marxaladda shahaadada Masterka waxay ay ahayd in uu dib ugu laabtaa dalkii Soomaaliya oo uu meeshaa howshii macallinimadiisii sii wataa, laakiin daruufo jiro awgeed uma aysan suuro galin inuu ku laabto dalkii ee waxaa uu ku hakadey dalka Isutagga Imaaraadka gaar ahaan magaalada Abuu Dabay oo uu ka noqday macallin dhiga luqadda Ingriiska kulliyada Al Taanii al Caskari ee Cayn halkaas oo uu ka shaqeynayey muddo 19 sano.

Wixii ka dambeeyey 2001 kii waxaa uu Prof Cabdullaahi Diiriye Guuleed u soo wareegey dhanka qaaradda Yurub gaar ahaan dalka Danmark oo ugu danbeyntii ku nagaadey.

Cabdullaahi Diiriye (Caraale) kama

uusan joogsan inuu horey u sii wado dadaaladii uu ugu jirey horumarinta afka iyo suugaanta Soomaaliyeed oo uu soo billaabey isagoo ardey ka ah kulliyaddii waxbarashada ee Lafoole, markaa uu ku mashquulsanaa in ay suugaanta Soomaaliyeed qeybaheeda kale duwan ay la jaan qaado suugaanada kale ee adduunka ka jira, gaar ahaan sidii loo heli lahaa miisaanka maansada Soomaalida qeybaheeda kale duwan.

Haddii uu Cabdullaahi intii uu joogey Soomaaliya oo uu marna wax ka baranayey marna macallin ka ahaa uu waqti iyo maskax badan geliyey inuu helo miisaanka iyo gododka ama badaha maansada Soomaaliyeed, markii uu qoraaga yimid dalka Darmark waxaa uu meesha ka soo wadey sidii uu u adkeyn lahaa arrinkaa, isla markaana uu u horumarin lahaa, dabadeedna uu wax dhaxal gal ah ka soo saari lahaa oo ay ummadda Soomaaliyeed meel ay degtaba ay u aayi lahayd.

Raadinta miisaanka maansada Soomaaliyeed:

Mar uu ka hadlayey abwaan Cabdullaahi Diiriye Guuleed goorta iyo sababta ku bixiyey iuu ku fikiro baaritaanka miisaanka maansada Soomaaliyeed waxaa uu tilmaamey in sannadkiisii labaad ee jaamacadda ay aheyd ka dib markii loo dhigey sida loo miisaamo gabeyga Ingiriisiga, meeshaana waxaa kaga dhashey raadinta miisaanka gabayga Soomaaliyeed, maadaama uu ahaa nin dhadhansada kuna xeel dheer suugaanta Soomaalida.

Runtii la yaab ma laha in ay maskaxdiisa ka guuxaan arrimahaan oo kale, waayo waxaa uu ka soo jeedey qoys ku xeel dheer maansada oo ay ugu horeyso gabayga, gaar ahaan Cabdullaahi aabihiis Diiriye Guuleed oo ahaa gabyaa loo aqoonsanaa inuu yahay abwaan , kuna caan baxay ka qayb qaatay maansooyinkii taxanaha ahaa ee Silsida Xaydha.

Buugga Miisaanka Maansada Soomaaliyeed:

Buuggaan waxaa uu ka mid yahay buugaagta ugu muhimsan ee laga qorey suugaanta Soomaaliyeed, waxaana la oran karaa waa buug irridda u faraya in ay aqoonyahayka daneeya suugaanta ay dib u soo jaleecaan dabadeedna wax ku soo kordhiyaan dadaalada xoogan oo uu sameeyey qoraa Cabdullaahi Diiriye Geedi (Caraale). Buugga asal ahaan waxaa ku jawaab ka bixinayey su`aalo uu siweydiin jirey qoraaga intii uu jaamacadda dhiganayey taa oo ku aadaneyd sidee loo helaa ama loo gaaraa miisanka maansada Soomaalida ka dib markii qoraaga uu fahmay miisaanka maansooyinka ummaddaha kale sida Ingiriiska iwm.

Daraasad iyo indho indheyn uu

qoraagu ku sameeyey 10 kun oo meeris oo gabayo ah markii uu isbarbardhigey isla markaana isweydiiyey maxay meerisyadaa ka siman yihiin ama ay ku kala duwan yihiin, dabadeedna waxaa u soo baxday inuu gaaro miisaanka maansada Soomaalida ay ku fadhido, ka dib markii uu isku celceliyey dhiiro dheeraadna u yeeshay gododka ay u dhacayaan maansooyinkaa uu uruuriyey, waxaana meesha uga soo baxday miisaan ay ku socoto maansadeena. Buugga waxaa uu soo saarey qoraaga markiisii ugu horeysay sannadkii 1976 kii, waxaana lagu dhigi jirey jaamacadda isagoo ku garaacan ama ku qoran makiinad ama habka teebka loo yaqaan, laakiin markii ugu horeysay waxaa la daabacay buugga sannadkii 2013 kii.

• Gorfeynta Gabayga

Waxaa uu qoraaga soo saarey buugaa sannadkii 1975 kii, waxaana laga wareegtey waqtigaa jaamacadda ummadda Soomaaliyeed, isla markaana waxaa lagu abaal mariyey oo uu heley 10.000 shillin Soomaali.

• Gabaygeena miinsaan

Buugaana waxaa uu dhammeystiryey qoraaga sannadkii 1978 kii, waxaa isna uu ku wareejiyey jaamacaddii ummadda Soomaaliyeed isaga oo lagu abaal mariyey dadaaladiisa 10.000 shillin oo waqtigaas ahayd.

• Gibilxidh Miisaanka Maansada Soomaaliyeed

Waa buuggii saddexaad iyo gunaanadkii ee uu qorey abwaan Cabdillahi Diiriye Guuleed oo ku magac dheer (Caraale) oo uu ku eegayo Miisaanka maansada a Soomaaliyeed, kaasoo ah hab lagu lafo-guro laguna miisaamo maansada Soomaaliyeed. Qoraagu waxa uu buugiisa ku soo bandhigayaa gunaanadkiisii u dambeeyay ee ku saabsan mawduucan iyo waxqabadkiisii. Buugga waxaa lagu daabacay magaalada Stockholm ee dalka Sweden sanadkii 2014 kii.

Cabdillaahi Diiriye Guuleed waxaa uu ka mid yahay aqoonyahanada ku nool dalka Danmark ka dib markii uu ka soo qaxay dagaaladii sokeeye ee ka qarxay dalkii Soomaaliya.

Cabdullaahi Diiriye Guuleed wax is bedel ah kuma uu imaanin dadaaladii uu ugu jirey horumarinta afka Soomaaliga gaar ahaan dhanka suugaanta intii uu ku noolaa dalkii Soomaaliya, markii uu soo gaarey dalka Danmark waxaa u muuqatey in ay wali taagan tahay baahida loo qabo baaritaanada ku aadan afka iyo suugaanta Soomaaliyeed.

Ugu dambeyntii dadaalada aqooneed ee uu ka howlgalay Cabdullaahi Diiriye Geeleed oo ah miisaanka maansada Soomaalida ee uu heley waxaanu oran karnaa waxay soo martey heerar iyo marxalado kale duwan, taa oo kale ah:

Gorfeen oo uu gorfeeyey waxa uu

doonayo iyo masooyin dhowr ah oo uu is barbardhigey si uu u gaaro miisaanka maansooyinka

- Daah fur oo uu daah furey miisaanka maansada Soomaaliyeed ka dib markii uu sameeyey baaritaan iyo dadaalo dheeraad.

Soomaaliyeed.

- Gibil Xidh ku aadan soo gabagabeyn aqoontaas iyo halgankaas dheer uu u galay si uu u xaqiijiyo himiladiisa ku aadan helidda miisaanka maansada Soomaaliyeed.

Howshaan qiimaha badan ee uu isku direy qoraa Cabdullaahi Diiriye Guuleed (Caraale) ee ku aadan miisaanka maansada Soomaaliyeed, waxay aad u soo jiidatey bulshada Soomaaliyeed ee markaa la socotey dadaalada uu waday qoraaga, dadkaa waxaa ka mid ahaa abwaan Cumar Xaaji Aadan Cilmi oo markii uu ogaaday dhameystirka buugga Gorgaynta Gabayga iyo miraha ka dhashay dadaalada uu Caraale waday u tiriyey tix gaaban oo gabay ah oo la yiraahdo (Naaquud) isaga oo ku tilmaamayo dadaalkaa iyo howshaa ballaaran ee uu qoraagu ku guuleystey, kuna sheegayo in uu Caraale yahay hormoodka miisaanka maansada Soomaaliyeed oo uu doonta ka yahay naaquude, waana sannadkii 1975 dabayaaqadeedii iyaga oo magaalada Marka jooga, tixtii gabayga ahaydna waxay u dhacday sidatan:

- Naaquude duunidu nin ragi waa in lugu sheegye
- Waa u naaso dabcidaa halyey naafac ee garane
- Nacas iyo nafmaal liitabay talo ka noogtaaye
- Way naasibtaa ruux hadduu naari yahay aare
- Nabadaydu waa foojignaan lagu nawaalaaye
- Nasri waxay ku leedahay xidigis loo nuturiyaaye
- Niyad sami haddii lagu wadoo lagula noolaado
- Nalka iyo haddii lagula nimilo jidadka lowgiisa
- Oo loo nabaadiino xiro naafac kale dheere
- Inta nidir colaadeed qabtaa nabarna gaarsiine
- Ma nusqaanto geeduba haddaan niiq la maamunile
- Waa niibta gaadiidka iyo xulad nagoogaage
- Ha ka nuuxsan howlaha badmaax uma nuglaadeene
- Maansaduna yey noqan mid aan cidina nooleene

Jaamac Muuse Jaamac

Jaamac Muuse Jaamac waa ditoor haysta shahaadada PHD, qoraa, cilmibaare sare, tafatire, aasaasaha iyo gudoomiyaha Xarunta Dhaqanka ee Hargeysa, suugaanyahan, aalaaba ku howlan horumarka dhaqanka, suugaanta, afka iyo aqoonta guud ahaan.

Dr Jaamac Muuse Jaamac
© Xarunta Dhaqanka

Dr. Jaamac Muuse Jaamac waxaa uu ka mid yahay aqoonyahanada Soomaaliyeed ee qurbojoogta oo ku howlan dardar gelinta iyo kor u qaadida dhaqanka, suugaanta iyo afka Soomaaliga ha ahaato degaanada Geeska Afrika ama qurbaha gaar ahaan qaaradda Yurub. Inkasta uu Dr. Jaamac waayihii danbe uu u dhexeeyo Hargeysa iyo London, haddana dhaqdhaqaaqyadiisa ku aadan dhaqanka, afka iyo suugaanta waxaa ay ka muuqdaan meelo kale duwan oo ka mid ah dunida dacaladeeda oo uu mar kastaba goob joob firfircoon uu ka yahay bandhigyada buugaagta iyo dabaaldegyada aqooneed.

Jaamac Muuse Jaamac waxaa uu ku dhashay magaalada Hargeysa sanadkii 1967 kii, isla magaaladaa ayuu ku barbaaray waxna ka bartey gaar ahaan dugsiga hoose iyo dhexe.

Waxbarashadiisii sare qeybo ka mid ah waxay ahayd magaalada Muqdisha gaar ahaan jaamacaddii ummadda Soomaaliyeed oo uu ka bartey cilmiga xisaabta, ka dibna waxaa uu u dhoofay dalka Talyaaninga gaar ahaan jaamacadda Pisa oo uu ka bartey cilmiga xisaabta, ka dibna waxaa uu meesha ka sii watey waxbarashada qeybaheeda ugu sareeyo, waxaana u ku guuleystey inuu xaqiijiyo shahaada diktooraada ee PDH ka dib markii uu ka qalin jabiyey jaamacadda luqadaha ee universita degli Studi di Napoli (L Orientale) oo isla dalka Talyaaniga ah.

Intii uu deganaa dr Jaamac magaalada Pisa ee dalka Talyaaniga waxaa uu sameeyey cilmi-baaris ku aad ciyaaraha hiddaha iyo dhaqanka ee Soomaaliyeed iyo sidoo kale taariikhda xisaabta Geeska Afrika.

Intii uu deganaa qurbaha door weyn ayuu ka qaatay Jaamac horumarinta bulshada Soomaaliyeed ee ku nool qurbaha, isagoo mar walba la qaybsanayey bulshadiisa:

- dabaaldegyada iyo maalmaha farxada
- Bandhigyada buugaagta
- Kulamada dhaqanka iyo aqoonta
- Cilmi-baarista iyo dood-cilmiyeedyada
- Iwm.

Dhaqdhaqaaqyada iyo dadaalada dr. Jaamca waxaa mar walba ka muuqday in danta gaar ah ee uu leeyahay ay tahay horumarinta afka Soomaaliga, suugaanta iyo kor u qaadidda akhriska.

Xarunta Dhaqanka ee Hargeysa

Waxaa xarun dhaqan oo ujeedkeedu tahay horumarinta dhaqanka iyo suugaanta Soomaaliyeed, iyo in lagu kaydiyo taariikhda iyo ilbaxnimada Soomaalida degta Geeska Afrika. Waxaa kale oo ay xarunta dhaqanka xoogga saartaa uruurinta wixii la xiriira cayaaraha hiddaha iyo dhaqanka oo ay u dheer tahay uruurinta agabga guun ah ee la xariira dhaqankii Soomaaliyeed iyo hiddii soo jireenka ahaa. Xarunta dhaqanka aanu soo sheegnay waxaa iska kaashada oo ay ka wada dhexeysaa hay`adda badda Cas (Redsea Foundation) iyo Machadka lagu magacaabo Rift Valley, oo ay taageeraan Midowga Yurub.

Goobjooge la Mahdiyey

Waxaa uu dhibada u taagay dhowr gole oo aqooneed, waxaa uu hormood u noqday dhowr xarumo dhaqan iyo aqoonba leh, taa oo macnaheedu tahay in dr. Jaamac Muuse Jaamac uu dalaaladiisu ay ku ek yihiin oo kaliya qaban qabidda iyo ka qayb galga kulamada iyo dabaaldagyada dhaqanka.

Jaamaca waxaa uu lahaa fikraddii lagu taagay:

- Xarunta Dhaqanka ee Hargeysa
- Bandhigga caalamiga ah ee buugaagta Hargeysa
- Hay`adda Redsea Cultural Foundation

Waxaa intaa u dheer in dr Jaamca uu ka mid yahay goloyaal caalami ah sida:

- Cilmi-baarista Associate the Center of African Studies ee SOAS

Xaruntaa oo hoos timaada jaamacadd London, waxaa uuna ku biiray sanadkii 2019 kii.

- Cilmi-baaris sare oo ka tirsan qaybta Qorshaynta horumarinta Bartlett

(DPU) ee raacsan jaamacadda London (Universtity College London).

Abaalmarin caalami ah:

Dadaalada habeen iyo maalin uu u heelanaa aqoonyahanka waxaa dhab ah in aanan marna la gudi karin abaalkiisa, laakiin waxaa ummadaha caalamka ay sameeyaan waa dhiiro galin iyo aqonsi ku aadan dadaalada haldoorka bulshada. Jaamac waxaa oo ka mid noqday aqoonyahanadii loo gartey in lagu abaal mariyo dadaalada ku aandan kor u qaadidda horumarka bulshada dhinaca dhaqanka iyo jiridaanka bulshada Soomaaliyeed.

Qiimaha abaalmarinta waxay muuqanaysaa markii uu aqoonyahayka Soomaaliyeed uu si siman la wadaago aqoonyahannada kale ee adduunka, maxaa yeelay goobta lagu guddoonsiiyey dr. Jaamac abaalmarinta waxaa kale oo lagu siiyey oo helay abaalmarintaa oo kale sida:

- Alessndro Aiuti, cilmi-baaraha caafimaadka
- wariye Fabio Zavattaro, agaasimihii filimada Marco Pontecorvo
- Ballerina Simona Atzori
- Actor Alessandro Gassmann.

Hogaaminta dr Jaamac kuma ekayn oo kaliya arrimihii aanu soo tilmaamney oo kale, balse waxaa kale uu hogaamiye u noqday hay`adda dhaqanka badda cas ee ku taal Hargeys.

Jaamac waxaa ka mid noqday dadkii ku guulaystey in la siiyo abaalmarinta dhaqanka ee (Cultura della Solidarieta ee sannadkii 2014 kii oo lagu guddoonsiiyey xaflad si heer sare loo soo agaasimey 27 kii bishii september, xafladaa oo lagu qabtey magaalada Pistoia ee dalka Talyaaniga. Intii la ayna xaflada abaalmarinta dhammaanin waxaa guddigii qabanqaabada waxay ku bogaadiyeen Jaamac hawsha ku dayashada mudan ee uu ka qabtay kor u qaadista aqoonta, dhaqanka iyo cilmi-baarista.

Waxaa xusid mudan inaanu ogaano abaalmarinta aanu soo sheegney in uu aasaaskeedu lahaa aqoonyahanka lagu magacaabo Renzo Cosci, ula jeedka abaalmarintana waxaa lagu sheegey in noqoto dhiiro galin iyo in kor loo qaado wacyiga dhaqanka waxbixinta la xiriirta bulshada rayidka ah.

Buugaagta Jaamac:

Qoraa jaamac waxaa uu wax ku qoraa luqado kale duwan oo ay ka mid yihiin, Soomaali, Talyaani, iyo Ingiriisi, waxaa uuna wax ka qoraa oo uu xiiseeyaa ciyaaraha hiddaha iyo dhaqanka Soomaaliyeed oo uu heer sare ka gaarey dhanka waxbarashadiisii sare. Qoraalada dr Jaamac waxaa ka mid ah:

- Gobanimo Bilaash Maaha

Waa buug nuxur leh oo arrin aadanaha muhim u tahayna ka hadlaya, taa oo ah xurnimada qofka iyo bulshada. Qoraagu waxaa uu ka faaloonayaa halgankii u dhaxeeyey dad shacab ah iyo taliskii kacaanka oo xadgudubyo aad u daran kula dhaqaaqey bulshadii illaa uu degaankii bur burey, dadkiina qaxeen. Qoraagu isagoo ka hadlaya kobcinta gobanimada wuxu yidhi: " Waxa jira saddex arrimood oo qofka masuulka ahi ku xaq-dhawro sharciga isaga xidhaya, oo uu xilkiisa u guto, una kasbado rabitaanka ummadda aamintay".

Dr Jaamac saddexda arrimood waxaa uu ku soo koobay:

- Diin
- Damiir kale oo macnawi ah
- Dan gaar ah

Qoraagu waxaa uu aad hoosta uga xariiqay in halgankii ummadda u soo gashay tuuristii maamulkii kaligiitaliska ahaa, laakiin ay muhim tahay sidii loo hanan lahaa waddada dowladnimo iyo in la jeexo jidkii xuriyada iyo dimoqraadiga oo aanay arrintu ku noqon sidii talisyadii hore oo loo baahan yahay in laga faa`iidaysto wixii la soo maray. Ujeedada qoraagu waxaa weeye in ummadda uu fahamsiiyo macnaha ay ku fadhido gobonimadda iyo inuu kor u qaado dareenaka ku aadan gobonimada oo uu dadka jecleesiiyo. Qoraagu si toos ah waxaa uu u abaarayaa Soomaaliland iyo wixii la soo maray iyo waxa looga fadhiyo sida uu noqonayo mustaqbalka siyaasadeed ee Soomaaliland. Buugga waxaa lagu daabacay Ponte Invisbile iyo Seeska Hiddaha iyo Dhaqanka ee Redsea, Hargeysa, sannadkii 2007 dii.

Gorfaynta buugaagta iyo riwaayadaha:

Dadaallada ku aaddan dhaqanka iyo suugaanta Soomaaliyeed qeybaheeda kale duwan waxay ka mid noqotey mid uu mar walba u jeelan yahay Dr Jaamac inkastoo uu yahay qof qurbaha ku nool oo ay u wacliso himiladiisa ku aadan dib u yekleelka iyo horumarinta aqoonta dalkiisii oo ay ragaadisey daruufaha adag ee ku wareegsan dhammaan gobolka Geeska Afrika.

Gorfeyn Riwaayadeed: Aqoon iyo Afgarad

Dr Jaamac waxaa uu si hagaagsan oo

cilmi ku dhisan u gorfeeyey Riwaayaddii la magac baxday " Aqoon iyo Afgarad "., waxaa riwaayaddaa wada soo saaray abwaaniim Soomaaliyeed oo kala ah:

- Maxamed Ibraahim Warsame (Hadraawi)
- Saciid Saalax Axmed
- Maxamed Xaashi Dhamac (Gaarriye)
- Muuse Cabdi Cilmi (Muuse Gadhle)

Riwaayadaa waxaa la sameeyey sanadkii 1972 kii, sida ay caddeysey qormada dr Jaamac riwaayaddaa wax wayn ayey ka beddeshay habkii Masrixiyadda loo dhigi jirey. Inkastoo ay riwaayadda waqti fog ahayd haddana waa murti ku habboon in maanta la isu sheego, waana midda ku bixisey dr Jaamac inuu dib u garfooyo riwaayadda. Qiimaha ay leedahay gorfeynta qoraaga waa inuu si hufan u soo badhigay riwaayadda, isla markaana uu raaciyey ubucda ay leedahay iyo fariimaha ay xanbaarsan tahay, ugu danbayntiina waxaa uu tilmaamey in riwaayadda ay ku timid hab cusub oo curinta riwaayadaha taa oo ay abwaaniintu ku soo kordhiyeen masraxaha iyo guud ahaan suugaanta Soomaalida.

Qoraallada Dr Jaamac Muuse Jaamac waxaa kaloo ka mid ah:

- Layli Robot: Makiinad iswadda oo ciyaarta Layli Goobalay, Juun (2005)
- Tirada iyo habka tirsiimo ee Afsoomaaliga, Abriil (2007)
- We lost a friend, May (2012). Geeridii dr Cabdishakuur Sh Cali Jowhar (1952-2012, Boorama), qoraalladdaan iyo kuwo kalaba waxaa uu ku dr Jaamac ku faafiyey mareegta ama degalka redsea-online.com, qoraalladdaa waxay ka mid yihiin taxanaha dhaxalreeb ee aalaba ku soo baxa mareegta aanu soo tilmaamney.

Caasha Luul Maxamuud Yuusuf

Caasha Luul Maxamuud Yuusuf oo ku magac dheer Caasha Luul waxay ka mid tahay hablaha Soomaaliyeed ee ka muuqtey goobo badan oo lagu soo bandhigayey suugaanta Soomaaliyeed qeybaheeda kale duwan gaar ahaan maansada Soomaaliyeed ee gabayga.

Caasha Luul

Shakhsiyaadka Soomaaliyeed ee u taagan horumarinta dhaqanka iyo suugaanta Soomaaliyeed ee qurbaha ku nool kuma koobna oo kaliye ragga, ee waxaa kale oo jira iyana door weyn ee qaateen hablaha Soomaaliyeed.

Caasha Maxamuud Yuusuf waxay ka mid tahay abwaannada Soomaaliyeed ee ku nool qurbaha tan iyo markii ay u qaxdey dalka Ingiriiska sannadkii 1990 kii, ka dib markii ay dhacday dowladii dhexe ee Soomaaliya, taa macnaheeda waxaa weeye in Caasha Luul ka soo tagtay Soomaaliya billowgii dagaalkii sokeeye, waxayna ilaa waagaas ku nooshahay caasimada London ee dalka Ingiriiska.

Inta aanay Caasha imaanin qurbaha waxa ay yaraanteedii ku soo kortay dhaqan maansada ku duugan, iyada oo da`yar ayayna bilowday in ay curiso maansada.

Hibada suugaaneed ee ku duugan Caasha Luul markii ugu horeysay waxay ka soo muuqatey mareegaha Soomaalida sanadkii 2008 kii, ka dib markii dhowr maasno oo ay leedahay lagu daabacay meelo kale duwan oo ka mid ah mareegyada daneeya suugaanta Soomaaliyeed, ka horse waxay ahayd qof maansooyinkeeda aan aad loo aqoonin oo ku kooban bulshada ku wareegsan oo u dhaw oo kaliya, laakiin markii ay soo banbaxday wixii ka dambeeyay, si gooni ah ayay bulshada Soomaaliyeed ee daneysa suugaanta u aragtey hibada Caasha Luul ee ku aadan maansada Soomaaliyeed, gaar ahaan bulshada ku dhaqan dalka

Ingiriiska oo ay goobo iyo munaasabado kale duwan ka soo muuqatey.

Caasha Luul waa abwaanad Soomaaliyeed oo casri ah oo muddo 30 sano ku dhow ku nooleed dalka Ingiriiska.

Buugga gabayga sanadka:

Caasha Maxamuud Yuusuf, Caasha Luul waxay ku caan baxday iney tiriso gabayo kale duwan oo xiriir la leh dhammaantood daruufaha iyo xaaladaha ku wareegsan dadka Soomaaliyeed ha ahaato kuwooda ku nool qurbaha ama kuwa u soo hanqaltaagaya iney u soo tahriibaan qurbaha, waxaase gabayada Caasha Luul ka marneyn maansooyin ku aadan meeshii ay ka soo jeedey ee Soomaaliya. Gabayada Caasha Luul badankood waxaa loo tarjumay afka Ingiriiska si ay dad badan oo daneeya suugaanta Soomaalida u dheegtaan, qaarna si toos ah oo talantaali ah ayaa loo tarjumayey, sidaa darteed hadal heynta gabayada Caasha Luul ma ahayn wax qarsoon ee waxaa ay gaareen caalamka oo isla markaana laga aqoonsaday. Tusaale waxaa inoogu filan in sanadkii 2018-kii buug ay ka qortay Tahriibka ayaa Jaraa'idka Sunday Times u aqoonsaday inuu yahay buuga gabayga sannadkaas.

Marka aad dib u jalleecdo gabayada ay Caasha Luul curiso waxaa fahmeysaa in abwaanadu ay adeegsatey qaabkii hore oo ay abwaaniidta Soomaaliyeed u curin jireen gabayga. Waxaase intaa u sii dheer Caasha Luul in ay gabayadeeda u adeegsato qaab cusub oo casri ah, waana midda dadka qaarkii ay u aqoonsadeen Caasha in ay casriyeeso maansada.

Mowduucyo badan oo kale duwan ayay Caasha Luul ka gabaydey, aalaaba waxaa ay dareenkeeda suugaaneed dhaafin mar walba baahida bulshada, waxaana ka mid ah gabayadeeda:

- Colaadda
- Haweenka
- Nabadda
- qurbaha iyo tahriibka

Waa midda keentey in dad badan oo isugu jira rag iyo dumar, da`yar iyo da`weyn oo dal iyo dibadba jooga ay u xiiseeyaan gabayada Caasha Luul, kuwaa oo la socda bandhigyadeeda ay ku soo bandhigto telefashinnada iyo barteeda gaarka ah, waxaa u sii dheer in gabayo badan ay ku faafisey baraha bulshada sida Youtube-ka.

Gabayada Caasha Luul waxaa ka mid ah:

- Dhulkeena
- Agoon
- Calaamada
- Gacaliye
- Xuquuqda Qoraaga
- Qolfoofka
- Tahriibka badda
- Jahwareer
- Harmony
- Dhadhan
- Xasuusta
- Qaylo, iyo kuwo kale.

Caasha waa qof magac ku dhex leh bulshada qurba-joogta Soomaaliyeed ee London oo maqsuudna ka ah fariimaha maansooyinkeeda ay xanbaarsan yihiin taa oo ay u soo dhex marsiiso warbaahinta iyo kuwa ay ka dheegtaan xafladaha ay Caasha Luul ka qeyb gasho.

Caasho ka marisey sida muuqata Tahriibka ay dadka Soomaaliyeed galaan si ay u yimaadaan wadamada reer galbeedka. Waxaa xusid mudan in buugga ay tarjuntey Clare Pollard, oo ay la socoto

Saciid Jaamac Xuseen iyo Maxamed Xasan 'Alto.

Waxaa xusid mudan in buugga Tahriibka badda uu yahay ururintii Caasha ee ugu horreysay oo buuxda oo Ingiriisi ah.

Waxaa hubaal ah in Caasha Maxamuud Yuusuf ay sumcad weyn ku dhexleedahay qurba-joogta Soomaaliyeed ee ku aaddan suugaanteeda, waayo maansooyinkeeda waxa ku jira awood deggan oo iyada u gaar ah oo aan ka marnayn hal-abuurnimo iyo hibo gaara oo uu Illaahey ku galadeystay.

Buugga ay qortey Caasha Luul Maxamuud Yuusuf oo ah " Tahriibka Badda "

waa buug lagu uruuriyey gabayo ay

Gabayada Caasha Luul:

Sida aan horey u soo sheegnay Caasha Luul waa abwaanad Soomaaliyeed oo deggen London oo caan ka ah qurbajoogta ku nool dalka Ingiriiska laguna bartey gabayadeeda ay curisay oo qaarkood lagu tarjumey afka Ingiriiska, waxaanse halkakan ku soo bandhigeynaa gabayga Geyigeena iyo gabay gocasho ah oo ay uga hadleyso ragga Soomaaliyeed iyo doorka kaga aadan qowska.

Gabaygeedii Geyigeena
Cirka oo gu' hoorsnoo
Hillaac galalacleeyiyo
Daruuruhu gufaacada
Guur guurayaano
Godolkii la hibitiqay.
Xareeddii geyiga iyo
Goglantahay jidhaanto
Godamada ka buuxdoo
Balliyadu gingimanyiin
Ubaxii gardhoobno
Gaasheeyey midabkoo
Guntimuhu sinmeenoo
Garaacayso laydhii.

Dhirtuna ay gun iyo baar
Gedafka isku haysoo
Laamaha gankoodiyo
Faraqii is gaadheen
Shinbiruhuna geestood
Hadba geesh codkoodii
Googooynayaanoo
Rahuna gaar isula baxay.

Oo labada goorood
Gabbalka iyo waagaba
Go'bo leeday dhibicdii.

Hoobaan guduudiyo

Dhafaruur go'ayso
Guudku wada casaadooy
Garabtaal midhcaanyadu.
Jinawgoo gardhooboo
Caleentii goshiisiyo
Ay guudka qarisoo
Gurnaayo uunkii.

Goryga iyo caawshiyo
Giirr qurux ugadhiyo
Garanuug idilkeed
Gaan gaanbiyeenoo
Hadaba geed magoolkii
Mayracad ku goostaan
Geeliina dhalayoo
Gees wayntu darartoo
Adhigiina godol yahay.
Xooluhuna gebigood
Isha aad la gaadhoo
Geesaan fogaynoo
Gurtga ay ag daqaan.
Gabankii la jogiyo
Kureygii go'qaatoo
Intay hadhac golaysteen
Googalysi goodii
Googoostay sheekada.

Halihii gobaad iyo
Gorad ay lahaayeen
Oo nirgii ku goohoo
Darartii gubaysoo
Isu guuxay ololkii
Inta goor caweysina
Haaneedkii lala galay
Danbarkii ku gaaxdiyo
Laza gurayo ibihoo
Goroofkii la culay iyo

Gaawihii la buuxshoo
Gebiba beeshu negi tahay
Galadaan tilmaamee
Geyigeena taaliyo
Nimcadaa gadhoodhee
Geesaha ka qubatee
Cidi weli galaan darain
Allahayow na garansii.

Gabayada Caasha Luul waxaa ka mid gabay ay kaga hadleysey kuna dhaliileysay qaar ka mid ah ragga Soomaaliyeed ee dayacay doorkii kaga aadanaa qowskooda ka dibna ay hooyooyinkii dhabarka u dhigteen culeyskii kaga yimid dayacaadda ragga iyo doorkooda oo meesha ka maqan.

Si ay dad badan u gaarto maansadatan Caasha waxay ku faafisey barta internetka ah si ay uga faa`iideeysaan dad badan oo ku xiran gabayada Caasha.

Gabaygan ka hadalaya arrimaha qoyska, gaar ahaan dhibta ay hooyadu qabto oo ay mas'uuliyaddiina dusha ka fuushay. Mas'uuliyaddaas oo ah tii aabbaha, waxa runtii la odhan karaa way dhego barjayasay hooyada Soomaliyeed ee ku nool qurbaha markii ragga intiisii badnayd xilkaas gabeen. Gabaygu waa kan:

Nimaankaa naftoodii gabee, wada galiilyeysan
nimankaa naftoodii gubee, wada gawaamaaya
nimankaan garsooriyo lahayn, garasho waayeelba,
ganboor iyo sun bay daaqayaan, geed Ilaah nacaye
gawaan iyo waxay yuururaan, gegi habaas weyne
goolaaftankaa kaaga daran, Geesiyo is-moodka.
Galladi waata eebbee markuu, gabay masuulkiiba
gabadhiyo carruurtiyo markuu, gooyey ehelkiiba
ee uu gasiinkii ka jaray,
guri xannaankiiba
ee gacalo waa hooyo ee,
gubatey tiiraanyo,
labadeeda geesood markuu,
gaalku kala jiitey
giddigii habeenkii waxay,
gawdh la ledi weydey,
gurmad iyo markii aanay hayn, aabbe garab taagan
ee iniba gees aaddey ee, talo ku gawdhiidhey
gabbal dhaciyo Waagii beryaba, gocasho ooyayso
inta ay gacmaa hoorsatay,
Guulle baridaaye.

Iskuullada markay geyso bay, gur u dhaqaaqdaaye
guntigay u xidhataa illayn, hawshi wuu gabaye
gasiin iyo waxay raadisaa,

*shooping-kii go'aye
gaadhi bay ka soo buuxisaa,
gurigii keentaye.
Iyadoo harraad gawracan
oo, gaajo socon weydey
ayey dheri gangaantaa
haddana, gaar u karisaaye
galabnimo markay gaadho
ee, wakhtigu soo gaabto
gucla-orod ma deysee
haddana, ubadkii
goobtaaye
sida Goodirkiyo Cawsha
bay, goonni socotaaye
goor dambe ayuun bay
baxan, gabannadii qaare.
sida Galawga iyo Fiinta oo,
uu Gud-gude haysto
inta uu nafluhu gama'san
yahay, gaadh ayey tahaye
gaaf-wareeg ayuu ugu
beryaa, Waagu galacdiiye.*

*Waxba gabaygu yuu ila
gudbine, waxan ku soo
gaabshey
hooyada guhaaddaa
qabteen, laga garaabaynin
hooyada raggeedii gabaye,
geba-gebaw taagan,
guullaha ilaahow adaa,
garan wax meel yaalle
adigaa gartaa goynayooy,
gooni kuu tahaye
adigaa garsoor taama iyo,
gaadh-hayaw diriye,
mar haddaanan gumuc iyo
rasaas, kugu garaacaynin
ama geed qudhaanjo leh
tolkaa, kugu gig siinaynin
waa inoo godkii Aakhiriyo,
Golihii Weynaa dheh!!!!*

Haddaba waxaa gabaygan faallo ka soo bixiyey dad badan oo Soomaaliyeed oo rag iyo dumarba leh, qaarkoodna fekerkooda ay ku cabbireenba tixo Gabay ah, sida inanta Faadyni Cabdi oo soo dirtay tixdan hoos ku xusan, isla markaana waxay ku dhalisay Caasha nafteeda inay tix kale curiyo, laakiin ugu horrayn tii waxaan soo bandhigeynaa tixdii Faadumo Cabdi oo u dhacday sidatan:

*Galiilyoodeey Luuleey
markaan, eegay
Gabaygaaga
gocashiyo xanuun igu fog
buu, saaray gacantayda
gu'onkodey sidiisaan
ilmada, gabax ka soo siiyey
talo igu gadooddoon la'aa,
gees an ka abbaaro
oo gaar haweenkaw ah buu,
sheegay gabaygaagu.
waa niman garaad daran
waxay, nagu golyaayaane
garkeen kaga hagaagnaa
walaal, goosmay weeyaane?
Waatan anna tixdii aan ta
Faadumo kaga jawaabey:
Waxa gabayga iga keenay
ee, laabtu iga giigtay*

ee gubey naftaydii Faadumooy, gama'na ii diidey
geyigaan ku nool nahay markaan, gebi ahaan eegay
giddigoodba Aadame dhammaan, gaaliyo Islaamba
guryahooda waa wada dhaqdaan, iyo gaban carruureede
soomaali waxa gaar ka dhigay, way I-geli weydey.
Giddi hooyo Soomaaliyeed waa, wada go'doonkaase
gebi baa ku soo dumey dhammaan, guud-haldhaaleeye
guri lagu negaadiyo markay, weydey gacaltooyo
uu gabay masuulkii ilaaah, gaarka ugu yeelay
ee gegi habaasliyo ku furay, guri abaar weyn ah
gabaahiirta hooyada fadhida, ee goonnida u taagan
ee gaalku jaarka u yaheen, laysu gelahaynin
een gacalna soo booqanayn, garabna eegaynin
gogol lagu caweeyiyo arkayn, gaaf la-wada joogo
ee guri dhexdii yuurutee, geesna qabanaynin
gayax iyo walaal aan lahayn, gacalo soo eegta
ee kii gargaarkaw ahaa, ganafka taagaayo
soomali waxa gaar ka dhigay, waa I-geli weydey.

Yeelaha waxaw gooyayee, Gudin aflaw diidey
oo geeddi loo sahan tagiyo, guri naqle u waayey
ee gogoshii lagu seexan jirey, gocondho kaga daadshey
good iyo Abees waxa ka dhigay, waanan garanayne
gafaniyo maxaa kugu salliday, Shilin-gabaarreyda?
galoof iyo maxaa kaaga dhigay, Geela wada Gaane?
gaawaha inaad soo cushiyo, gabanno haaneeda
gobaadeey halaad maasho iyo, godolka kuu diidey
ee Somaali gurigeed ka dhigay, gelin waxaan dhaamin?
Waxa nala gudboon Fadumooy, gebi-ahaanteenba
talo loo gudboon yahay oo dhammaan, laysku garab siiyo,
waa inaan gartaa aan furnaa, golena geynaaye
gar-yaqaannadii hadalka iyo, Guurti aragtaaye
oo lagu gorfeeyaa waa intooy, guulo dhalisaye!

Cabdullaahi Bootaan Xasan Kurweyne Abwaan casriyeeyey suugaanta Soomaalida

Bootaan waa abwaan, hal-abuur casriyeeyey qaybo ka mid ah suugaanta Soomaaliyeed, sida cayaaro iyo heeso carruureedka. Marar badan isku dayey inuu la wadaagay dunida inuu gaar siiyo hodontinimada dhaqanka iyo suugaanta Soomaaliyeed, ka dib markii uu ka qeyb galay kulumo cilmiyeed caalimi ah. Wuxuu dadaal badan ku bixiyey tarjumada qeybo maansadiisa ka mid ah, taa oo ku baxday af Ingiriisi. Bootaan waxaa lagu bartey bandhigyada buugaagta Soomaaliyeed ee qurbaha iyo Geeska Afrikaba.

Cabdullaahi Bootaan Xasan

Cabdullaahi Bootaan Xasan Kurweyne waxaa uu ku dhashay magaalada Baladweyne ee gobolka Hiiraan sannadkii 1969 kii, waxaana dhashay hooyo Xabiibo Baray Weheliye Bare. Cabdullaahi waxaa uu ku soo barbaaray guriga hooyadii iyo aabihii oo ku dadaalay tarbiyada wiilkooda oo ay ugu horeyso barashada Quraanka oo uu macallin ugu noqday macallin Cabdulle oo u dhashay beesha Murusade ee Karanle Hawiye.

Waxbarashadiisa kale waxaa uu ku bilowday dugsiga hoose dhexe ee Kaase balbalaare ee degmada Hodan, dabadeedna waxaa uu u soo wareegey dugsiga hoose dhexe ee 1 Maajo.

Markii uu gaarey dugsiga sare waxaa uu joogey magaalada Boosaaso oo uu ka galey dugsiga sare ee Boosaaso.

Nadaamkii iyo dowladnimadii Soomaaliya markey burburtey

Cabdullaahi Bootaan waxaa uu u soo qaxay dalka boqortooyada Ingiriiska sanadkii 1998 kii waxaa uu meesha ka soo watay waxbarashadii isaga oo ku biiray machadka City and Islington College ee London , isla markaana ka qaaday shahaado dibloom ah oo uu ku takhasusey maamulka iyo maareynta sanadkii 1999 – 2000.

Sidoo kale waxaa kuu shahaado (dibloom) sare ku qaatay daawaynta dhaqanka iyo dabiiciga (Homeopahthy).

Dhanka suugaanta waxaa uu abwaan Cabdullaahi Bootaan bilaabey inuu uu gabayada curiyo dhalinyaranimadiisii

Abwaan Cabdullaahi Bootaan Xasan waxaa uu ku soo laabtey dalka Soomaaliya gaar ahaan magaalada Muqdisho, laakiin mudda gaaban ka dib waxaa uu ku soo noqday London sanadkii 2004.

Waxqabadka Bootaan:

Laga soo bilaabo sannadkii 2005 kii waxaa uu sameeyey Bootaan meel yar oo ganacsi oo lagu iibiyo qaxwada (kaffe) ama loo yaqaan kafateeriya oo ku tiil Cromer street ee agagaarka King Cross ee magaalada London, isla markaana waxaa uu aas aasay ururka farshaxanka bulshada oo lagu magacaabo Sohan. Ujeedada abwaanka waxay ahayd in uu kor u qaado fahamka dhaqanka Soomaaliyeed iyo wuxuu u bixiyey aqoon is weydaarsiyo dhex mara bulshada Soomaaliyeed. Sidoo kale waxaa meesha ku kulmi jirey caruurta qaarkood oo lagu baro diintooda, dhaqankooda iyo afkooda hooyo, gaar ahaan caruurta dugsiyada hoose / dhexe ee xaafadda Camden ee London.

Dhinaca wada shaqeynta abwaan Bootaan ee uu la lahaa goobaha aqoonta ee dalka Ingiriiska waxaa ka mid ah in uu qayb weyn ka qaatey wada shaqeynta abwaanada iyo is dhaafsiga suugaanta ee shirkii Anglo – Somali Society ee qabsoomey 28 kii bishii oktoobar sanadkii 2010 kii. Kulan cilmiyeedkaa abwaanka waxaa uu ka qaatey door weyn waxaana uu la wadaagey hibadiisa suugaaneed ka dib markii uu meesha ku soo bandhigay gabayadiisa qaar ka mid oo laga heli karo qoraaladii warsidaha ururka Ingiriiska iyo Soomaalida (Jounal of the Anglo – Somali Society), bogga 3 aad ee cadadka 49 aad.

Waxaa xusid mudan in abwaan Bootaan aysan ahayn inuu ka qeyb galo kulan noocaan oo kale ah, balse uu abwaanku horey uga qeyb qaadan jirey kulamda suugaaneed noocaan oo kale ah ee tix iyo tiraabba leh. Tusaale ahaan bishii oktoobar sanadii 2006 kii waxaa uu ka mid ahaa abwaanka ka qeyb galayaashii kulanka aqoonta ee Anglo – Somali, halkaana waxaa uu Bootaan ku soo bandhigey maaweelooyin suugaaneed oo nuxur leh oo lagu faafieyey qormooyinkii soo baxay waqtigaa gaar ahaan cadadka 41 aad.

Gabayada uu halkaa ku soo bandhigey abwaanka ayaa lagu tilmaamey iney ahaayeen kuwo aad u sareeya oo aqoon xanbaarsan, waxayna ka tarjumayeen aragtida gabyaaga uu ka qabo ama ka bartey bulshada boqortooyada Ingiriiska intii uu ku degenaa dalkaa.

Abwaan Cabdullaahi Bootaan marka laga hadlaayo waxqabadka waxaa la oran karaa kaalin weyn ayuu ka geestey bud dhiga iyo xoojinta afka hooyo , sidoo kalane waxaa isku dayey casriyeenka suugaanga, gaar ahaan heeso caruureedka oo kuu sameeyey suugaan la jaan qaadeysa casriga una qalanta caruurta ku kortey qurbaha. Taana waxaa uu ku soo bandhigey barnaamijyo loogu talo galey caruurta.

Abwaan Bootaan waxaa uu la shaqeeyey maktabadda Birish (Brishtish leberieir) oo London ku taal, isla markaana waxaa laga heli karaa maktabadaa waxqabkiisa qaadkeed.

Munaasabado kale duwan oo qurbaha ah ayuu Abwaan Bootaan ka soo jeediyey maansooyinkiisa , waana arinta keentey in uu isku arka in uu yahay idaacad gudbisa suugaanta Soomaaliyeed oo ay ugu horeyso gabayo xanbaarsan baahida iyo fariimo ku socda bulshada Soomaaliyeed ee qurbaha ku dhaqan.

Caawinta iyo latalinta aqoonyahanka

Waxaa kale oo uu ku dadaal weyn ka gaystaa Cabdullaahi Bootaan caawinta iyo talo bixinta dhanka dhaqnaka iyo suugaan Soomaaliyeed oo siiyo baarayaasha cilmiga, gaar ahaan ardayda iyo baarayaasha ku howlan in ay ku guuleystaan xaqiijinta dadaalada

dadka docnaya iney wax ka qoraan taariikhda, dhaqan, afka iyo suugaanta Soomaaliyeed.

Taana waxay keentey in uu Cabdullaahi Bootaan la yeesho aqoonyahanka Soomaaliyeed iyo xataa ajaanibta kale wadashaqeyn fiican.

Dhanka tarjamada kama marna wax qabadka abwaan Cabdullaahi Bootaan Xasan, waxaa uuna tarjumay waxyaabaha uu u arkaayey iney wanaagsan yihiin, sida inuu tarjumay gabaygii William Shakespeare gaar ahaan gabaygiisa (shakespear`s Twelfth sonnet).

Tusaale waxaa inoogu filan oo aanu tilmaami karnaa wadaa shaqeynta iyo caawinada uu Bootaan u fidiyey aqoonyahay Martan Awin oo ah qabiir u dhuun daloola afka Soomaaliga daraasado badanna ka sameeyey ka dib markii uu isku howley inuu ka gun gaaro suugaanta Soomaaliyeed iyo afka qudhiisa.

Dadka wadashaqaynta dhexmartey Bootaan waxay ka heleeen xog-ogaalnimo iyo waayo-argnimo weyn.

Gabayada Abwaan Cabdullaahi Bootaan

Bootaan

Abwaan Cabdullaahi Bootaan Xasan waxaa uu leeyahay maansooyin badan oo uu ku cabirey dareenkiisa suugaaneed, kuwaa oo uu ugu hadley mowduucyo kale duwan oo xiriir la leh baahida bulshada Soomaaliyeed iyo xaaladaha ku wareegsan abwaanka gudaha wadanka iyo intii uu deganaa dalka dibadiisa gaar ahaan magaalada London. Waxaan ugu horeytii soo bandhigeynaa gabay ka mid ah gabayadii uu tiriyey abwaan Bootaan muddo hore laakiin barta facebook-ga waxaa uu ku faafiyey 4 tii bishii oktoobar 2020 kii, gabaygiina waa kan:

Da'da gabay dabuubtii naxwaha, daribti suugaanta

*Ma durduuran waayahan murtidi, daalibka ahayde
Markaan daayo oo aan nacaba, waygu dirayaane
Ka dur-duurta ceel dihin, ayaan dawliskaw ridaye
Abwaankii dabeebtee madfaca dirir ku liishaamay
Dudaddii u maagiyo wuxuu, daqarro gaar siisay,
Dadku kama filayn iimuhuu soo daliishadaye
Duqowdii bah faadumo tan iyo, doorki cali yuusuf.
Deerkiyo Kurweynaha ad tiri, daabax ugu jiida
Dalool iyo bar baa kula safnaa, doodda hadalkiiye,
Abaalkay dorraad kuu galeen, ruux dafirahayne,
Darafkaaga hiillada markay, daabbaddu is dhaaftay.
Ma adaa dirsaday wiilashii, daanyo ficilooday?
Raggu damaca waa wada qabaa, daayin abidkiise,
Waw dabeeci aadmiga xilkoo, laysku daakhilo e
Dirir-teedu way soo taxneyd, dura' ayaantiiye.
Labadii da'aad ee isxigay baysku soo dilaye,
Wixii diini iyo dhaaweed dhex maray, daannadiyo hoogga,*

Anaa duubka mudan bay ahayd, dirirti waagiiye;
Dowladdii dhisneyd waa wixii, dumiyey maandeeq e.
Danbi baa ka xaasilay tixdaad, daabac-dood tiriye
Da'da aad tihiyo waayihiyo, duugga gedahaaga,
Iyo daramalkaad ridi dhiilladaad, dumi colaadeeda,
Kala durugsan dookhiyo ra'yigu, daakhil kii geya e,
Haddaadse door ahayd waaya hore, deyr la mari waayay,
Diga-rogatay maantoo cidlaad, diirad qabadsiine,
Gaanni dabadi iyo aadan baan, door u kicin reerka?
Codka dalabta lihi kaa afduub, diirshahaad qiriye?
Jaamac shirana dahab kuguma gadan, doollar lacageede,
Hadba kii dadkiisu u gartuu, sii dalliciyaaye,
Waa darajo eebuhu baxshee, dooro ma ahayne,
Iimaanku waa deeq qalbiga, duxi ka raacdaaye
Dabra-celi fahmiga waad ogaan, duunka aayaha e.
Abwaan daraja mudan inaad tahaan, cidina diideyne,
Duiqaadkaagi hore baa la rabay, daadah shacabkaayee,
Dibnohood ka xirataa wacnayd, dabagal sheeg-sheege,
Dacnintiyo raggaad deedafayn, daabac ugu jiidday,
Nacayb bay dahriga kuugu hayn, doog an harahayne,
Nabaddaa ka doorroon handadae, deris walaalooba.

Darajo

Maansadaan la magac baxday Darajo, waxaa curiyay abwaan Cabdullaahi Bootaan xasan (Kurweyne) isaga oo jooga magaalada London ee waddanka Ingiriiska. Maansadaan waa maansadii 22aad ee Silsillad-suugaaneedda Doodwanaag oo uu ka qeyb qaatey, maansadan waxay taxanaha silsilladaa ku soo biirtay 25 kii Sebteembar sannad kii 2004 kii.

Maansada Darajo, waxay ka digtay dhibaatooyinka ay ummadda ku hayaan Dagaal-oogeyaasha iyo duulalka ay adeegsadaan. Waxayna xustay in haddii aysan dulmi-ku-noolayaashu garab iyo taageero ka helin qaybo bulshada ka mid ah, ama dowlado shisheeye oo dano gaar ah leh, ay adkaan lahayd in ay ummadda u gaystaan dhibaatooyinkan laga soo kaban la' yahay. Bootaan waxaa uu yiri:

Dadow Bisinku waa door
Dibnihii jecladaana
Dantoodaa hagaagtoo
Duug wanaagsan reebtoo
Shaydaan ma daakhilo
Dariiqyada xumaantana
Waa laga duwaayoo
Samaa lagu dabaalaa
Dabcan anigu maantana
Wax ku doorsan maayoo
Docna kama maraayee
Doodda aan ku daah furo.

Daayim eebaheenbaa
Kalinnimo uu doortiyo
Darajiyo wanaagba leh
Danbayn nabiguu soo diray
Oon dadkiisi noqonnaa
Duco iyo salaama leh.

Dan iyo howl u daayoo
Da'iyo labo ku dihashadi
Inkastoon digniin helay
Oon ka daahay maansada
Aaban ugu danbeeyee
Dood-wadaag ragii furay
Dadnimmiyo isqaamba leh

Daabacaagan qorayee
Misna duubay codadkee
Dar illaahay mooyee
Isagoon dan kale wadan
Daafaha adduunyada
Meel walbaba u dirayee
Laga daalacanayee
Duruus nooga dhigaybaa
ajar doonistiisa leh.

Duubab iyo Suldaanniyo
Duqoow iyo waxgarad iyo
Diinle iyo nin-doorkii
Dadka dhiiri galiyee
Dooddan soo dhoweeyee
Wax ka daadaheeyaa
Caano daadintoodiyo
Cisi laga dambeeyo leh.

Dumarkiyo caruurtiyo
Dadweynaha dhammaantii
Dalbadoo akhriyayoo
U dabaaldegaayoo
Farxad iyo damaashaad
Ku qaabilay dareenkaa
Damiir caafimaadba leh.

Rag dareen wadaagoo
Diidaya xumaantoo
Dadna aan iska aqoon
Dacallada aduunkiyo
Daafahaa ku kala nool
Haddii Doodwanaag iyo
Dar kulmiyeyba loo helay
Mahad Daa'imkays ka leh

Aan daayo arartoo
Danta curinta keentiyo
Aan u dego ujeedkee
Dadaal reeban maayoo
Da'yarina ma filayee
Wax aqoonni diiddana
Garashaa dawaysee
Yaanan xagal ka daacine
Haddaan deelka maansada
Dowgeeda ka anbado

Anigaa dalbanaye
Igu duwa dariiqo
Ii deda halkii duran.

Inkastoonan diin badan
Duruusteeda dhigannoo
Daalib weli an ahayoo
Daaci buuxa aan noqon
Inaan soo deg dego oo
Wacdi aan dareerskoon
Maansana ku daabaco
Duruuftay faraysoo
Danbaa keentay maantee
Danbi Eebow iga dhaaf
Haddii aan dacwiyo khalad
Daliil-na waa xadiiskaan
Dadka badanki wada garan
Ku dig aayad diineed
Degmadaad ku nooshiyo
Dadka ehelka kuu xiga.

Dunidaan an joogniyo
Danbaysada xisaabtee
Dadku labo u kala baxo
Deyr islaam dad galaybaa
Kolkey laba darleeyeen
Dariiq kale la qaadshoo
Lagu daray kufaartee
Danbigey galeen iyo
Danbayn toodi ila daya:

Duul Eebe doortoo
Dur-durrada fardowsiyo
Jannadiisa doogga leh
Ku dakeeya raaxoo
Wax naftoodu doontana
Daqiiqado an sugiroo

Diyaar looga dhigayoo
Daarti hore sideedii
Da'aad soo duqowdiyo
Cudurrada wax daariyo
Dayn laysku yeeshiyo
Duruuf kugu xummaatiyo
Aanu jirin dagaal oo
Dadku wada walaal yahay
Deris iyo xigaal yahay
Isu khayr dardaarmoo
Daa'imna ay mahadshaan.

Dulmi badanayaashii
Digeyaashii loo diray
U duwaayay dhabaarkee
Ka dabooshay dhegehee
Nabiyadii duraayee
Masaakiinta dilayee
Deldelaayey culimada
Diidoo xaqii nacay
Danbaaburaha holaca leh
Naaraha wax duba iyo
Jahannamey ku dalaq oran.

Danta iyo ujeeddada
Aan idiin dilaacshee
Daanta hoose waxa dega
Daahir kuwo islaamoo
Diinta sheeganaayoo
Qalbigana Nifaaq dilay!
Daxal yahay madow badan
Daacad- laawe yaalkii
Danbigoodu sidii daad
Jidhka dhidid ka soo duxay
Dusha sare ka marayoo
Doogsamay sidii dallow
Dowlis adag ku dubanoo

Dulka ceelka loo riday.

Waxaan uga danleeyahay
Dunjigeenna soomaal
Dul ahaan Markaan dayey
Dad kufriya ma oran karo!
Daakiraad subxi iyo duhur
Aadaam dul loo baxo
Salaaad loo darbado oo
Masjidyada daf laga dhaho
Dugsiyada qur'aankiyo
Dikri iyo ducaa taal.

Markii laga dareerana
Dulmi iyo dhibaatiyo
Duulaan qabiiliyo
Kala doco-docaysiyo
Degmo Iyo dhul qaybsiyo
Goboleysi doon iyo
Dagniin, dabin dhib baa jira!.

Dowlad kale shirkeediyo
Dood markay u kulantana
Dad walaala noqotoo
Diin iyo ka siman dhaqan
Dan wadaagto weeyaan
Aan is diiddaneynoo
Durbaan baysu tumayaan
Ka danbeynin gogoshaas.

Danbi aad u daran iyo
Dulmi laguma rooree
Dadow daacad wax u qabo
Suugaan duubahow weri
Midka daabacow badi
Qofkii daalacdow arag
Diin fidiyahow sheeg

Duqowdiyo nin duubliyo
Xukun doonahow maqal
Dagaal oogayaalkoow
Dadkii demag ka siise e
Daayimkiin ka yaaboo
Duudka haray ha dabar jarin
Halkaas aan dareershana
Dantii aan lahaa iyo
Dulucdiisa fahantee
Duddo dhexe la waayaye
Labba dacal mid uun raac.

Afartaan digniin dhehe
Deel-qaafka Muunsana
Iska doonis maahoo
Danbaa kugu xanbaartoo
Dubaakhaaga hoosiyo
Wax damiirka kiciyoo
Sidii danab ku taabtoo
Aad iska dananto weeyee
Dood kale haddaan dayey.

Dib u eegisteennii
Dalkii naga burburaybaa
Qofba diirad saaraye
Dadku magacyo kale iyo
Dagaal ehel dhex maray iyo
Dirir bay ku sheegeen
Anse igala duwanoo
Doc kalaan ka eegaye
Dab uu kaafir shidayoo
Dano dheer ka leeyoo
Qorshe nacab u degayoo
Dammanaan wax garan iyo
Dagaal -ooge huriyiyo
Duul habaaran fuliyaa
Doorkaan u daayaye

Aan u doorto magac daran
Dabarjara colaadey
Dabadheer abaarey
Duunyada adoon dilin
Dadka doorbideysaay
Duumada kaneeciyo
Daacuunka halistaa
Dadku waa u siman yahay
Adse doorka laayaay!!

Intii soo dagaagtiyo
Dal shisheeye aadkii
Iyadoon la diran sahan
Dibadaha u dhoofkii
Duruuf iyo dhib owgeed
Iska soo dillaankii
Dayac maxaa ka dhacayoo
Dadku badanki wada qiray.

Abwaan aad u door culus
Danbigiis la dhaafkii
Duqqii tima cadaaa yiri:-
"Nin dalkiisi doorsaday
Ma helaayo darajee"
Danta lagama boodee
Dib inaan u noqonnoo
Aan diyaar garownana
Damiirka yaan mar laga bixin.

Afartaas dal iyo dibad
Dib u'eegistood dhehe
Dood kale haddaan dayey.

Dubnad lagu shaxaayaa
Nin saliim dabooloo
Dooheyn u labo yiri
Asoo dacal u xiran yahay

Asaan daaficihi hayn
Digeygii maqnaabaa
Cadow sii darbeeyoo
Daantan midig ka boodoo
Saaxiib kiisna lagu diray
Uu ku dilay cadaantii
Dadow idin su'aalaye
Iska dege dib aan dhugan
Docdee buu la jaal yahay?

Waxse igala daran kaa
Midka daawanaayee
Ku duqoobay geedoo
Duunyo kale an abid dhaqan
Dar illaahna uga tegin.
Iska dacal fariistee
U difoose doodee
Waa dadaashay oranoo
Dadna waad u badisaa
Kuna daba istaagnaye
Duljoogtada dareen geli
U dalab doolshe iyo shaah.

Waxaan uga danleeyahay
Dable aan dugsiba gelin
Dun kastaba hayeeshee
Dagaal -ooge kaligiis
Dab uu shiday ma huri karo
Daar iyo labo un mooyee
Deegaan idil ma gubi karo
Haddii aanu dad kale helin
Cadowgoo dan weyn liyo
Dalku kuwuu sugaayiyo
Diktoorraa u hiilliya
Laga duubay garashoo
Daba taagan baddow aan
Dummis iyo dilliin iyo

*Dib usocosho mooyee
Dow hagaagsan aan garan.*

*Waxba dalabka maansadu
Yaanay ila dawaafine
Dabar aan iskaga xiro
Oon dardaaran guud dhaho.*

*Isagoow danbeeyoo
Rasuulkeenna (scw) dabadii
Lama dirayo Nabi kale
Ilaa daba-gaddoonkiyo
Dunidani dhamaatana
Dadkiisaa mas'uul ka ah
Dulmi caabbintiisiyo
Xaqa daaficiisoo
Waajib laysu dirayoo
Dushayada ah baa jira.*

*Duni wixii la soo maray
Dadyowgii ku noolaa
Waxaan uga duwnaannoo
Doorka kheyrka loo helay
Waa daacad fariddiyo
Wanaag lays dardaarmiyo
Dulmigiyo xummaantoo
Dadka laga nahyinayoo
Dar illaahey loo kaco
Weeye dulucda hadalkuye
Aan wada dareernoo
Dadaalnoo dhamaanteen
Danaheenna garanoon
Darxumadan inoo taal
Si un uga dul-boodnee
Dadow maqal ha daayicin.*[9]

Muujinta iyo soo bandhigidda suugaanta Soomaaliyeed:

Cabdullahi Bootaan door kale duwan ayuu ka qaatey inuu muujiyo suugaanta Soomaaliyeed oo leh tix iyo tiraab si uu u gaarsiiyo dadyowga daneeya suugaanta Soomaaliyeed.

Waxaa xusid mudan in abwaan Cabdullaahi Bootaan Xasan uu aaminsan yahay baahida loo qabo in suugaanta dib u habayn lagu sameeyo iyadoo lagu salaynayo waqtiga la joogo iyo daruufaha inagu wareegsan oo ay dheer tahay xaaladda lagu jiro.

Cabdullaahi Bootaan Xasan waxaa uu wada shaqeyn la sameeyey dad badan oo aqoonyahay ah isagoo ay dhex martey barnaamijo lagu muujinayo qiimaha iyo baahada ay leedahay Suugaanta Soomaaliyeed, dadkaana waxay isugu jiraan Soomaali iyo kuwa aanan Soomaali ahayn. Waxaan tusaale u soo qaadan karnaa wadashaqeyntii suugaaneed ee ka wada dhexeysey Abwaan Bootaan iyo Rob Inglis oo ah nin badanaa tarjuma suugaanta ayaa waxaa ay soo wada jeediyeen barmaajim suugaaneed wadajir ah.

---

9 - Ka aqriso gabayga Darajo mareegta: http://www.somalitalk.com/maanso/22.html

Bootaan iyo Rob Inglis

Shiikh Maxamed Xirsi Guuleed (Cabdibashiir)

Maxamed Xirsi Guuleed, qoraa, gabyaa, suugaanyahay, mufasir, macallin, dhaqanyahan ay ku dheer tahay ilaalinta dhaqan Soomaaliyeed ee suuban, mar walbana u jeelan horumarinta suugaanta iyo Afkeena soomaaliyeed.

Shiikh Maxamed Xirsi Guuleed

Shiikh Maxamed Xirsi Guuleed waxaa uu ku dhashay magaalada Muqdisho sannadkii 1978 kii, waxaana uu ku barbaarey gurigii labadiisa waalid oo ku dadaaley in wiilkooda helo barbaarin wanaagsan iyo nolol aad u fiican.

Isla yaraantiisa waxaa uu Maxamed Xirsi Guuleed ka mid noqdey carruurtii ku barbaartey dugsiyadii Quraanka sida ay caadada dadyowga muslimiinta tahay, waxaa xusid mudan in dugsiga uu Quraanka ku bartay uu ku yiil magaalada Hargeysa, isla markaana uu macallin ka ahaa macallin aw Jaamac oo ka soo jeedey beesha Habar Yoonis.

Markii uu qarxay dagaalkii sokeeye Maxamed Xirsi Guuleed waxaa reerkiisa uu ka mid noqdeen dadkii u hayaamey wadanka dibaddiisa, waxaana u suura gashey in uu soo gaaro illaa iyo woqooyiga Yurub gaar ahaan dalka Sweden oo uu ugu danbeyntii uu degen.

Isla markiiba Maxamed Xirsi Guuleed waxaa uu ku dadaaley sidii uu u baran lahaa luqada gaarka ah ee ay ku hadlaan dadka degen Sweden, waxaana uu ku guuleystey muddo labo sano gudahooda inuu aad u barto afka iswiidhishka, taana waxaa ay u fududeysey sidii uu horey u sii wadan lahaa waxbarashadiisa.

Maxamed Xirsi Guuleed markii uu hubsadey in luqada dalka Sweden ay ku filan tahay inta uu ka bartey waxaa uu guda galey inuu ku biiro dugsiyadii sare ee dalkaas ka jirey, waxaana uu si gooni ah ku bilaabey dugsi sare oo ku yiiley magaalada Umeå ee dalka Sweden. Muddo ka dib waxaa uu ku guuleystey dhammyestirka waxbarashada dugsiga sare, isla markiina waxaa uu ku billaabey waxbarashada heerkeeda sare ee jaamacadda, gaar ahaan waxaa uu ku biirey jaamacadda Umeåe ee magaalada Umeå, gaar ahaan waxaa uu ka mid noqdey kuliyadda siyaasadda iyo dhaqaalaha.

Muddo ka dib waxaa uu shaqo ka billaabey magaalo madaxda dalka Sweden ee Stockholm isaga oo ka shaceeyey dhanka waxbarashada ka dib markii uu noqdey macallin luqadda isla markaana caawiya ardayda ajaanibta sida ardayda Soomaalida ah.

Waxaa uu Maxamed Xirsi Guuleed u sii gudbey inuu ku shaqeeyo dhanka tarjamada iyo qorista buugaagta isaga oo qorey dhowr buug uu uga hadlaayey afka Soomaaliga, dhaqanka iyo diinta.

Shiikh Maxamed Xiris Guuleed waxaa uu aad ugu mashquuley caawinta iyo wacyi galinta bulshada Soomaaliyeed ee ku dhaqan dalka Sweden , isaga oo arrintaa u adeegsadey siyaabo kale duwan sida daruus, muxaadarooyin iyo qoraalo dhowr ah.

Waxaa la oran karaa Shiikh Maxamed Xirsi Guuleed waa abwaan ku xeel dheer afka iyo suugaanta Soomaaliyeed, isla markaana waa abaabiye ku mashquuley sidii kor loogu qaadi lahaa dhaqanka suuban iyo fahamka saxda ah ee diinteena Islaamka.

Runtii shiikh Maxamed Xirsi Guuleed waa abwaan aftahan ah xiriir fiican la leh bulshada Soomaaliyeed ee ku degen Qaaradda Yurub , isla markaana safaro badan u gala sidii uu uga gun gaari lahaa himiladiisa ku aadan kor u qaadista iyo dardar gelinta wacyiga bulshadeena.

Qoraalada:

Waxaa u suuro gashey shiikh Maxamed Xirsi Guuleed inuu soo saarey dhowr buug oo ku aadan dhaqanka iyo diinta – sida aanu horey u soo sheegney – buugaagtaas ee uu qorey waxaa ka mid ah:

- Cilmi-boodhari caashaqiisii

Buuggaas waxaa la daabacay sannadkii 2014 kii.

- Aan ooyee albaabka ii xidha

Buuggaana waxaa lagu daabacay magaalada Stockholm sannadkii 2012 kii, waxaa uuna ku saabsan yahay gabayo la qoray sanadkii 1960 kii markii dalalka Afrika intooda badan ay iska xoreeyeen gumeystayaashii mudda dheer haystey.

Buugga waxaa ku urursan maansooyin

dhowr ah oo ay tiriyeen abwaano Soomaaliyeed oo waagaas ka dhiidhiyey gumeysiga iyo dhiiladiisa, waxaa uuna runtii la dhihi karaa waa suugaan taariikheed ku aadan dareenka gabyaaga Soomaaliyeed iyo halganka suugaaneed oo xanbaarsan murti qiimo badan iyo qiimaha ay xuriyaddu leedahay.

• Hablaheena

Buuggan waxa lagu ururiyey qayb yar oo ka mid ah suugaanta afka Soomaaliga ee ku saabsan haweenka. Waana maansooyin kala geddisan oo ay tiriyeen hal-abuurayaal kala duwan. Waxay dhamaantood ku saabsanyihiin haweenka. waxay isugu jiraan, ammaan, sifayn, dardaaran, codsasho, jacayl, cabasho, canaan iyo mawduucyo kale. Kala duwanaanta hal-abuurayaashu waa mid dhinac walba ah, hadday tahay xagga wakhtiyada ay noolaayeen ama gobollada ay ka soo kala jeedaan. Kala geddisnaanta maansooyinkuna waa sidoo kale, hadday tahay nooca maanso ee ay adeegsanayaan ama dhinaca ay ka fiirinayaan qofka dumarka ah.

• Awliyooy lagaa dood

Waxaa kale oo uu ku guuleystey abwaan Maxamed Xirsi Guuleed inuu tafatiro silsidii la magac baxdey Awliyooy lagaa dood, silsilad suugaaneed la oran karo waxaa weeye silsilad-maanseed alifley.

AWLIYOOW LAGAA DOOD Silsilad- maanseeddii Alifley BuuggaAwliyooy lagaa dood buug hab suugaan oo dood leh ku socda waxaana ka qeyb qaadanaya 28 abwaan iyagoo isaga jawaabayaan arrimo la xidhiidha meeqaanka awliyada iyo khilaaf ka dhashay in la baryi karo iyo in kale. Qasiidadii caanka ahayd ee "Awliya Allaay adeeg oo uu sameeyey abwaan Cabdiqays ayaa u sabab noqotay in silsiladdani curato. Markii ugu horraysay waxa weerar suugaaneed ku qaaday Cabdiqays, abwaanka Axmed Aw Geeddi oo tiriyey "kuwa nool ergo u diro". Dabadeed waxa qaraxday dood aad u kulul oo xiitaa ugu gudubtay mawduucyo kale oo la xidhiidha diinta, urur-diimeedyada iyo dariiqooyinka. Arrimaha ay suugaantani taataabatay waxa ka mid ah:

1. Awliyada, karaamadooda iyo awooddooda
2. Gargaar waydiisiga dadka saalixiinta ah ee dhintay
3. Mawliidka
4. Bidcada
5. Urur-diimeedyada casriga ah
6. Dariiqooyinka suufiyada
7. Siyaarada
8. Ajuurada
9. Dabiibka

10. Iyo Arrimo kale oo diinta iyo aduunka la xidhiidha.

• Caqiidada islaamka

Buugga caqiidada islaamka waxaa uu qoraaga buugga u soo bandhigey si fudud oo su'aalo iyo jawaabo leh, taana waxaa uu ugu talo galey qoraa Maxamed Xirsi Guuleed (Cabdibashiir) in aqrisyaasha ay si fudud ugu fahmaan arrimaha ciqiidada islaamka oo ah midda ugu muhiimsan diinteena Islaamka sida tiirarka Islaamku ku taagan yahay ee shanta ah.

Buuggaan waxaa lagu daabacay sannadkii 2006 dii.

- Goobjooge

Buugga goobjooge, waa buug xanbaarsan qisadii urur diimeedka ee Al-Itixaad Iyo maamulkii uu hogaaminayey Cabdullaahi Yuusuf Axmed dhex martey. Qisadaana waa dagaalkii qarxay sanadkii 1992kii oo u dhexeeyey ururka aanu soo sheegney iyo maamulkii uu majaraha u yahay ururkii SSDF oo uu hogaaminayey Korneyl Cabdullahi Yuusuf Axmed. Wuxu ahaa dagaal ka mid ah dagaalladii ummadda Soomaaliyeed ku habsaday, wuxuuse kaga duwanaa dagaalladii kale ee Soomaalida dhexmari jiray waayadaas, in markan fikrad iyo mabda' lagu dagaallamayey.Waxaa dhacday laba wada dhashay ama laba is dhalay oo xabbadda isku ridayey. Waxa lagu tilmaami karaa arrin ugu ahayd oo waagaas curatay.

- Dhaxal Abwaan

Buugga Dhaxal Abwaan waa buug soo xiganaya sooyaalkii suugaanta abwaan Dheeg wuxuuna ku saabsanyahay suugaanta abwaan

Maxamuud Maxamed Yaasiin oo ku magc dheer (Dheeg).

Buuggaan waxaa si wada jir ah u qoray isla markaana isaga kaashaday laada qoraa ee kale ah qoraa Aadan Daahir Cabdillaahi (Aadan-cadde) iyo qoraa shiikh Maxamed Xirsi Guuleed (Abdibashir).

Abwaan Dheeg waxa uu caan ka ahaa fagaaraha fanka iyo suugaanta Soomaaliyeed, muddo ka badan 50 sannadood. Muddadaa dheer waxa ka jiray ummadda Soomaaliyeed dhexdeeda, duruufo kale duwan ah oo leh nabad & colaad, barwaaqo & abaar, qabyaalad & qarannimo, Soomaaliweyn & gooni-u-goosi. Waxa barbar socday saamaynta dhaqammo isdiiddan oo reer galbeedka & caalamka islaamka ka soo kala butaacayey.

Buuggaan waxa uu ka koobanyahay 12 cutub iyo gogoldhig.

- Tarjumaadda jus Camma

Sababaha ku bixiyey qoraaga in uu u banbaxo tarjumidda Qoraanka gaar ahaan jus Camma waxaa uu ku jeegey shiikh Maxamed Xirsi Guuleed in la helo tarjamad fudud oo dadka oo dhan ay fahmi karaan, ujeedada ka danbeysa in tarjamudaa fudud la helo waxaa weeye in la soo dhaweeyo fahamka diinta Islaamka.

Maxamed Ibraahim Saciid (Suldaan Garyare)

Dr. Maxamed Ibraahim Saciid waa diktoor, saynis yahan, siyaasi, macallin, qoraa, gabyaa, cilmi baare, dhaqanyaqaan ku xeel dheer afka iyo suugaata Soomaaliyeed, marar bada u ololeeyey horumarka iyo difaaca afka hooyo.

Suldaan Garyare

Dr. Suldaan Maxamed Ibraahim Saciid waxaa uu ku magac dheer yahay (Suldaan Garyare), waxbarashadiisii hoose iyo dhexe waxaa uu ku qaatay waddanka Soomaaliya, kolkii uu dagaalkii sokeeye qarxay waxaa uu Maxamed Ibraahim Saciid (Suldaan Garyare) uu ka mid ahaa dadweynihii ka cararey dagaaladii dalka Soomaaliya ka socday waxaa uuna gaarey qaaradda Yurub dabadeedna waxaa u suuro galay inuu magangalyo ka helo dalka Finland, halkaana waxaa uu ka sii watey waxabarshadii dugsiga sare oo uu ku dhammeeyey. Suldaanka waxbarashadiisii jaamacadeed waxaa u suuro galey inuu qaato dhowr shahaado oo kale oo kale duwan, isla markaana uu ka qaatey jaamacado kale duwan kuwaa ku billaabey shahaado uu ka qaatay jaamacado ku kale yaalla Sweden, Egland iyo Spain, sida jaamacadaha:

- Metropolitan University. UK (B.sc)
- Stockholm University, Sweden(Msc)
- Bircham International University, Spain (PH.D),

Qoraa Suldaan Garyare waxaa uu soo qabtey howlo kale duwan, laakiin waxaanu hoosta ka xariiqeynaa in Suldaanku oo noqday macallin ka mid ah macallimiinta ka shaqeysa dalka Sweden oo wax ka dhiga dugsiyada sare ee dalkaas, gaar ahaan maadada afka Soomaaliga.

Buugaagta Suldaan Gar yare

Qoraalada iyo dhigaalada kale duwan ee u suuro galey Dr Maxmaed Ibraahim (Suldan Garyare) waa kuwo badan oo kale duwan, haddii uu Suldaanku toddobo buug qoray oo lagu yaqaanno, waxaa iyana jira toboneeyo maqaalo iyo fariimo gaagaaban oo uu ku qorey mareegyada degelada kale duwan iyo bartiisa feesbuugga (facebook) iyo tuweeterka (Twitter).

Dhanka buugaagta waxaa uu Suldaanku daabacay dhowr buug oo uu kaga faaloodey arrimo kale duwan, buugaagtaana waxaa ka mid ah:

- Naaneysi Magac Maahan

Buuggaa waxaa lagu soo bandhigey oo uu qoraaga ka faaloodey ka qeyb galkiisii martida bandhigga buugaagta Garoowe – Soomaaliya ee sannadkii 2019 kii.

- Hormuud Habaabay (Astray Leader)

Buugga waxaa uu dib u milicsanayaa kacdoonkii maxaakiimta Islaamiga ahaa intii u dhexeysey 2006 dii ilaa 2009 kii. Xog ogaalnimada qoraaga waxay kor u qaadey qiimaha buuggu uu leeyahay, maadaama uu qoraagu aad ugu dhawaa dhacdooyinka uu ka hadlayo. Buugga waxaa la daabacay sannadkii 2015 kii.

- Sooyaalkii Qorista Farta Soomaalida

Waa buug aad u qiimo badan oo waqti iyo baaritaano hufan oo xeel dheer uu galiyey qoraagu, mar uu warbaxin gaaban ka bixinayey professor Cabdalla Cumar Mansuur waxaa uu yiri: « Buuggan oo uu ku faro yaraystay Dr. Suldaan Garyare, waa mid wax badan ku soo kordhinaya taariikhda dheeriyo tan dhow ee Af-Soomaaliga. Waxaa uu qoraagu buuggan ku soo bandhigayaa cilmibaaris, u muuqato in uu waqti badan u huray iyo ururin xog aad u fara badan oo qiimo leh, oo ku saabsan taariikhda Afka iyo farta Soomaaliga. Waxaa kale oo uu leeyahay raadraac aad u ballaaran, una qiimo badan oo ku saabsan qoraaladii si cilmiyeesan loogu sameeyey Afka-Soomaaliga laga soo bilaabo bartamihii qarnigii 19 aad illaa xilliga aan joogno.»

Suldaan Garyare qoraaladiisa kuma aysan ekeen oo kaliya arrimaha Soomaaliya ee waxaa kale oo uu u gudbay arrimaha Islaamka iyo muslimiinta guud ahaan iyo inuu ka wax ka qoro arrimaha Afrika gaar ahaan dhacdooyinkii dalka Ruwaanda (Rwanda) oo iyana soo martey waqti qaraar oo dagaal sokeeyo oo aad u adkaa, waxaa uuna ka qoray buug uu ugu magac daray:

- Rwandan Genocide

Buuggaa waxaa uu kaga hadlayaa Suldaanka xasuuqii ka dhacay dalka Ruwaanda.

HALDOORADA AFKA IYO DHAQANKA SOOMAALIDA EE QURBAHA

Casharada Suldaanka ee kobcinta afka hooyo

Dadaalada kale ee uu Suldaanku soo bandhigey oo fara badan waxaa ka mid ah cashar qiimo badan oo uu ku faafieyey hoyga qoraaga iyo qoraalada, kaa oo uu qoraagu ka hadlay ereyada ama magacyada lammaan, waana cashar ku saabsan qaabka loo qoraya ereyada lammaan ee afka Soomaaliga marka la qoraayo sida:

- Maxamed – Deeq
- Aamino – Sahra
- Caasho – Cuud

Waxaa kuu casharkaa Suldaanka ku caddeeyey in magaca lammaan loo dhexeesiiyo xariijin, haddii kale waxaa uu noqonayaa labo magac.

Sidoo kale qoraagu waxaa uu soo bandhigey haddii labo magac ama erey laysku daraayo waa in laysku qoraa oo laysku daraa si ay u noqoto hal magac, tusaale ahaanna waxaa ka mid ah:

- Gaari iyo gacan - gaarigacan
- Madax iyo weyne - madaxweyne
- Magaalo iyo madax - magaalamada
- Iwm.

Sidoo kale casharada uu aalaba bixiyo qoraagu oo ku aadan dhanka afka waxaa ka mid ah cashar uu kaga hadley afafka bahda Simitigga ee looga hadlo qeybo ka mid qaaradda Afrika.

Maxamed Baasha Xaaji Xasan

Marxuum Maxamed Baashe Xaaji Xasan waxaa uu ahaa qoraa, suxufi, hal-abuurku xeel dheer dhaqanka iyo hiddaha Soomaaliyeed, wax badanna u ololeeyey horumarta afka, suugaanta iyo dhaqanka Soomaaliyeed, isla markaana wax badan ka qabtey intii uu degenaa qaaradda Yurub gaar ahaan dalka Holland iyo boqortooyada Ingiriiska. Magaalada London oo uu sanooyinkii ugu dambeysey degaa waxaa ka muuqda raadkiisa aqooneed iyo dadaaladiisii ku aadanaa doorka uu ka qaatey horumarinta halabuurka suugaanta iyo dhaqanka Soomaaliyeed. Taa waa midda ka dhigtey in bulshada Soomaaliyeed ee daneeya aqoonta kuna nool qurbaha aysan ka go'in xusuustooda Maxamed Baasha kaalintiisii hagar la'aaneed ee uu la wadaagey dadkiisa, Illaahey ha u naxariistee.

Maxamed Baasha X. Xasan

Maxamed Baashi Xaaji Xasan Diiriye Maxamed waxaa uu ku dhashay degaanka Meygaagle ee ku yaalla duleedka Sacmadeeqo oo ka tirsan degamda Boohoodle ee gobolka Sool, sanadku markuu ahaa 1963 kii. Yaartiisii waxaa la geeyey dugsi Quraanka uu ka barto sannadkii 1969 kii taa oo ku tiilay degaanka Ballidhiig.

Dhanka waxbarashada kale waxaa uu Baashe fasalkii kowaad ee dugsiga hoose uu ka bilaabay isla magaalada Ballidhiig, laakiin dhammaystirka dugsiga hoose dhammaantii waxaa uu ahaa magaalada Hargeysa, gaar ahaan dugsiga hoose ee Qudhacdheer sannadku markuu ahaa 1975 kii. Waxbarashada dugsiga dhexena wuxuu ku dhammaystay dugsiga dhexe ee Biyadhacay ee Hargeysa sannadkii 1978 kii. Tacliinta dugsiga sare waxaa uu Maxamed Baashe ku qaatay dugsiyada sare ee Faarax Oomaar iyo Gacan Libaax ee magaalada Hargeysa sannadihii 1978 – 1982 kii.

Ka dib markii uu u adkeysan waayey sida ay ku socotey hanaankii siyaasadeed ee dalka waxaa uu Maxamed Baasha ka mid noqday sanadkii 1982 kii dhalinyaradii Ufo ee Hargeysa ka sameeyey dhagax tuurkii lagaga soo horjeeday maamulkii dalka ka jirey waagaa, dabadeedna Baasha wuxuu goostey inuu ku biiro dhallinyadii u baxsatey Itoobiya si ay uga mid noqdaan dhaqdhaqaaqtadii siyaasadeed ee mucaaradka gaar ahaan kuwii lagu magacaabi jiray dhaqdhaqaaqa waddaniga Soomaaliyeed ee SNM, bishii Maarso sanadkii 1983 kii. Isla sanadkaa bishiisii agoosto waxaa uu ka mid noqday hawlwadeennadii idaacaddii Halgan oo ku hadli jirtey afka xoogaggii mucaaridka soomaalida ee saldhiggeedu ahaa magaalada Addis-Ababa.

Bishii agoosto sanadkii 1987 kii waxaa uu qoraa Maxmed Baasha heley deeq waxbarasho oo uu u kicitimay waddankii loo aqoon jirey Jokoslaafiaya , waxaa uuna magaalada Baraag (Prague) ee caasimadda Jamhuuriyadda Jeek (The Czech Republic) ka bilaabay jaamacadda The Charles University, kulliyaddeeda saxaafadda lagu barto, kulliyaddaas oo uu qoraa Maxamed Baasha ka qalin jabiyey sannadkii 1990akii, kana qaatay Digriigiisii koowaad. Maxamed Baashe X. Xasan waxaa uu sii watey waxbarashadiisii, waxaanu bishii November ee sanadkii 1992 kii ka qaatay Digriigiisii labaad ee Mastarka isagoo ku qaatey warfaafinta gaar ahaan Joornaaliste. Waxaa kale oo uu bartey bartay Cilmiga hoggaaminta Bulshada.

Wixii ka danbeeyay 1992 kii, qoraa Maxamed Baashe waxaa uu ku shaqeeyey wixii uu soo bartey oo xagga saxaafadda ah, isagoo suxufi ahaan la shaqeeyay:
- Wargeyska Jamhuuriya London ka soo baxa.
- Wargeyska Sahan News oo Ohio USA ka soo baxa.
- Codka Soomaalida ee Sahan Radio, Ohio USA.
- Star Tv oo xaruntiisii ahayd London.
- iyo kuwo kale.

Buugaagta Maxamed Baasha

Wuxuu qoray Maxamed Baasha qoraalo dhowr ah oo isugu jiro buugaag iyo qoraalo maqaalo ah. Haddii aanu tilmaamno dhanka buugaagta daabacan ee uu Maxamed dhaxal ahaan uga tagay waxa ka mid ah:

- Hal ka Haleel

Hal-ka-haleel waa buug uu qoray, soona saaray qoraa Maxamed Baashe Xaaji Xasan, waxaana uu ku saabsan abwaan Maxamed Ibraahin Warsame oo ku magac dheer Hadraawi, qof ahaan, suugaan ahaan iyo fikir ahaanba. Runtii buuggu waxaa uu leeyahay hal-ku-dhig baadi-sooc ah oo la oran karo waa sooyaalka Hadraawi iyo Suugaantiisa oo caanka ka ah dhammaan Soomaali meel ay degdaba. Maxamed Baasha - Allaha u naxariistee - waxaa uu go`aansaday in badweynta Hadraawi uu ka qalin daarto kuna rafto dabadeedna bulshada Soomaaliyeed oo ka dharagsan suugaanta Hadraawi tix iyo tiraab uu ku gujeeyo in baddii Hadraawi wali hirkeedii aysan degin. Waxaase xusid mudan mar uu aqoonyahay u dhuun daloola suugaan Soomaaliyeed oo la yiraahdo Rashiid Shiikh Cabdullaahi Axmed (Rashiid Garweyne) ka faaloonayey buugga Hal Heleel waxaa uu yiri: " Hadraawi, fikir, maanso iyo qof ahaanna, waa bad-weyn mug iyo baxaadba aad u ballaadhan, hayeeshee Maxamed geesinnimadii aan ku aqiin buu ugu badheedhay oo uu ugu babac-dhigay tiisana kaga yool-gaadhay. Badweyntaas ayuu in uu dabbaal kaga gudbo doonay, kuna dhaqaaqay. Haddii aanu kaga gudbin ma jiro qof kale oo keli baddaas dabbaal kaga bixi kara, mana jiri doono ". Hawsha uu Baasha qabtey wey ka duwan tahay howlaha qorayaasha qaarkood, waayo wuxuu u daadagey gunta fasiraadda maansooyinka Hadraawi ee uu soo bandhigay qaarkood, kuma koobnaan oo kaliya soo saarka suugaanta Hadraawi ee si cilmi ku dhisan ayuu u kala hufay miiddii iyo fikirkii abwaanka, si aqristuhu u fahmo waxaa uu isku howlay inuu macneeyo tuducyada maansooyinka qaarkood. Buugga waxaa daabacaaddiisii labaad waxaa lagu soo saaray Bashe publications, sanadkii 2004 tii.

- Afka Hooyo Waa Hodan

    Hodantinnimada Af Soomaaliga Buugani waxaa uu ka hadlayaa hodannimada afka Soomaaliga. Buuggu waxaa uu qoraagu kaga faaloonayaa sidii uu af-Soomaaligu u badbaaday in kasta oo uu ahaa af aan la qorin ilaa waayihii danbe. Qoraa Baasha waxaa uu buugiisa kus soo qaatay mowduucyo dhowr ah oo uu kaga hadlayaa nolosha xoolodhaqatada iyo afka Soomaaliga, hiddaha suugaanta Soomaaliyeed, abuuridta farta Soomaaliga iyo in af- Soomaaligu leeyahay awood uu ku noolaado. Buugga waxaa lagu daabacay shirkadda Asal Printing Press, 2017.

- Guri waa haween

Qoraa Maxamed Baashe buugiisa waxaa uu kaga hadlayaa haweenka guud ahaan oo uu u bixiyey " Guri waa haween " kartida iyo kasmada haweenka soomaalida ayuu kaga hadlayaa, tix iyo tiraabba waa dhigane haqab tire ah .

- Hal aan tebayey

Waa buug lagu ururiyey maansooyinkii uu tiriyey Xaaji Aadan Af-qallooc oo ka mid ahaa halabuuradii ugu waaweynaa Soomaalida qarnigii 19 – 20 aad. Waxaana xussid midan in maansooyinka Xaajiga badanaa ay la xiriiraan dhaqdhaqaaqyadii xorriyadda ee meelo badan oo Afrika iyo Aasiya ah. Buugaan daabacaadiisa hore waxaa la daabacay sanadkii 2008 oo la hagaajiyay.

- Hal tisqaaday ... halabuurkii Cali Sugulle

Buugaan waxaa qoray Marxuum Maxamed Baasha X. Xasan , waxaana daabacay shirkada Garanuug. Baasha buugga waxaa uu ku soo aruuriyey dhaxalkii suugaaneed ee lahayd tix iyo tiraab oo u ka tegey abwaan Cali Sugulle Duncarbeed. La yaab ma leh in Maxamed Baasha uu isku taxluujiyo ururinta iyo diiwaan gelinta taariikh nololeedkii abwaan Cali Sugulle iyo hibadiisii suugaaneed oo uu Illaahay siiyey, waayo abwaan Cali Sugulle waxa uu ahaa raggii dhidibada u aasay in fanka iyo suugaantu tacliin yihiin, sidaana waxaa yiri Maxamuud Shiikh Axmed Dalmar mar uu ka hadlaayey baroor diiqdii Cali Sugulle loogu sameeyey magaalada London. Buugga waa halabuurkii Cali Sugulle ee dhawr xilli oo xidhiidhsanaa iyo sooyaalkiisii qofnimo,

Dhabtii Cali Sugulle waxaa uu ahaa suugaan yahankii ugu mudnaa ee ka soo horjeeday ruwaayadii gumaystaha, waxaa uuna ka mid ahaa abwaannadii hormoodka ka ahaa halgankii gobannimo-doonka ee Soomaalidu xorriyaddeeda ku baafinaysay sannadihii 1940-kii dabayaaqadoodii iyo sannadihii 1950-kii, waxa uu ahaa hal-abuur qayuuri ah oo Alle ku mannaystay curinta maansada, isaga oo lahaa suugaan jaad-gooni ah oo markiiba dunta iyo hardeedda la soo sooco, oo fudud, haddana qaro iyo duluc raaridan oo la yaab leh, nuxur iyo murti ahaan, sida uu sheegey qoraa Maxmaed Baasha X Xasan.

Waxaa buugga ku jira 13 riwaayadood oo uu Cali Sugulle halabuuray afartaas xilli intii u dhexaysey iyo riwaayad uu dhawr abwaan oo kale la allifey. Cali Sugulle iyo halabuurkiisu waa badweyn lagu hafanayo, lagana qori karo tobannaan buug.

Geerida Baashe

Allaha ha u naxariistee waxaa marxuum Maxamed Baashe Xaaji Xasan uu ku geeriyoodey magaalada London ee dalka Ingiriiska ka dib markii uu muddo ku xanuunsanaa halkaa. Markii uu xanuunkiisa isa soo taray ayaa waxaa la dhigay takhtar ku yaalla magaalada London oo uu muddo toddobaadyo uu jiifay xaaladiisa caafimaad oo ka sii dartey awgeed, dabadeedna muddo ka dib waa uu dhintey 2020 kii.

Marxuumku waxaa uu ahaa ruug-caddaa ku xeel dheer dhanka saxaafadda oo uu muddo badan ku dhex jirey, laga soo billaabo markii uu ka shaqeynayey radiyo Halgen ee ku yiil magaalada Adis Ababa ee dalka Itoobiya, kaa oo hoos imaanayey jabhadii lagu magacaabi jirey ururka dhaqdhaqaaqa wadaniga Soomaaliyeed (SNM), ilaa markii uu yimid Yurub oo uu ka howlgalay warfaafinta qaybaheeda kale duwan ee aqaris, maqal iyo muuqaalba.

Cabdiraxmaan Maxamed Abtidoon

Cabdiraxmaan Maxamed Abtidoon waa qoraa, macallin iyo cilmibaare ku howlan horumarka afka hooyo iyo iftiiminta dhaqanka suuban ee Soomaaliya, mar walbana goob joog ka ah kulumada lagu muujinayo afka, suugaanta, dhaqanka iyo taariikhda Soomaaliyeed kuwaa oo aalaaba ka dhaca dalka gudihiisa iyo dibaddiisa, isla markaana wax ku soo kordhiya kulumadaa. Abtidoon waxaa uu xubin buuxda ka yahay dhowr urur gobcleed iyo caalimo oo ku howlan kobcinta iyo kaabista afka hooyo iyo wixii la xiriira, ururada qaarkoodna uu ka yahay aasaasayaase. Maadaaba uu macallin yahay aqoontiisa waxaa uu ku soo gudbiyaa qoraal, muxaadarooyin, dood wadaag iyo barnaamijyo isugu jira maqal iyo muuqaal. Dadaalada Abtidoon waxay ka muuqdaan London, Norway, Italiya, Jabuuti, Soomaaliya iyo meelo kale.

Cabdiraxmaan Maxamed Abdtidoon Xaashi Fiidow wuxuu ku dhashay caasumadda gobolka Hiiraan ee magaalada Baladweyne sannadkii 1959 kii, waxaana dhashay hooyo Faadumo Odawaay Shiiraar.

Sida caadada dadyowga muslimiinta caalamka waxaa Cabdiraxmaan waalidkii ay kula dadaaleen inuu Quraanka kariimka barto, waxaana ugu horeyntii macallin u noqday macallin Aadan oo beelaha Raxanweyn ka soo jeedey, ka dibna macallin Xaaji Abdisamad oo beesha Direen isagana ka soo jeeday, taana waxay ku caddeyneysaa sida ay waalidka ugu go`neyd in wiilkooda uu Qoraanka barto.

Dhinaca waxbarashada kale waxaa uu

Cabdiraxmaan bilaabay dugsiga hoose Baladweyne, dugsiga dhexena waxaa uu galay dugsigii Sandhoole Guure Fiidow ee ku yiil Baladweyne, dabadeedna waxaa uu ku biiran dugsiga sare ee Axamed Warsame oo ku yiil magaalada Baladweyne iyo dugsigii sare ee Sayid Maxamed Cabdulle Xasan ee ku yiil magaalada Marka ee gobolka Shabeelada hoose.

Waxaa uu isla markiiba ka mid noqday ardaydii ku biirtey jaamacadda umaadda sannadkii 1981 kii isaga oo baranayey Injineeriya, waxaa uuna dhammeeyey sannadkii 1986 kii.

Dagaalladii sokeeyo markii ay qarxeen waxaa uu qoraa Cabdiraxmaan u safray dalka Jabuuti sannadkii 1991 kii muddo ka yar ka dibna waxaa uu uga sii gudbay qaaradda yurub gaar ahaan dalka Talyaaniga oo uu muddo ku noolaa.

Sannadkii 2001 kii waxaa uu shahaado Injireeriyo oo kale ka qaatay dalka Talyaaniga gaar ahaan kulliyadda Politecnico di Milano ka dib markii uu go`aan ku gaaray inuu xoojiyo waxbarashadiisii jaamacadeed, sidaa darteed waxaa uu sii watay waxbarashadii Injineeriyada.

Abtidoon iyo danaynta afka, tarbiyadda iyo dhaqanka:

Muddooyinkii dambe waxaa uu qoraa Cabdiraxmaan Maxamed Abtidoon aad u daneeyey sidii loo horumarin lahaa afkeena hooyo, taana waxbuu ka qabtey oo isugu jira qoraalo iyo inuu macallin u heelan faafinta afka barashadiisa la xiriirta. Waxaa xusid mudan in Cabdiraxmaan arrinkaa si xoog leh uu ugu qancay ka dib markii uu soo gaaray dalka Talyaaniga oo uu muddo deggenaa isla markaana uu meeshaa ka billaabey ka rumeynta dareenkiisa iyo riyadiisa, laakiin waxaa dadaallada Cabdiraxmaan kor u sii korortey markii dambe ee uu u soo wareegey dalka Ingiriiska.

La yaab ma lahayn in Abtidoon ku mashquulo inuu sii horumariyo himiladiisii ku aadaneyd horumarinta afka oo ay la socoto in la helo agab wax ku ool ah oo ay weheshadaan carruurta ku nool qurbaha kaa oo ka caawinaya barashada afka iyo dhaqanka Soomaaliyeed, sidaa darteed waxaa uu qoraaga ku mashquulay inuu qaato tababar la xiriira macallinimada iyo mid kale oo la xiriira cilmaga aadanaha (Antropology). Markii ay u hirgashay waxbarashadii la xiriirtey macallinimada waxaa uu qoraa Cabdiraxmaan ku shaqeeyey takhasuska oo soo qaatay intii uu degenaa dalka Ingiriiska taa oo ah macallinimo.

Abtidoon sidoo kale waa cilmibaare afka, suugaanta iyo dhaqanka Soomaaliyeed, wuxuu sanooyin badan ka tirsanaa Xarunta Cilmibaarista

Soomaaliyeed ee Jaamacadda Roma 3, ee dalka talyaaniga.

BUUGAAGTA ABTIDOON:

Waxaa jira buugaag dhowr ah oo uu qoray qoraa Cabdiraxmaan Maxamed Abtidoon kuwaa oo badankood la daabacay, laakiin qaar kalena ay sugayaan daabacaad iyo iney dhawaan soo baxaan. Dadaalkaa ku aadan qorista buugaagta kuma aysan imaanin si fudud, balse waxaa ka horeeyey rabitaan ku aadanaa in qoraagu uu xaqiijiyo riyooyinkiisii ku aadanaa caawinta bulshada Soomaaliyeed gaar ahaan caruurta Soomaaliyeed ee qurbaha ku dhaqan si ay u helaan agab iyo buugaag ka caawinaya sidii ay suugaantooda iyo afkooda u baran lahaayeen. Dadaalada Abtidoon kuma eko oo kaliya caruurta ee waxaa jira iyana kuwo ku aadad dhalinyarada iyo dadka waaweyn. Qoraalada Cabdiraxmaan Abtidoon waxaa ka mid ah:

- Aan Barano Talyaaniga

Waa buuggii ugu horeeyey uu soo saaro qoraaga, waxaana lagu daabacay Milano – Talyaaniga 1997 kii, waxaana daabacday shirkada COE.

- Af Soomaali 1

Buuggan waxaa loogu talaggalay carruurta Soomaaliyeed in ay ka bartaan qoraalka afka Soomaaliga, meel ay joogaanba dibad iyo gudaba, waxaana lagu daabacay Milano sannadkii 2008 dii. Buugga waxaa daabacday shirkada, Spazio Solidale Onlus

- Af Soomaali 2

Waxaa lagu daabacay London, waxaana daabacday shirkada Ama books sannadkii 2012 kii.

- Af Soomaali 3
- Waxaa lagu daabacay London, waxaana daabacday shirkada Ama books sannadkii 2013 kii.
- Wada jir baa awood leh

Waa buug carruureed uu qoraagau ugu talo galey carruurta si kuu u buuxiyo baahida ay caruurtu u qabto buugaagta noocaas oo kale.

- Baxaar, Boqorkii Wabiga

Waxaa lagu daabacay London, waxaana daabacday shirkada Galool Somali.

- Riyaawad, Durwaa Dharaarow

Waa masrixiyad ama riwaayad qoran oo diyaar u ah in la jilo.

- Buugga 1969

Buuggu waxaa qoraha ku falnqeynayaa waxyaalihii dhacay sannadkii 1969kii oo dhowr arrimood ahayd iyo sida lagu yimid sannadkaa, maxaa uu dhalay dhacdooyinkii sannadkaa oo ay Soomaalidu ka dhaxleen. Waxay ahaataba buugga waxaa lagu daabacay Leicester sannadkii 2021 kii, waxaana daabacday shirkadda Looh Press.

- Ubixii Faadumo

Buugaan waxaa uu ka mid yahay buugaagta uu qoraaga qorey laakiin aan wali la daabacin.

Qoraa Cabdiraxmaan Abtidoon waxaa ka mid yahay ururo aqooneed oo tiro badan, sida ururada:

- Akadeemiye-Goboleedka AfSoomaaliga – AGA

Ustaad Cabdiraxmaan Abtidoon waxaa wakiilka gaarka AGA ee qaaradda Yurub

- Naadiga Qalinleyda iyo hal-abuurka Soomaaliyeed – Somali PEN

Waxaa kale oo uu ka qeyb qaatey kulamo aqooneed oo gudo iyo dibadda Geeska Afrika iyo bandhigyada buugaagta.

Abdtidoon waa qoraa iyo macallin mar walba u heelan horumarka dhaqanka, afka iyo suugaanta Soomaaliyeed.

Muuse Maxamed Ciise (Dalmar)

Muuse Maxamuud Ciise (Dalmar) waa qoraa iyo warbaahiye ka shaqeeya Radiyowga Iswiidhan qeybtiisa afka Soomaaliga, sidoo kale waa barbaariye iyo madadaaliye caruureed oo ka howl gala qaar ka mid ah maktabadaha magaalada Stockholm. Muuse waxaa uu ahmiyad badan siiyaa dhaqanka iyo afka hooyo.

Muuse Maxamuud Ciise oo ku magac dheer Dalmar waa qoraa dadaal badan, isla markaana u heelan caawinta ubadka Soomaaliyeed ee soo koraya gaar ahaan kuwa qurbaha. Muuse waxaa uu degan yahay dalka Iswiidhan (Sweden).

Doorka Muuse ee horumarinta dhaqanka iyo afka

Dadka yaqaana Muuse Maxamuud Ciise (Dalmar) waxay u arkaan dadaalada uu bixiyey Muuse in ay u badan tahay kuwo ka yimid rabitaankiisa iyo xamaasadda uu u qabo inuu gacan ka geysto horumarka afka hooyo oo ku aadan caruurta Soomaaliyeed ee ku dhashay kuna barbaaray qurbaha. Dadaaladaa Muuse uu sameeyey waxay leeyihiin dhinacyo kale duwan, waana ay badan yihiin, waxaana ka mid ah:

- Caawinta carruurta Soomaaliyeed

Dadka Soomaaliyeed walwal badan ayaa ka haya caruurtooda ku nool wadamada qurbaha ee reer galbeed, walwalkaana ma aha mid xiriir la leh cunto, caafimaad waxbarasho ay u doonayaan caruurtooda, ee waa mid la xiriira dhinacyada diinta, dhaqanka iyo afkii hooyo oo ah udub dhexaadka ummadda Soomaaliyeed meel ay joogtaba, Muuse waxaa uu ka mid yahay dadka marar badan ka fikirey sidii ay walwalkaa ula wadaagi lahaayeen waalidiinta oo uu isaga qudhiisu ka midka yahay, sidaa darteed Muuse waxaa uu billaabey dadaalo ku dhanka carruurta yaryar waxaa uuna sameeyey barnaamijyo lagu kobcinayo garaadkooda. Waxa uu ka bilaabay maktabadaha Stockholm in uu carruurta u sameeyo maalmo gaar ah oo loo sheekeeyo, laguna dhiirrigeliyo afsoomaaliga iyo ku hadalkiisa. Hawlahaas oo dhan waxa uu Muuse qabanayey waa xilliga yar ee uu nasashada ka haysto shaqadiisa caadiga ah. Xilliyada qaar waxaan hubaa in aanu barnaamijyo wacyigelin ah qabannay in ka badan 15 jeer sannadkiiba. Waxa aan hubaa in ururada ka jira Stockholm ee soomaalidu leedahay ka badan yihiin 500 oo urur, oo caawimo ka hela hay'adaha dhaqanka ee Iswidhan, mana qaban karaan laba jeer oo keliya sannadkii kulan waxtar leh. Halka Muuse uu xilliyada qaar gaadhay in uu bishii sameeyo afar kulan oo laba carruurta yihiin.

- Wacyigelin

Waxaa kale ee uu Muuse qabanqaabiyey kulumo wax ku ool ah oo uu ugu gol lahaa wacyi galinta bulshada Soomaaliyeed dhinaca dhaqanka guud la xiriira, barnaamijyada uu qabanqaabiyo waxaa jira kuwa gaar u ah dadka waaweyn, laakiin taa waxaa u dheereed in Muuse uu billaabay wacyigelin dhinaca akhriska iyo qoraalka ee dhallin iyo waayeelba magaalada Stockholm iyo hareeraheeda.

- Sammeynta iyo hirgalinta Riwaayadaha

Dadaalada Muuse kuma eka oo kaliya inta aanu soo sheegney ee waxaa kale oo jira dadaalo kale oo uu ku bixiyey Muuse maskax iyo maal sida in uu soo saarey buugaag uu ugu talo galey caruurta oo ku aadan barashada afka hooyo, iyo kuwo kale oo uu mu soo bandhigey hibadiisa qoraanimo ee ku aadan dhaqanka iyo suugaanta Soomaaliyeed, taa waxaanu ula jeednaa in dadaalada Muuse ayna ku koobnayn oo kaliya inuu qoro buugaag ama uu qabanqaabiyo barnaamijyo lagu wacyi galinayo bulshada da`yarta iyo kuwa waaweyn, balsa waxaa kale oo dadaalada Muuse ka mid ah sammeynta riwaayado oo uu ula jeedey iyana qaab kale oo uu doonayey inuu garaadkiisa ku biiriyo dadkiisa gudo iyo dibadba, sidaa darteed waxaa uu sameeyey riwaayad uu ugu magac darey " Tayo beelka carruurtu waalid buu tebayaa " oo in badan laga dhigay Stockholm, iyo xataa magaalda Hargeysa. Muuse maskax iyo maal ayuu ku biyey sidii ay uugu suuro gali lahayd himiladiisa ku aadan horumarinta dhaqanka iyo suugaanta Soomaaliyeed, sidoo kale dadaalo badan ayuu ku bixiyey sidii uu kor ugu qaadi lahaa afka iyo garaadka caruurta Soomaaliyeed.

DHIGAALADA MAXAMUUD

Maxamuud waa qoraa ay u suuro gashay inuu soo saaro dhowr dhigaalo oo isugu jira buugaag iyo maqaalaad, marka aanu ka billawno dhanka buugaagta ee qoraa Maxamuud u suuro gashay ama la daabacay waxaa ka mid ah:

Buuga Hantaago Jacayl waxaa uu ka mid yahay buugaagta dhanka sheekooyinka jacaylka ka faalooda gaar ahaan midka ay suuro gasho in ay lamaanaha guur yagleelaan. Buugga waxaa lagu daabacay magaalada Stockholm ee dalka Iswiidhan (Sweden).

Buugga Hantooqo jacayl waa buug sheeko ah oo ka hadlaya qiso jacayl ah taas oo dhex martay wiil iyo gabadh Soomaaliyeed wakhti ku siman dabayaaqadii Sideedamaadkii.

Sida uu sheegey qoraa Maxamed Xirsi Guuleed oo ku magac dheer (Cabdibashiir) mar uu ka faaloonayey buugga Hantaaqo Jacayl ayaa uu yiri: « waa sheeko dareenka xantaxantaynaysa oo ay kaaga dhex muuqanayaan hummaagyada dad nool – nooli. Waxaa la moodaa in uu qoraagu inoo soo werinayo dhacdooyin uu goobjooge ka ahaa min dabo ilaa dacal ».

Cawo Dhalad

Buug hal-abuur waa buug uu qoraagu ku kaydiyey qormooyin isugu jira tix iyo taraab, qormooyinkaas oo isugu jira sheekooyin tix iyo tiraab oo isku dhaf ah iyo qoraalo wax sheeg iyo waayo aragnimoba xanbaarsan oo ka hadlaaya lamaanaha kala duwan ee nolosha, gaar ahaan xaalada nololeede Soomaaliya, dal iyo dibadba meel kasta ha joogtee. Guud ahaan qoraaga waxaaa uu buugiisa ku soo banchigayaa sheekooyin ku saabsan xaaladaha ay Soomaalidu kala kulmaan nolol maalmeedka adduunka ee xagga dhaqanka, diinta iyo afka. Buugga waxaa lagu daabacay shirkada Book son Dimond (Bod) ee magaalo madaxda Stockholm ee Sweden sannadkii 2014 kii, Dhallaan koriye

Waa buug uu soo saarey qoraa Dalmar.

- Darka Maadda

Buugga Darka Maadda waa buug dhinaca majaajilada u janjeera, waxaana qoray Muuse Maxamuud Ciise Dalmar oo ku nool dalka Iswiidhan (Sweden), buugga waxaa daabacday shirkada

Scansom Pulbllishers, Sweden, oktoobar 2012 kii.

- Maqaaalaad

Marka laga soo tago buugaagta uu qoray Maxamuud waxaa kale oo jiro dhigaalo kale ee uu aalaaba qori jirey sida maqaalaad oo uu ku kobcinayo fahamka bulshada ay ka qabto nolosha sida magaal uu u bixiyey «Sirta noloshu waa ku qanacsanaanta hadba wixii aad haysato».

Gunaanadkii dadaalada uu qoraa Muuse Maxamuud ku bixiyey u adeegga horumarka bulshada Soomaaliyeed ee qurbaha ku dhaqan, gaar ahaan dalka Sweden ee ku aadan dhaqanka, afka iyo barbaarinta ubadkeena waa mid muuqada oo dhinacyo kale duwan taabaneysa. Waxaa marqaati inuu finan qoraaga Soomaaliyeed Sayid Axmed M. Yuusuf oo ku magac dheer (Dhegey) oo magaal uu ku qoray baloog uu leeyahay (dhegey.blogspot.com) 21 kii Julaay 2016 kii ayaa qormo uu qoray cinwaan uga dhigay «Muuse Maxamuud Ciise (Dalmar) waa Halyey u Hiiliyey Ubadka soo Koraya». qoraalkaas oo aad u dheeraa waxaa uu Sayid Axmed ku sheegey dadaalada kale duwan ee Muuse soo qabtey iyo inuu mar kasta ka mid ahaa aqoonyanada Soomaaliyeed oo kaalintoodii gutey. Sayidku waxaa uu ifiyey dadaaladii Muuse ee ku aadanaa:

- Buugaagta uu qorey
- Barnaamijyada barbaarinta carruurta
- Wacyi galinta bulshdada
- Sammeynt Naadiga akhriska Soomaaliyeed
- Riwaayado iyo maaweele sameyntii

Cabdalla Cusmaan Shafey

Cabdalla Cusmaan Shafey waa barbaariye, qoraa, hal-abuur, macallin oo u heelan xoojinta tisqaadka dhaqanka suuban iyo afka Soomaaliyeed. Cabdalla Shafey waxaa uu waqti badan ku bixiyey inuu iftiimiyo ahmiyadda ay leedahay barbaarinta caruurta, gaar ahaan carruurta ku nool qurbaha. Cabdalla Shafey dadaaladiisa waxay ka muuqdaan Darmark oo uu degen yahay iyo wadamada reer Yurub gaar ahaan woqooyiga Yurub iyo Ingiriiska. Wuxuu soo saarey buugaag, agab iyo filimo kartoon ah oo afka Soomaaliga ku socda. Doorkiisa aqooneed waxay ka muuqataa bandhigyada aqoonta, dhaqanka iyo buugaagta ee aalaaba lagu qabto qeybo ka mid ah wadamada reer Yurub. Sidoo kale Cabdalla waxaa uu soo jeediyaa muxaadarooyin isla markaana waxaa uu abaabulaa barnaamijyo tababaro ah (courses) oo ku aadan tarbiyadda wanaagsan ee ubadka ku kora qurbaha.

Cabdalla Shafey

Cabdalla Cusmaan Shafey waxaa uu ku dhashay magaalo madaxda dalka Soomaaliya ee Muqdisho, waxaa uuna ku barbaaray gurigii hooyadii iyo aabihii isaga oo helay tarbiyad wanaagsan oo ku aadan diinta iyo dhaqanka Soomaaliyeed ee suuban.

Dhanka waxbarashada Cabdalla Shafey waxaa uu ugu horeyntii ku billaabay barashada Quraanka kariimka, dabadeedna waxaa uu maray waxbarashadii xigtey ee dugsiyada hoose, dhexe iyo sare.

Dagaaladii sokeeye markii ay qarxeen waxaa uu Cabdalla ka mid ahaa qowskiisa iyo dadkii kale oo ka soo cararey dagaaladaas, dabadeedna u soo qaxay dalka dibaddiisa iyaga oo ka baxsanaya dhibaatadii socotey. Cabadalla waxaa uu soo marey meelo kale duwan si uu u gaaro himiladiisa ku aadan meel nabad ah oo xasiloon, ugu danbeyntiina waxaa uu u soo wareegey dalka Darmark ee waqooyiga Yurub. Cabdalla Shafey dhanka waxbarashada sare waxaa uu ka bartey dalka Talyaaniga.

HAL-ABUURKA CABDALLA

Qofka dib u jaleeca wax soo saarka u suura galay Cabdalla Shafey ee kale duwan waxaa u cadaanaya dadaalka lixaadka leh oo hagar la`aanta ah ee uu ku bixiyey Cabdalla inuu qeyb ka qaato hurumarinta iyo dib u yagleelida dhaqanka suuban ee Soomaaliyeed iyo barbaarinta dhallaanka ku korey qurbaha si ay u helaan barnaamij wax ka tara barbaarintooda, kaa oo ku aadan dhinacyada tarbiyadda, afka iyo dhaqanka suuban.

DHINACA BUUGAAGTA

Dadaalada Cabdalla Cusmaan Shafey waxay keentey inuu soo saaro dhowr buug oo u janjeera dhinacyada tarbiyadda caruurta iyo wacyigalinta guud ahaan ee bulshada. Buugaagtaana waxaa ka mid ah:

- Internet

Buugga Internet waxaa uu Cabdalla Shafey ku daabacay magaalada Rotterdam ee dalka Holand sannadkii 2002 kii. Buugga waxaa uu ku qoran yahay luuqad aad u fudud oo aqristayaashu ay si fudud u fahmi karaan fariimaha uu xanbaarsan yahay buugga, waana ujeedada qoraa Cabdalla uu doonayo in talooyinkiisa ay si fudud u gaarto dadweynaha. Buugga waxaa uu ka hadlayaa sida ku cad cinwaankiisa arrimo la xiriira warfaafinta gaar ahaan aaladda Internet-ka oo noqotey mid ku faaftey dhammaan dunida oo dhan. Si gaar ah Cabdalla waxaa uu warbixin guud ka siinayaa aqristaha waxa uu yahay Networking iyo taariikhdii ay soo martey.

- Taariikhdii Islaamka ee Andolus

Dadaalada iyo wax soo saarka aqooneed ee qoraa Cabdalla Shafey waxay gaarsiiyey inuu soo saaro buug uu ugu talo galey dhammaan dadka Soomaaliyeed si ay uga faa`iideystaan gaar ahaan kuwooda qurbaha ku nool oo afka hooyo wax ku aqriya, maxaa yeeley buuggu waxaa uu ka hadlayaa qeyb ka mid ah taariikhdii Muslimiinta ay ku lahaayeen Yurub gaar ahaan taariikhdii dowlaadii Muslimiinta ee ka abuurantey qeybo ka mid ah maanta koofurta Yurub ee Ispiin (Spin) iyo Burtiqiiska (Portugal), dhanka waqooyina waxaa ka xigey dowladda Faransiiska (France).

Ujeedada qoraaga waxaa weeye in dadka Soomaaliyeed ay wax ka ogaadaan kana bartaan taariikhdii hore ee muslimiinta ku lahaayeen galbeedka iyo ilbaxnimadoodii hore ee ifisey qeybo badan oo ka mid ah Yurub waqti ay ku jireen mugdi, rafaad iyo nolol hooseysa.

Cabdalla Shafey buugaagta uu qorey waxaa kale oo ka mid ah:

- Inta joogta iyo jiilka imaandoona
- Hooyo ii sheekeey

Sida badan qoraa Cabdalla Shafey buugaagta iyo agabka kale ee uu soo saaro waxaa uu ugu talo galey caruurta Soomaaliyeed ee ku dhaqan qurbaha, isaga oo xoogga saara dhinacyada tarbiyadda, dhaqan iyo afka Soomaaliga sidii kor loogu qaadi lahaa ama loo heli lahaa habab cusub oo casri oo la adeegsado marka uu doonayo inuu soo bandhigo dhigaaladiisa iyo hal-abuurkiisa kale.

SAMMEYNTA FILIMADA KARTOONKA

Cabdalla Shafey wax soo saarkiisa aqooneed kuma koobno oo kaliya qorista buugaagta ee waxaa iyana jirto hal-abuuro kale oo uu ugu talo galey dadka Soomaaliyeed ee ku nool qurbaha gaar ahaan caruurta iyo dhalinyarada, sidaa darteed waxaa kale oo uu halgan adag ka galey inuu sammeeyo filimada kartoonka, kuwaa oo uu ugu talo galey ubadkeena qurbaha ku dhashay ama ku barbaaray si ay fariimaha dhaqanka iyo afka Soomaaliyeed si fudud u fahmaan una bartaan. Runtii barnaamijka sammeynta filimada kortoonka waxaa uu noqday mid soo jiido caruurta maadaaba uu la jaan qaadayey waqtiga iyo goobta ay ku nool yihiin.

Soo saarista filimada kartoonka ah ee caruurta loogu talo galey waxaa shaki ku jirin in ay qeyb weyn ka qaadanaysa barbaarinta caruurta iyo kobcinta afkooda iyo diintooda, waana arrin uu qoraa Cabdalla Shafey xil weyn iska saaray, maxaa yeeley waxaa uu dareensanaa in ay masuuliyad saaran tahay cid kasta oo Ilaahay awoodeeda siiyay isla markaana leh dareen diin oo ay dadnimo ku jirto. Mushruuca sammeynta iyo soo saaridda filimada kartoonka in kastoo aysan ahayn howl fudud, hadana waa mashruuc xanbaarsan aqoon badan oo ku aadan barashada diinta islaamka, si fududna uga faa'iideysan karaan caruurta iyo bulshada Soomaaliyeed inteeda kaleba.

Hirgelinta iyo faafinta wax soo saarka qoraaga si ay u fududaato waxaa uu sammeeyey hay'ad uu ugu magac daray Shafey Media, waxaase xusid mudan in howsha filimada kartoonka uu qoraaga qaarkood soo turjumay qaarna u isaga asal ahaanba u curiyey.

Dhaqdhaqaaqyada aqooneed ee Ustaad Cabdalla Shafey waxaa uu sida badan ka muuqdaa bandhigyada aqooneed oo ay Soomaalidu qabsadaan- sida aanu horey u soo sheegney- bandhigyadaa oo lagu soo bandhigo dhaqanka, suugaanta iyo buugaagta ay aqoonyahanka Soomaaliyeed qoreen, gaar ahaan bandhigyada ay soo qaban qaabiyaan xarumaha iyo ururada Soomaaliyeed ee waqooyiga Yurub.

Waxaa kale oo uu Cabdalla Shafey aad uga muuqday qeyb weynna ka qaatey kulamada macallimiinta Soomaaliyeed ee woqooyiga Yurub, kaa oo sanadkiiba mar la qabtod, maadaama uu yahay macallin ka shaqeeya duqsiga wadanka Darnmark, isla markaana xubin ka ah Dallada ay ku midoobeen macallimiinta waqooyiga Yurub.

Shafey, Dalmar, Cabdibashiir iyo Mansuur

Sayid Axmed Maxamed Yuusuf (Dhegey)

Sayid Axmed waa aqoonyahay dhaqanyaqaan ah, waxna ka qora arrimaha Soomaaliya sida dhaqanka, isla markaana daneeya taariikhda. Qoraagu waxaa uu dadaalo kala duwan ku bixiyey iftiiminta dhaxalka Soomaalida ku aadan dhaqanka, suugaanta iyo taariikhda.

Sayid-Axmed Maxamed Yuusuf oo ku magac dheer (Dhegey), waxaa uu ku dhashay degmada Sheekh ee ka tirsan gobolkii la oran jirey Togdheer.

Sayid Axmed waxaa uu ka mid yahay dhallinyaradii Soomaaliyeed ee u soo qaxday qurbaha ka dib dagaaladii sokeeye ee ka qarxay dalkii Soomaaliya, ugu danbeyntiina waxaa uu soo gaaray dalka Sweden oo uu muddo ku nool yahay.

Sayid- Axmed waxaa u suuro galay inuu qaato Diploma ku saabsan Makanik sanadku markuu ahaa 1987 kii, waxaa kale uu ku guulaystey Sayidka Doploma kale oo uu ku qaatey Dhaqaalaha iyo hababka Xog-ururinta.

Sayidku waxaa uu qabtay shaqooyin kale duwan intuu deganaa dalka Sweden, sida in uu ku shaqeeyey Turjumaan wax ku turjuma afka Soomaaliga iyo afka Isweidhiska (Swedish), ka dib markii loo aqoonsaday inuu yahay mutarjum rasmi ah oo la aqoonsan yahay. Waxaa loo doortey in uu noqdo gudoomiyaha qorayaasha Soomaaliyeed ee dalka Sweden, xilkaasna waxaa uu yahay muddo dhowr sano ah.

Dadaalo aad u badan ayuu ku bixiyey sidii uu qayb lixaad leh uga qaadan lahaa horumarka aqoonta gaar ahaan aqoonta uu u leeyahay afka, suugaanta iyo dhaqanka Soomaaliyeed.

XARUNTA DHEGEY

Haddii aanu dadaalada Sayid Axmed wax xoogaa ah ka tilmaamno, waxaan oran karnaa Sayid Axamed waxaa uu ku guuleystey inuu aasaaso xarun aqooneed oo uu ugu magac darey «Xarunta Dhegey» taa oo uu ugu talo galey inuu ku ururiyo ama ku kaydiyo qoraalada xiriirka la leh suugaanta iyo taariikhda Soomaaliyeed. Xarunta Dhegey waxaa raacsan oo ay leedahay mareeg u gaar ah oo lagu faafiyo qoraalada Sayidka iyo kuwa kale oo ay leeyihiin qorayaal Soomaaliyeed.

Waxaa kale oo u suuro galay Sayid Axmed M. Yuusuf (Dhegey) in uu soo saaray dhowr qoraalo oo isugu jira buugaag iyo dhigaale kale oo u badan magaaalo iyo faalooyin uu uga faaloonayo buugaag , shakhsiyaad, iyo dhacdooyin kale oo dhammaantood xiriir la leh taariikhda, ilbaxnimada, dhaqan, suugaanta iyo afka Soomaaliyeed.

QORAALADA SAYID AXMED

Sayid Axmed waxaa uu qoray dhowr qoraal oo uu ugu talo galey iney noqdaa buug uu ku soo gudbiyo fariimahiisa ku aadan afka, dhaqanka iyo taariikhda. Qoraalada Sayid Axmed ee uu u qoray hab buug ahaan ah waxaa ka mid ah:

Miilicsiga Dagaalkii Dhexmaray Xukuumaddii Maxamed S. Barre Iyo Jabhaddii SNM.

Buuggaan sida magaciisa ka muuqata waa uu ka mug weyn yahay, inkasoo uu xanbaarsan yahay cinwaan ah « Milicsiga Dagaalkii Dhexmaray Xukuumaddii Maxamed S. Barre Iyo Jabhaddii SNM. », haddana waxaa uu qoraagu ku dheeraanayaa taariikhda guud ee Soomaaliya gaar ahaan taariikhdii hore ee dal iyo dadba, dabadeedna waxaa uu ka taariikheynayaa xilligii gumeysiga reer Yurub iyo xornimo doonkii ilaa ay Soomaaliya heshay xuriyad. Waxaa kale oo uu qoraagu ka faaloonayaa dhacdooyinka siyaasadeed ee la soo maray laga bilaabo maamuladii xuriyadda ka dib, af-gambigii ciidamada, dagaalkii dhexmaray Soomaliya iyo Itoobiya 1977 kii. Sidoo kale waxaa uu soo qaatay qoraagu dhacdooyinkii dhex maray jabhadihii hubeysnaa iyo kacaanka, waxaana uu ku soo gabagabeynayaa halgankii jabhadii SNM oo uu sawir faahfaahsan uu ka bixinayo.

Qoraaga waxaa uu aad uga hadlay saamayntii uu dagaaladii dhex marey xukuumaddii Soomaaliya iyo jabhaddii SNM uu ku yeeshay dadkii iyo dalkii Jamhuuriyaddii Soomaalida. Sannadkii 1988kii. Buugga waxaa uu tilmaamayaa dagaaladii cuslaa ee dowladdii waagaa ay ku qaatey degaano ka tirsan dalka sida

Burco iyo Hargeysa, waxaana natiijadu ugu danbeyntii ay noqotey in dowladdii ay burburto maadaama waddadii loogu talo galey ay ka leexatey. Waxaa xusid mudan in buuggu sharraxaad kama bixinayo habkii dagaalku u dhacay, dhimashadii, dhaawicii iyo caabdagaalkii guud ahaaneed. laakiin waxa uu diiradda saarayaa sababtii keentay dagaalka iyo saamayntii uu dad iyo dalba ku yeeshay. Buugga waxaa la daabacay sanadkii 2014 kii.

Bisaddii anbatay

Waa buug yare uu qoraa Sayid Axmed ugu talo galay caruurta ay da'doodu aadka u yar tahay, waxaa uuna u qoran hab sheeko caruureed. Buuggu waxa uu ku saabsan yahay bisad yar oo la noolayd waalidkeed oo aad u jecleyd kalluunka, waxayna in badan bisaddaa ku fikiri jirtey in ay keligeed baxdo oo ugaarsi tagto, gaar ahaan sidii ay kalluun u soo qabsan lahayd. Sheekadu waxay sheegeysa in bisaddu maalin maalmaha ka mid ah ay dibadda u baxday kaligeed dabadeedna ay ka anbatey gurigeedii dabadeedna ay dhibaato la kulantey. Waxaa buugaan la daabacay sanadkii 2014 kii.

Runtii la yaab ma leh in qoraa Sayid Axmed Dhegey inuu u heelanaayo qorista buugaagta caruurto waayo wuxuu qoraagu u arkaa iney arrintaa muhim tahay oo loo baahan yahay in caruurta ay helaan waxyaalo ay akhristaan iyo maaweelo ay ku raaxeystaan, isla markaana garaadkooda aqooneed ee ku aadan afka kor u qaadaya.

- Somaliland - Xorriyaddii lixdankii iyo xilligii ka horereeyey.

Waxaa buuggan la daabacay sannadkii 2002 dii.

- Socdaalkii dheeraa ee 1988 kii

Waa qoraal soo baxay sannadkii 2007 dii.

- Afgembigii Dhicisoobay ee Somaliland Scouts 1961 kii

Buug soo baxay sannadkii 2020 kii. Faalada Sayid Axmed ee buugaagta

Waxaa kale ee qoraa Sayid Axmed soo saarey qoraalo uu kaga faaloonayo buugaag kale oo ay qoreen qorayaal Soomaaliyeed, isagoo si hagaagsan ugu soo bandhigayo akhristayaasha afka Soomaaliga, qoraaladaa waxaa ka mid ah:

- Maqaddinii Xeebaha Berri – Soomaal

Waa qoraalada Sayidka mid ka mid ah ee uu kaga faaloodey buugga uu qoray Axmed Ibraahim Cawaale kaa oo cinwaankiisu yahay: « Maqaddinii Xeebaha Berri – Soomaal », Buuggu waxaa uu qoraaaga kaga faalooday taariikh nololeedkii Xaaji Sharma'arke

Cali Saalax 1776 – 1861 kii.

- Buugga Warjire

Buugga Warjire waxaa qoray Axmed Saciid Cige.

Buuggaa waa xog waran iyo xusuusqor uu sammeeyey wariyihii Soomaaliyeed ee caanka ahaa wariye Axmed Saciid Cige.

Marka laga soo tago buugaagta uu qoraa Sayid Axmed qorey iyo faalooyinkiisii ku beegnaa buugaagta iyo qoraalada ay soo saareen Soomaalida waxaa kale uu Sayidku ku guuleystey inuu qoraalo maqaalo ah uu soo saaray, qoraalada qaarkood waxaa uu uga hadlay arrimo dhanka taariikhda khuseeya, taana waxay ku tusinaysaa in qoraagu uu leeyahay dareen taariikheed oo u janjeera beegsiga ilbaxnimada iyo taariikhda Soomaaliya, qoraaladaa waxaa ka mid ah:

- Waa kuma abwaan Xasan Xaaji Cabdillaahi (Xasan Ganey)?

Waa qormo kooban oo ka hadlaysa suugaanta abwaan Xasan Xaaji Cabdulaahi (Xasan Ganey).

Waxaa kale uu qorey Sayid Axmed maqaal u janjeera dhanka taariikhda sidoo kal, waana midka uu ku magacaabay:

- Faallo kooban oo ku saabsan guddoomiyihii Xisbigii SNL ee 26 Juun 1960 kii Xaaji Cumar Asker.

Qoraalkaan waa faallo kooban oo ku saabsan guddoomiyihii Xisbigii SNL ee 26 Juun 1960 kii Xaaji Cumar Asker.

- Sooyaalka farta Soomaaliga

buuggan waxaa kuu ku saabsan yahay taariikhda afka iyo farta Soomaaliga uu leeyahay.

- Faallo: buugga la magac baxay " Dirkii Sacmaallada»
- Milicsiga maansooyinkii abwaan Axmed Ismaaciil Diiriye (Qaasim)
- Halgankii iyo sooyaalkii Haybe Axmed Guure (Haybe Laambad)

Dadaaladaas kale duwan ee uu Sayid Axmed fursadda u helay inuu hirgeligo waxay tusineysaa sida uu ugu jeelan yahaySayidku kor u qaadida suugaanta iyo taariikhda Soomaaliyeed isaga oo waqti badan geliyey sidii uu ugu sal gaari lahaa himilooyinkiisa ku aadan dhaqanka, suugaanta, taariikhda iyo ilbaxnimada Soomaaliyeed.

Örebro – Sweden 28-12-2011

Bashiir Cali Xuseen

Bashiir Cali Xuseen, waa fanaan, qoraa, barbaariye mar walba ku dadaala xoojinta Soomaalinimada, muddo badanna bulshada la daba joogey tix iyo tiraab si ay u xoojiyaan Soomaalinimada, una hormariyaan dhaqanka suuban iyo afka hooyo.

Barbaariye Bashiir Cali Xuseen

Bashiir waxay waxbarashadiisii ahayd magaalada Xamar oo uu ku dhammeeyey dugsiga hoose iyo dhexe, dabadeedna waxaa uu noqday macallin u shaqeeya wasaaradda waxbarashada iyo barbaarin.

Hadda waxaa uu si rasmi ah u degen yahay dalka Norway, gaar ahaan magaalada lagu magacaabi Skien.

Bashiir Cali Xuseen fanka waxaa uu ku soo biiray sannadkii 1972 kii, ka dib markii uu ku soo baxay barnaamijkii lagu magacaabi jirey (heesaha hirgalay), in mudda ahna waxaa fankiisa lagu soo bandhigi jiray raadiyo Muqdisho., laakiin muddo ka dib gaar ahaan sannadkii 1977 kii waxaa uu ku soo biiray kooxdii Iftin oo maamul ahaan hoos imaaneysay wasaaradda waxbarashad iyo barbaarinta.

Mar uu Bashiir Cali Xuseen ka hadlayey kooxdiisa Iftin inuu wax ka yiraahdo waxaa uu qormadiisa ku soo koobay in kooxdii Iftin ay soo bandhigi jireen waxyaabo baraarujiya bulshada ama ku tirtirsiiya aqoonta iyo horumarka nolosha.

Bashiir kuma uusan koobin warbixinta kooxdii Iftin ka hadalkeeda oo kaliye ee waxaa uu ku soo bandhigay mareegta Laashin qormo aad u qiimo badan oo dheer, taa oo uu kaga hadlaayey Iftin iyo wax qabadkeeda, qormada Bashiir oo ahayd mid aad u dheer waxaa uu gunaanakdii sheegey in kooxdii Iftiin, ay ka badan tahay wax maqaal lagu soo koobo.

Sida aan horey u soo tilmaamney barbaariye Bashiir waxaa hibadiisa faneed laga dheegi jirey oo kaliya idaacaddii Muqdisho oo fagaarayaasha mararka qaarkood, laakiin markii la furay idaacadda layska arko ee telefishinkii Qaranka waxaa uu Bashiir nasiib u yeeshay inuu noqday qofkii labaad ee fankiisa ku dooba kaydka telefishinka.

HEESAHA BASHIIR CALI XUSEEN

Inkasta oo uu fanaanku arrimo badan ka heesay oo xiriir la leh aqoonta iyo baraarujinta bulshada, hadana waxaa heesihiisii ka marneyn dhanka caashaqa sida ay caadada fanaaniinta ay ahayd, heeshaha jeceylka ee uu ku caan baxayna waxaa ka mid ah kuwa aan illaa iminka duugoobin oo ay bulshadu wali war hayso oo aanan ka guurin maankooda, basle dhalinta fanaaniinta cusub ay bilaabeen iney casriyeeyaan oo ay xusaan heesihii Bashiir kuwooda caasha sida heesta caanka ah ee la magac baxday Arji oo ay ka mid ahaayeen ereyadeedii:

- Jecel kala awood weyne
- Kii iilka dhigay Qeys
- Leila ag seexshaa
- Anna igu abuurmo
- Ogodu ku fafoo
- Diday inaan adkeysto
- Ii ka asdeeyo igu kaa eryaye
- Ogow naftaa
- Ku oman adigee
- He heee
- Imisaa ado kale
- Arji ila timido
- Ofin mayo aan iri
- Awadaa u joojee
- Adog naftaa kuu ooman adigee
- Imisaa adoo kale arji iila timitee
- Oofin maayo aan irii aawadaa u joojee.

Waxaa kaloo ka mid ah heesaha fanaanka oo la oran karo dhammaan meel ay Soomaali degtaba waa gaaray heesta loo magaceedu yahay Maryaneey.

Waxaa miraha heestaa ka mid ahaa:
- Filanmeyn Maryaneey marna kaama filaneyn
- Inaa maya i leedahay
- Waloow maanta i tiri isma naqaan
- Hadaad moodey caashaqu
- Maalmo qura inuu yahay
- Micnihiisa maad garan
- Maaweeliyo ciyaarbaad moodeysaa adiguyee
- Heestii Guubaabo Qaran:

Heesaha Bashiir waxaa ka mid ah heestiisii Guubaabo Qaran, runtii sida ka muuqata heesta waxaa uu abwaanku ka carooday xaalada ay ku sugan tahay ummadda Soomaaliyeed oo dagaal iyo degenaasho la`aan ah, sidaa darteed uu ugu talo galey in uu doorkiisii abwaano qaato dabadeedna u soo jeediyey bulshadiisa heestaan uu ugu magac darey Guubaabo Qaran oo aad moodo in si caro leh oo ay guubo iyo aqli celis ay ku dheehan tahay uu u soo gudbinayo miraha heestiisa.

Qof kasta oo u fiirsada wax soo saarka suugaaneed ee barbaariye Bashiir Cali Xuseen waayihiisii danbe waxay u badan yihiin gaabo, canaan, dhiiro kalin.

Murtida iyo xikmada ku duugan barbaariye Bashiir kuma koobno oo kaliye hees ee waxaa kalo oo jira in Bashiir uu yahay runtii abwaan u tafa xaytey suugaanta qeybaheeda kale duwan oo casharo dhowr ahna uu ka bixiyo, ha ahaato qoraalo uu ku qeexayo suugaantu waxay ay tahay iyo qeybaheeda kale duwan , ama dhanka aftahanimada iyo gabay iyo geeraar abuurista, sida qabay uu abwaanku ugu talo galey inuu ku waaniyo ummadda Soomaaliyeed markii uu fiirsan kari waayey sida uu dhaqankeedu noqday gude iyo dibadba.

QORAALADA BASHIIR

Inta aanan u guda gelin buugaagta uu qorey barbaariye Bashiir Cali Xuseen waxaa xusid mudan in wax soo saarka qoraaleed uu Bashiir aaney ku koobneyn oo kaliya qoraalo buugaag ah, laakiin ay jiraan dhigaalo kale oo hab maqaalo ah uu u qoray kuna faafiyey mareegyada Soomaaliyeed gaar haan mareegta Laashin ee ku taal dalka Sweden.

Buugaagta uu Bashiir qorey qaarkood waa la daabacay oo waa ay soo baxaan, qaarna wali waxay ku jiraan jidkii lagu daabici lahaa. Kuwa la daabacay waxaa ka mid ah:

Bidhaamiye

Bidhaamiye waa dhigane ka faaalloonaya kobcinta afka hooyo. Buugga kii ugu horeeyey ee uu qoro qoraaga, waxaana uu ku saabsan yahay qoraalka iyo barashada afka Soomaliyga, isla markaana dhidibbo adagna dhulka ugu mudaya dhigaalka iyo higaadda afkeena hooyo.

Darajo

Darajo iyo xil yaa mudan?

Waxaad moodaa in qoraaga uu la socdo wacyiga siyaasiga ee dalkeena Soomaaliya soo maray iminkana ku sugan yahay, waayo mudda ayey abwaaniintu is weydiinayeen su`aasha ah Darajo iyo xil yaa mudan? taa oo ka soo billaabatey iyadoo hees ah, dabadeedna noqotey riwaayad , markii qarankii burburayna

Soomaalidu ay isku weydiisay arrintaa shirkii dib u heshiisiinta ee magaalada Carta ee dalka Jabuuti, taa oo uu qoraagu u arkayo in sooyaalka soo socday inuu isagana wax ku darsaday oo uu arrintii buug ka dhigey isla weydiintii Darajo iyo xil yaa mudan?. Buugga waxaa uu xanbaarsan yahay guud ahaan waxyaabaha waqtigaan ka taagan dalka Soomaaliya, waxaa uuna ka hadlayaa arrimo siyaasadeed, kama marna suugaan kale duwan oo iftiimineysa meesha buugga uu u socdo.

Maqaalada Bashiir:

Waxaa jira dhiganayaalo uu barbaariye Bashiir soo saaray, kuwaa oo qaab maqaalo ahaan uu u qoray kuna faafiyey mareegyada Soomaaliga gaar ahaan mareegta Laashin oo uu xubin muhim ka yahay qoraaga qudhiisa. Qoraaladaa waxaa ka mid ah:

Faallo iyo gorfayn buugaag
Gorfaynta buugga Godob iyo Gallad:

Waxaa uuna qormadiisa hal hays uga dhigey: qofba si buu u dhigey.

- ASALKA SUUGAANTA
- Ha Gacal seejinin gabadhaada
- Xeerka xarafka Da`da
- Xoog Doofaar lagu raacdeeyay
- Dib u milicsiga Muqdisho

Qoraal taariikhi ah oo uu qoraaga soo bandhigay qaar ka mid ah taariikhda iyo ilbaxnimadii magaalada Muqdisho iyo waayaheedii hore. Ulajeedada qoraagu waxaa uu ku caddeeyey qoraalkiisa kaa oo ah in da`yarta iyo jiilasha soo koraaya uu u bidhaamiya taariikhda magaalada Muqdisho.

Sheekooyin gaagaaban:

Qoraalada Bashiir qaarkood waxaa weeye sheekooyin gaagaaban oo u badan jeceyl, isla markaana xanbaarsan ulajeedooyin wanaagsan oo uu ugu talo galay qoraagu in bulshada ay ku cibro qaadato.

- Gefkeedii baa gar lagu siiyay
- Doob Gaamurey

Waa qormaayin taxane ah oo qoraagu ugu u soo bandhigayo hab sheeko ah, asal ahaan waxaa uu ugu talo kaley in ay noqoto buug uu soo bandhigi doono qoraaga. Intaana waxaa wehliya qoraalo kale.

Cali cusmaan cige

Cali cusmaan cige waa abwaan, fanaan, macallin iyo hal-abuur waqti badan ku bixiyey caawinta caruurta iyo dhalinyarada u baahan in ay afkooda hooyo bartaan. Sidoo kale abwaan Cali Cusmaan waxaa uu howl badan ka qabtey wacyi galinta bulshada Soomaaliyeed ee Oslo iyo hareeraheeda ku dhaqan, mar walbana waxaa uu ka qeyb qaataa kulumada ay bulshadu leedahay isagoo kabankiisa sida oo ku tiraabaya heeso wacyi galin ah oo ku socda afkii hooyo.

Abwaan Cali Cusmaan

Abwaan Cali cusmaan waxaa uu ka soo jeedaa qows aad u qiimo badan oo ay ku dheer tahay diinta iyo dhaqanka Soomaaliyeed, gaar ahaan waxaa dhalay aabe cusmaan cige kheyre Cabdalla oo reer Boorama ah, iyo hooyo muunina xaaji Halas migil oo ka soo jeeda qabiilka Ciise oo caanka ku ah dhaqanka iyo hidaha Soomaaliyeed.

Cali Cusmaan waxaa uu ku dhashay magaalada Boorama ee gobolka Owdal sanadku markuu ahaa 1949 kii, waxaa uuna ku barbaarey isla meeshii uu ku dhashaay iyo tuulooyinkii ku hareersanaa sida tuulada Quljeed oo raacsan Magaalada Boorama.

Cali waxaa u suura galay inuu uu Quraanka Kariimka ku barto tuulada Quljeed, waxaana macallin u ahaa oo Quraanka baray shiikh cabdullaah Cige kheyre oo adeer u ahaa intii u dhexeysey 1960 – 1963 kii. Macallin Cabdullaahi waxaa uu ahaa macallinka tuulada oo ay ka aflaxeen dad badan oo bulshada caan ka noqday, kuwaa oo isugu jira saraakiil, siyaasiyiin iwm, waxaana ka mid ah oo ka soo jeeda tuulada iyo dugsigeeda mudane Daahir Riyaale Kaahin oo madax ka noqday maamulka Soomaaliland intii u dhexeysey 2002 kii ilaa 2010 kii, ka dib markii uu geeriyooday mudane Maxamed Ibraahim Cigaal. Inii uu ku noolaa Cali Cusmaan tuulada Quljeed waxaa u suuro galay inuu ka mid noqday ardaydii dugsiga hoose ee tuulada wax ka baraneysay waqtigaa.

Abwaan Cali Cusmaan markii uu 10 jir noqday waxaa uu ku biiray iskuulkii Camuud oo markaa ahaa meel wax laga barto isla markaana lagu xiroodo degaan ahaan, taa oo macneheedu tahay waxaa uu ka fogaaday gacantii waalidka oo waxaa uu noqday arday ka fog hoygii reerkooda. Dugsiga Camuud waxaa uu Cali ku dhammeeyey waxbarashadii dugsiga dhexe intii u dhexeysey 1963 – 1967 kii, dabadeedana waxaa uu u wareegay magaalada Burca ee hoos timaada gobolka Togdheer, halkaana waxaa uu ka mid noqday ardadii dugsiga sare intii u dhexeysay sannadihii 1967 – 1970 kii.

Waxaa u suuro gashay Cali Cusmaan dugsigii sare ka dib in uu nasiib u helo deeq waxbarasho oo uu ku tagay dalka Jarmalka Jarmal gaar ahaan magaalada Hamburg sannadkii 1971 kii , waxaa uuna bartay waxbarasho la xiriirta farsamada gacanta (Technical Education and Vocational Training), gaar ahaan waxaa loo diyaariyey in uu macallin ka noqdo dugsiyada sare ee farsamada, waxayna waxbarashadiisa jaamacadeed u dhammaatay sannadkii 1974 kii,

dabadeedna dib ugu soo noqday dalka Soomaaliya gaar ahaan magaalada Muqdisho oo uu macallin ka noqday dugsiga sare ee farsamada gacanta oo la oran jirey Industriale sanadku markuu ahaa 1975 kii oo uu in muddo ah ka shaqeynayay.

Muddo ka dib waxaa uu Cali u dhoofay dalka dibadiisa gaar ahaan dalka Liibiya oo uu ku biiray isla markiiba jaamacadda al Faatih (El Fateh University) ee ku tiil caasimadda Liibiya ee Tripoli, gaar ahaan kuliyadda luqadda Carabiga iyo daraasaadka Islaamaka, waxaana uu ka qaatay shahaada jaamacadda ee koowaad (Bachelor), intii u dhexeysey 1982 – 1985 kii. Shahaadada labaadna ee (Master) waxay ahayd 1986 – 1988 kii.

Intii uu waxbarashada ku jirey waxaa uu ka shaqeyn jirey safaaradda Jarmalka Galbeed ee dalka Liibiya isagoo ku shaqeeyey tarjumaad oo uu luqadaha Jarmalka iyo Carabiga isku tarjumi jirey mudo labo sano ah 1986 -1987 kii

Markii uu dagaalkii sokeeyo dalka ka qarxay waxaa uu ku sugnaa dalka Liibiya, laakiin waxaa uu u sii qaxay dalka Norway oo uu gaaray sanadkii 1993 kii, oo uu ilaa iyo hadda degen yahay.

Mudaddii uu joogay Norway waxaa uu bartey luqadda dalka Norway dabadeedna waxaa uu ku biiray jaamacadda Oslo (Oslomet) sannadkii

1993 kii oo uu ka bartay cilmiga shaqada bulshada (Social work) oo uu ka qaatay shahaadada koowaad ee (Bachelor) sannadkii 1996 kii, ka dibna waxaa uu ka mid noqday shaqaalaha dowladda sida inuu ka shaqeeyey hay'adda maamulka shaqada iyo daryeelka ee loo yaqaano (Nav) oo ka tirsan dowladda hoose ee magaalada Oslo, isagoo markaa ahaa xiriiriyaha shaqaalaha bulshada (Social worker and coordinator) intii u dhexeysey 1996 – 2012 kii.

Muddadii uu shaqeenayay waxaa uu ku dhex waday waxbarasho la xiriirta shahaadada labaad ee masterka, taa oo uu ku qaatay waxbarashada caalamiga ah ee dhaqamada kala duwan (Multicultural and International Education) intii u dhexeysay 2006 – 2008 kii.

Run ahaantii Abwaan Cali waxaa uu ka mid yahay tiirarka culus ee bulshada Soomaalida ku nool dalka Norway gaar ahaan magaalada Oslo iyo hareerayeeda, waxaa uuna aalaaba ka muuqdaa kulamada bulshada ay yeeshaan iyo munaasabadaha maalinta xuriyadda iyo maamaalmaha ciidda, sidoo kale waxaa uu qeyb weyn ka qaataa kulamada wacyigalinta bulshada iyo markii ay jiraan daahfur iyo bandhigyada buugaagta afka Soomaaliga ku qoran.

Macallinka Af Soomaaliga

Abwaan Cali Cusmaan waxaa uu waqti badan galiyey sidii uu dhalinyarada iyo qofkii u baahan barashada afka Soomaaliga uu ka caawiyo, isagoo sameeyey maalmo go'an oo uu ugu talagaley barista afka hooyo, gaar ahaan maalmaha fasaxyada dalka Norway ee Sabtiyada iyo Axadaha, waxaa kale oo iyana arrinkaa la socda barista afka Carabiga.

Waxaa kale oo uu abwaan Cali Cusmaan waqti xoog leh oo uu galiyaa caawinta ardayda iyo dadka ku cusub dalka Norway sidii uu kor ugu qaadi lahaa aqoontooda ku aadan luqadaha Ingiriiska iyo Norweejiga.

Mar aan ka wareystey dadaalada barista luqadaha ay ugu horeyso afka Soomaaliga waxaa uu abwaan Cali ii sheegey in ay kulamadiisa ka aflaxeen dad aad u badan oo maanta la oran karo awood ayey u leeyihiin in ay wixii ay barteen iyagana gudbin karaan, taa oo ah arrin aad iyo aad loogu farxo.

Hibadiisa suugaaneed iyo riyadii jeceylka

CURINTA IYO QAADISTA HEESAHAH

Bulshada Soomaaliyeed ee degen Oslo iyo hareeraheeda waxay abwaanka ku barteen in uu u buuxiyo kaalintii madadaalada iyo maaweelada taa oo ujeedada abwaanka ah sidii loo xoojin lahaa afkeena hooyo iyo in fanka looga faa'iideysto xikmadaha iyo murtida ay xanbaarsan yihiin, arrinkaana waxaa macallin ugu ahaa abwaankii weynaa ee Xasan Shiikh Muumin – Illaahay ha u naxareestee – oo uu mar walba ahaa mid xiriir toos ah la leh waqtiyadii uu ku noolaa magaalada Oslo ee dalka Norway, sidii aan horeyba u soo sheegnay.

Intaa waxaa u dheeraa abwaan Cali Cusmaan inuu hibo u lahaa curinta heesaha iyo qaadisteeda, waxaana soo qaadanaynaa hees uu tiriyey markii ay ka la tegeen xaaskiisii ugu horraysay, ka dib markii ay ku badnaatay inuu habeenkii ku riyoodo marar badan, iyada oo ay ka go'yi weydey niyadiisa, arrinkaana waxaa uu ka sameeyey ereyo naxariis leh, waxaa uuna yiri:

Hablaha tii haybad wacan
Sidaada u hadal macaan
Ayaan soo horjoogsadaa
Hurdada waan kugu arkaa
Haw baanan ka soo idhaa
Hareer taydaan dayaa
Halkaa deeqaay ma joogtid
Hiirtii baan soo kacaa
Hillaabtaa go'ayga oo
Halkaad joogtaan tegaa
Hareertaan kaa maraa
Sheedaan kaa haybiyaa
Gacantaan kuu haadiyaa
Haasawaha ma ba haleeshid
Markaan hoydaan idhaa
Muraad kaagii ma helin
Dawadaadii baan hayaa
Guri baan kugu hoysanlaa
Xariir baan ku huwinlaa
Jannaa hoostaada taalla
Xareed baad haysataa
Hadhuub caana aan sidaa
An heeminnee
Hareer taada i la qabo

Maxamuud Ibraahim Jaamac (Xaaji)

Mudane Maxamuud Ibrahim waa qoraa, qabyaa, suugaanyahay iyo qof daneeya dhacdooyinka siyaasadeed iyo bulsheed ee Soomaalida meel ay joogtaba. Maxamuud waayadii u danbeysey waxaa uu ka muuqday kulimada aqoonta iyo bandhigyada buugaagta Soomaalida oo uu wax ku soo kordhiyey, sidoo kale waxaa uu fikradihiisa la wadaagaa dadweynahay isagoo adeegsanaya warbaahinta noocyadadeeda kale duwan.

Inta aanan qoraalada Maxamuud Ibraahim Jaamac soo bandhigin iyo gabayadii uu mariyey qaarkeed waxaa isweydiintu tahay waa kuma Maxamuud Ibraahim Jaamac?

Maxamuud Ibrahim Jaamac (Xaaji) waxaa uu dhashay sannadkii 1969 kii, waxaana dhashay hooyo Saaqa Diiriye Goolle.

Dhanka waxbarashadiisa Maxamuud Ibrahim Jaamac waxaa ugu horeyntii bilaabay dursi Quraan oo ku yaalay tuulada Xalin ee ka tirsan degmadaa Taleex ee gobolka Sool, sanadku markuu ahaa 1975 kii, waxaa macallinkiis Quraanka la oran jirey Shiikh Maxamed Cali-sancadde oo u dhashay beesha Dhulbahante gaar ahaan Nuur Axmed.

London 2021

Mudane Maxamuud Ibrahim Jaamac oo ku magac dheer Xaaji waa aqoon yahay, qoraa, macallin iyo suugaanyahan ku xeel dheer suugaanta qaybaheeda kale duwan ee tix iyo tiraab, gaar ahaan waa gabyaa leh gabayo dhowr ah ee uu ka tiriyey daruufo kale duwan.

Dhanka waxbarashada loo yaqaan

waxbarashada nadaamsan waxaa uu Maxamuud Ibrahim Jaamac ku soo qaatey dalka Soomaaliya iyo degaanadii uu ka dhashay kuna barbaarey, gaar ahaan waxbarshadiisii dugsiga sare waxaa uu ahaa dugsiga sare ee Laascaanood ee ku yiil degmada Laascaanood sanad dugsiyeedkii 1981 kii – 1985 kii.

Sida caadada ahayd waxbarashada dugsiga sare ka dib waxaa uu ka qayb galay shaqadii qaranka ee dalka Soomaaliya sanadku markuu ahaa 1985 – 1987 kii.

Ka dib waxaa uu Maxamuud ku biirey kuliyadii Lafoole ee raacsanayd jaamacadd Ummadda Soomaalyeed gaar ahaan waaxda Bayoolojiga sanadku markuu ahaa 1987 kii isaga oo ka calan jabiyey sannadkii 1990 kii.

Markii uu karxay dagaalkii sokeeye ee Soomaaliya waxaa uu Maxamuud Ibraahim ka mid ahaa dadkii Soomaaliyeed ee u soo qaxay dibadda dalka gaar ahaan wadama deriska, kadibna waxaa uu ku hakaday dalka Simbaabwi (Zimbabwe) gaar ahaan caasumada magaalada Harare oo uu ka sii aaday boqortooyada Ingiriiska oo uu ilaa iyo waqtiga qoraalkeena uu degan yahay.

Inkasta oo haystey Maxamuud shahaado sare ee Jaamacadeed hadana kama uusan harin inuu horey u sii wato waxbarashadiisii oo waxaa uu ka mid noqdey dadkii wax ka baranayey jaamacadda London gaar ahaan machadka Birkbeck College sannadkii 2009 kii, waxaa uuna ka sameeyey shahaadada waxbarashada sare ee ku aadan horumarinta (Certificate of Higher Education in Development Studies.

Sidoo kale waxaa uu ka mid noqday Maxamuud Ibraahim daraasad ka sameeyey machadka Birkbeck College ee raacsan jaamacadda London sanadkii 2010 kii ilaa sannadkii 2015 kii, waxaa uusan si gaar ah u bartey siyaasadda guud iyo horumarinta bulshada (Public Policy and Community Development) ka dib waxaa uuna Maxamuud ku biirey machadkii sare ee Birkbeck College ee ka tirsan jaamacadda London, gaar ahaan waxaa uu bartey Horumarinta Caalamiga (International Development) oo uu ka sameeyey shahaadao sare intii u dhexeesay sanadkii 2016 kii ilaa 2018 kii.

Maxamuud Ibraahim Jaamac waxaa uu muddo u shaqeynayey Matxafka Gaadiidka ee London laga soo bilaabo sannadkii 2002 kii ilaa iyo waqtiga aanu qoraalkaan ku howlanahay.

Qaar ka mid ah gabayadii Maxamuud:

Abwaan Maxamuud Ibraahim Jaamac waxaa uu ka mid yahay abwaanada gabya ee ku nool qurmaha kuwaa oo kor u qaaday gabayga Soomaaliyeed, mar kastana waxaa uu la qeybsadaa bulshada Soomaaliyeed inuu la wadaago daruufaha ku wareegsan dadkiisa ku nool qurbaha gaar ahaan Yurub.

Halkaan waxaanu ku soo qaadan doonaa qaar ka mid ah gabayada Maxamuud uu tiriyey gaar ahaan kuwa uu ka mariyey manaasabado kale duwan laakiin isku meel u socdaa sida maansooyinka la xiriira: Afka, Qoraaga iyo bandhiga buugta oo aalaaba ka dhaca qurbaha gaar ahaan soo bandhiga buugaagta Soomaaliyeed. Marka waxaad moodaa maadaama uu Maxamuud yahay aqoonyahay iyo qoraa u banbaxay inuu tiriyo maanso waxaa uu ka furan waayey inuu ku war wareego meesha ugu daran oo ah xaalka Afka Hooyo maanta marayo iyo in wax laga qoro laguna qoro afka Soomaaliga. Waxaan is leeyahay waxyaalaha ka soo maaxaya maskaxda abwaanka waa dareenkiisa ku aadan wax u qabadka suugaanta Soomaaliyeed iyo Afkka hooyoba.

AFKA IYO DHAQANKA (Geeraar)

Maansadaan waxaa uu Maxamuud ka tirinayaa Afka Soomaaliga oo uu ka welwelsan yahay inuu afkeena gabi ahaanba suulo haddii aan loo banbixin ilaalintiisa oo ay ka mid tahay in wax lagu qoro, lagu soo jeediyo suugaan iwm, maxamuud maansadiisa waxaa uu ku yiri:

- Haddaan dhaqanka soor iyo
- Sixin iyo labeen iyo
- Loo kaydin sooyaal
- Saldhig weel ah loo tolin
- Amaan sadarro muuqdiyo
- Buug sumad leh lagu dhigin
- Inuu suulo waa'u halis
- Taariikhda sooca ah
- Wixii sula la soo maray
- Haddaan seeto lagu xidhin
- Oo aan silsiladiyo
- Suugaan cuddoon iyo
- Siinleyda maansada
- Lagu meerin sees adag
- Suuldaaro waa'u halis
- Afkan sawraceenna ah
- Sinjigiyo abkeenna ah
- Sumaddeena khaaska ah
- Ee sooca badhax la' ah
- Haddaan sheeko lagu sabin
- Oon qalinka lagu sugin
- Suus iyo xar waa'u halis.

QORAAGA

Maansadaan waxaa uu mariyey abwaanka mar uu ka qeyb galay bandhig buugaag, waxaa uuna abwaanka ku baaraarujinayaa ka soo qeyb galayaasha bandhigga buugaagta in ayna moogaan qoraalada ay qoraan qorayaasha Soomaaliyeed. Waxaa uu yiri abwaanka isagoo tilmaamaya dadaalada qoraaga iyo in aan la moogaan qoraaladooda maansadatan:

- Hibada qalinkiyo waraaqda

- Higgaada farteenna suubban
- Baddaa hulan ee hugmeysa
- Hirkaa laacee bidhaamay
- Hummaagyadan aad u jeeddo
- Hillaaca iftiinka muujay
- Buugaagtan hortiinna taalla
- Hiddiyo dhaqan baa ku duugan
- Hablaa u basaasay maalmo
- Hadh iyo hoosiis illaawey
- Rag baa hurdadii u seegay
- Habeenkii oo badh jeestay
- Rag baa hammiyoo u toosay
- Hambaabiray oo ka booday
- Xil baa hagayoo gubaayey
- Hantay noo kaydiyeene
- Hadhaa iyo duug ka reeba
- U hiisha afkeenna hooyo
- U hiisha naftiinna huunno!

BANDHIGGA BUUGAAGTA

Maansadaan waxaa uu abwaanku kaga hadlayaa kuna bogaadinayaa bandhigyada buugaagta ee la qabto gaar ahaan kuwa la dhaca qurbaha. Waxaa kale oo uu abwaanku soo chaweenayaa ka soo qeybgalayaasha bandhig buugaag oo uu qayb ka ahaa iyo isaga oo u soo jeedinaya amaan dhammaan dadkii ka soo qeyb galay bandhigaa, waxaa muna ku bilawday:

- Hablaheennan bilan ee
- Booqashada ku yimid iyo
- Raggan barada jooggee
- Manta soo baqooloow
- Waan idin bariidshee
- Barinaye ma barideen?
- Waa bandhig aqooneed
- Iyo barasho sooyaal
- Waa bustaan la saanyado
- Waa baraha keliyee
- Bulsho kala maqnaydoo
- Midba baal adduunyada
- Beyt kaga negaa iyo
- Qaar isu buseeloo
- Boodhari sidiisii
- Boholyoow la liitoo
- Cishqi uu badniga degey
- Ay isku bariidshaan
- Waa bidhaan hillaacdoo
- Inta qalinka biliga leh
- Iyo buugga jamataa
- Ay ku beratamaanoo
- Isu booddo sheegtaan
- Waa iftiin bulaaloo
- Gudcur baacsanaayoo
- Aay baalaleydiyo
- Gaaraabidhaannadu
- Soo beegsadaanoo
- Xiisaha ku baadiyo
- Ay jacayl ku beeraan
- Abuur soo biqlaayiyo
- Waa beer kalgacal oo
- Biyo iyo ramaas loo
- Ubax midabbo badan iyo
- Soo bixiyay midhihii
- Baro lagu negaadiyo
- Waa beytkii raaxada
- Buugga Calaf iyo Cugasho (Sheeko)
- Waa sheekadii Saxardiid iyo Saxarle`

Qoraa Maxamuud Ibraahim Jaamac (Xaaji) waxaa uu qorey buugga uu ugu magac darey Calaf iyo Cugasho taas oo uu u qoray hab sheeko xiiso leh, waxaase xusid mudan in sheekada qoraaga soo bandhigayo ay si dhab ah u dhacday oo aysan ahayn mid malo awaal ah.

Waxay ahaataba buuggani waxa uu tilmaamayaa duruufihii ka dhashay burburkii dawladdii Soomaaliya. Waxa qoraagu buuggan ku soo gudbinayaa, qar-adaygga Soomaalida, qabka iyo quudhsidiidka qofka Soomaaliga ah, qaddarinta haweenka, iyo quwadda iyo qiimaha hablaha Soomaaliyeed. Waa qiso dhab ah oo tilmaamaysa labo dhallinyaro ah oo Soomaaliyeed Saxardiid iyo Saxarla, oo jaamacaddii Lafoole wada dhigan jirey. Markii dagaalku ka qarxay Xamar 1991kii midba jiho ayuu u dhaqaaqay, hase yeeshee, shan sano dabadeed 1995 kii ayay si lamafilaan ah ugu kulmayaan magaalada Harare ee dalka Zimbabwe, Saxarla oo waqtigaas ciirsi u baahan, geed ay cuskatona la'. Saxardiid wuxuu go'aansanyaa inuu samatobixiyo Saxarla.

Safar cusub, oo aan sahay loo haysan, sahanna loo sii dirsan ayaa halkaa uga bilaabmaya. Khataro badan ayaa loo badheedhayaa; xuduudo adag ayaa la jibaaxayaa; lama filaanno badan ayaa dhacaya. Waxa aad buuggan ku arki doontaa kalgacayl aadminimo huwan, oo xishood lagu marriimayo; khataro fursad loo rogayo; iyo cadowgii laga carari lahaa oo dani kallifayso in la miciinsado.

СИТУВКА ③

KAABAHA DHAQANKA IYO AFKA

Waa Maxay Kaabaha Dhaqanka Iyo Afka Soomaaliyeed?

Marka la joogo qurbaha oo ka fog dalkii hooyo iyo awoodii Ummadda Soomaaliyeed lahayd waa adag tahay in dhaqankii iyo afkii Soomaaliyeed sidii loo baahnaa uu noqdo, gaar ahaan marka la eego waqtiga dheer ee ay soo mareen qurbajoogta Soomaaliyeed ka dib dagaaladii sokeeye, waxaana aad u kordhaya walwal iyo walbahaar ku aadan in uu sii lumo ama hoos u dhaco dhaqankeenii iyo afkii u dhexeeyey dadka Soomaaliyeed meel ay joogaanba.

Taa waxay dhalisay in qurbajoogta ay iskood isu abaabulaan iyagoo ka fikiraya sidii mustaqbalka ubadkooda u hagaajin lahaayeen, gaar ahaan dhanka diinta, dhaqanka iyo afka hooyo.

Waxaa jira oo aanan marnaba la dafiri karin dhowr arrimood oo kaabaya sidii loo ilaalin lahaa afka iyo dhaqanka bulsho walba oo dunida ku sugan, taana kama duwana bulshooyinka qurbaha ku sugan oo ay Soomaalidu ka mid tahay. Inkasta oo ay kaabayaasha ay badan yihiin isla markaana ay kala duwan yihiin, waxaanu qormadeena ku soo koobeynaa dhowr arrimood oo aanu is laynahay waxbay ka tareen kobcinta iyo ilaalinta dhaqanka iyo afka Soommaaliyeed marka la joogo qurbaha.

WAALIDKA

Waalidiinta Soomaaliyeed waa tiir aad u adag oo door weyn ka qaata sidii ay u caawin lahaayeen caruurtooda meel ay joogaanba, waxaana shaki ku jirin muhimadda waalidka leeyahay iyo kaalinta lixaadka leh ee ay ka qaateen sidii loo adkeyn lahaa dhaqanka caruurtooda ee qurbaha. Taana waxay ka billaabaneysaa guriga, dabadeedna xarumaha xanaanada iyo iskuulada oo loo baahan yahay in waalidku la leeyahay xiriir fiican iyo wada shaqeyn hufan oo u baahan dadaal iyo foogjignaan badan, gaar ahaan marka ay caruurtu gaaraan da`da lagu billaabo iskuulka.

Arrinka doorka waalidka caruurta ku haya qurbaha waxay u baahan tahay qoraalo gaar ah oo qoto dheer taa oo ay ku fara yareysteen aqoonyahayka u dhuul duleela arrinka oo leh khibrad lixaad leh.

Qowsaska caruurta ku haysta qurbaha uma yara walwal iyo walbahaar gaar ahaan qowsaska ku degen wadada waqooyiga yurub oo mar walba la hadal haayo qaadashada caruurta ay qaataan hay'adaha ku shaqo leh ilaalinta xaquuqda iyo daryeelka caruurta, xaalada sidaa ah waxaa la wadaaga wadamo kale oo ay ka mid yihiin boqortooyada Ingiriiska. Taa waxay dhalisey in waalidiinta aad ayey isaga xilsaaraan barbaarinta wanaagsan ee uu Illaahey ina amrey iyo ku dadaalka ilaalinta sharciyada u deggen dalalka qurbaha oo dhigaya in caruurta dowladda ay ku nool yihiin mas'uul wadaag la tahay waalidka dhaley caruurta. Waxaa kale oo aad u qordhey wacyi galinta Soomaalida dhexdeeda taa oo ku aadan sidii loo badbaadin lahaa mustaqbalka diineed iyo dhaqameed ee carruurta Soomaaliyeed.

Soomaalida qurbaha waxay aad u ogaadeen in aad waalid ku noqotaa wadamada reer galbeed aaney aheyn wax fudud, balse ay ka duwan tahay degaanadii Soomaaliyeed ay mas'uuliyadda caruurta isla wadaagi jireen qows weynaha caruurta ka soo jeedaan, deriska iyo dhammaan bulshada gaar ahaan wixii ku aadan dhaqan iyo diin.

Sida badan isku dhac aad u badan ayaa ka dhex dhaca waalidiinta iyo caruurta ku kora wadamada reer galbeed kaa oo aanu oran karno waxa lagu magacaabo isku dhac dhaqameed (cultural collision), taa oo aalama dhaca marka caruurtu ay qaan gaar noqdaan iyaga oo doonaya iney xuriyad buuxda u helaan noloshooda, waalidkuna uu doonayo inuu gacanta si buuxda ugu hayo caruurta si ay ugu barbaaraan habka iyo dhaqanka uu waalidku doonayo.

Waxay ahaataba waalidiinta wadamada qurbaha gaar ahaan kuwa ayna Soomaalidu wadaagin dhaqan iyo diin waxay muujiyeen dadaalo aad u xoogan sidii ay ubadkooda ugu abaabin lahaayeen dhaqankii Soomaaliyeed ee suubanaa oo ay ugu horeyso ku dhaqanka diinta Islaamka sidii ay caruurtu u noqon lahayd muslimiin fiican oo hormood ka noqda dadyowga muslimiinta.

Waxaa meesha iyana jira doorka bulshada guud ahaan oo waajib ka saaran yahay dhallaanka maadaama ay meel ka soo wada jeedaan kuna abtirsadaan diin, dhaqan iyo af mideeya dhammaantood meel ay joogaanba.

Mus'uuliyadaa waxa ay ku aadan tahay qaybaha bulshada oo dhan iyada oo aan la kala qaadin sida: waalidka, culumada, aqoonyahayka, abwaaniindta, fanaaniinta iwm oo loo baahan yahay in layska wada kaashado sidii loo badbaadin lahaa mustaqbalka ubadkeena ama loo adkeyn lahaaba.

Sidaa darteed waxaa jira ururo iyo

hay`ado aan la soo koobi karin oo ka shaqeeya abaabulka dhaqdhaqaaqyada dhaqanka, fanka iyo barbaarinta caruurta, gaar ahaan waqtiyada ay timaado munaasabadaha ciidaha iyo dabaaldegyada kale. Waxaa kaloo iyana jira buugaag iyo agabyo kale duwan oo loogu talo galey caruuta si ay ku xoogowdo afka iyo dhaqanka Soomaaliyeed, sidii aanu ku soo tilmaamney iyada oo faaf faafsan cutubyadeenii hore.

WARFAAFINTA

Waxaana meesha iyana ka marneyn doorka looga baahan yahay warfaafinta qeybaheeda kale duwan oo akhris, muuqaal iyo maqalba leh,. Dadka Soomaaliyeed waxa ay sameeyeen raadiyo iyo telefishino iyaga u gaar ah oo ku baxa afka Soomaaliga, kuwaa oo ku wajahan bulshada Soomaaliyeed ee ku dhaqan qurbaha gaar ahaan dalalka Sweden iyo Norway waxay leeyihiin dhowr idaacadood oo ku hadla afka hooyo. Sidaa waxaa la mid ah dalalka kale ee ku yaal waqooyiga Yurub iyo Ingiriiska qudhiisa oo horyaal u ah xuriyadda iyo isdhexgalka bulshooyinka.

Taana waxay ku timid ka dib markii ay ka faa`iideysteen dadka Soomaaliyeed xaquuqda ay ku leeyihiin dalalka ay degen yihiin oo ku aadan dhaqanka, afka iyo diinta, waana mid aan la hor istaagi karin oo ku qoran dastuurada dalalka aanu soo tilmaamney.

Dhinaca mareegyada (webside) waxaa jira mareegyo u gaar ah afka hooyo oo sababta loo aas aasay ay tahay sidii kor loogu qaadi lahaa afka hooyo oo ay leeyihiin bulshooyinka ku nool dalalka Norway iyo Sweden. Mareegtaa waxaa lagu magacaabaa (Tema Morsmål), billowgii waxaa laga curiyey dalka Sweden ka dibna Norway, Mareegta waxay ku tiirsan tahay xarumaha waxbarshada ee labadaa dal, waana howl weyn oo qeyb lixaad leh ka qaata horumarka af hooyo iyo caawinta ardayda ee dhigta dugsiyada hoose iyo dhexe oo ay ka mid yihiin Soomaalida, casharada waxaa lagu soo bandhigaa hab heer sare oo waafaqsan tarbiyada casriga.

Waxaa kaloo jira mareegyo badan oo ku mashquushan soo bandhigida danaha bulshada Soomaaliyeed ee Norway iyo Sweden kuwaa oo si joog ah uga hadla wararka ku wareegsan Soomaalida.

Idaacadda BBC. Laanta Af Soomaaliga

BBC-da laanteeda af Soomaaliga Muddo ayay ahayd isha kaliya oo ay dadka Soomaaliyeed warka iyo wacaalka ka helaan gaar ahaan qurbo joogta. Waqtiga dheer ay furneyd waxaa suuro galay in ay ka baxaan barnaamijyo kala duwan oo xiriir la leh dhaqanka iyo suugaanta Soomaalida. Waxaa ku kaydsan dhaxal dhaqan iyo suugaan oo qiimo badan, oo ayna adag tahay in meel kale laga helo.

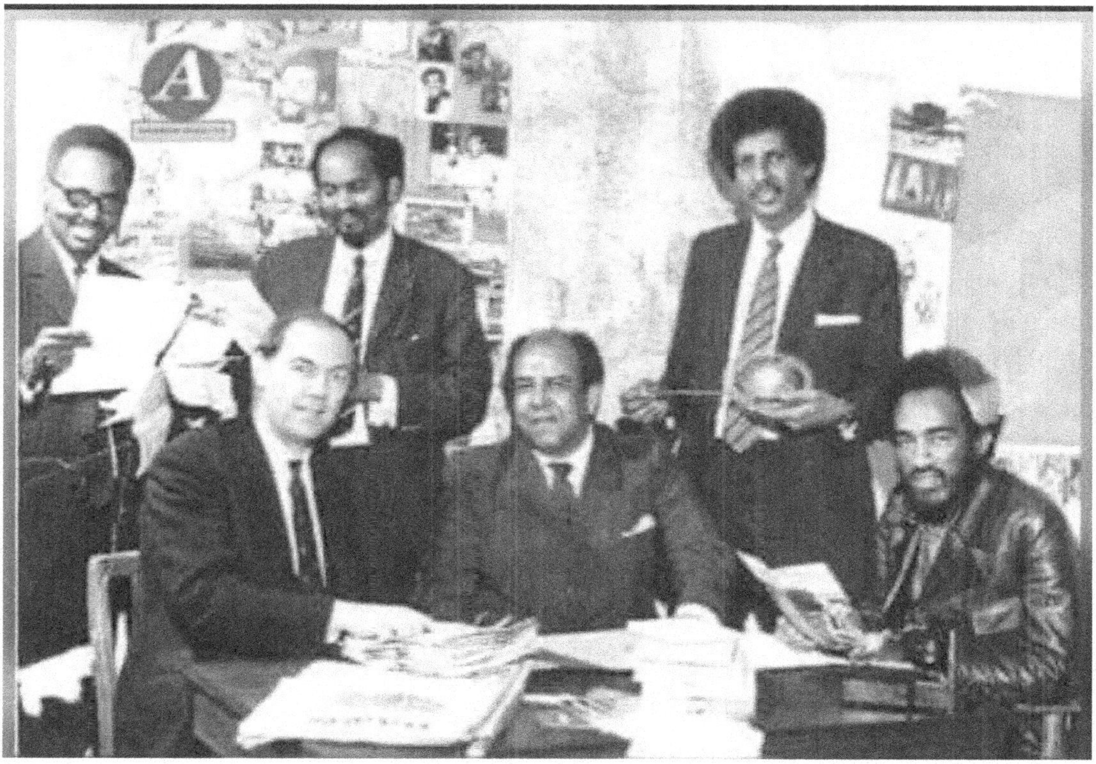

Xarunta BBC somali London 1969 kii. Midig ka bilow, Mustafa xaaji Nuur, Saleebaan aw Daahir afqarshe, Cabdulaahi xaaji iyo Wariye Cismaan sugulle.

Idaacadda BBC-du waa hay'ad warbaahineed oo Ingiriis ah, taas oo ku wajahan gudaha Ingiriiska iyo adduunweynaha intiisa kale, waxa lagu tilmaamaa inay markii hore aasaaseen koox shirkado ganacsi ah oo loo yaqaanay The British Broadcasting Company ama shirkadda Warbaahinta Ingiriiska taariikhdu markii ay ahayd 18 October 1922 kii, laakiin muddo kooban ka dib waxa si rasmi ah ula wareegtay dawladda Ingiriiska, waxaana magaceeda loo soo gaabiyey British Broadcasting Corporation (BBC) ama Shirkadda warbaahinta ee Britain, waxaa agaasimihii ugu horeeyey ka noqday nin injineer ahaa oo lagu magacaabi jirey John Reith, dad badan oo reer Ingiriis ahna u yaqaanaan aabbaha warbaahinta madaxabannaan ee Ingiriiska.

Taariikhdu markii ay ahayd 19 December 1932-kii, ayaa idaacadda BBC-da laga dhigay mid adduun weynaha la hadasha, iyadoo sida la tilmaamo lagu aasaasay xeerka boqortooyada (Royal Charter), arrintaas oo macneheedu yahay inay u shaqayso sidii idaacad ka madax bannaan dawladda Ingiriiska.

Idaacadda BBC-da oo muddo aad u badan sii deynaysay warbixino kala duwan waxaa la sheegaa inay ka qayb qaadatay arrimo badan oo dhinaca ammaanka, dhaqaalaha, waxbarashada iyo maaweelada ah, inta badan siyaasiyiinta adduunku waxay aaminsan yihiin inay door weyn ka ciyaartay isku xirka adduunka.

Waxay idaacadani ku caan tahay weriyayaal iyo shaqaale tiro badan oo adduunka daafaheeda kala jooga.

Laamaha afafka ka baxa idaacadda BBC-da waxaa ka mid ah laanta Afsoomaaliga oo la billaabay taariikhdu markay ahayd 18 July 1957-kii.

Abdullahi Haji of the BBC Somali Service

Wariyaashii ugu horeeyey ee laanta Af-Soomaaliga ka shaqeeyaa waxay shaqada ku billaabeen si da'doodu weyn tahay, waxaa marba marka ka dambeysa iskugu tegeyey rag awooddooda aqooneed sareyso, gaar ahaan aqoonta ay u leeyihiin luqadda Ingiriisiga oo wararka iyo barnaamijyada ay si toos ah uga turjumayeen luqadaas, maadaama aanu jirin far Soomaali ah la adeegsan karaa.

Hadalkii ugu horeeyey waxa sii daayey Xaaji Cabdi Ducaale. Intaa wixii ka dambeysayna dadku waxay la qabsadeen inay maalin walba u diyaar garoobaan wararka idaacadaas, waxay noqdeen dad macmiil u ah dhegeysiga laanta Af-soomaaliga. Waxaa xusid mudan in wariye Cabdullaahi Xaaji uu ahaa qofkii ugu waqti dheeraa mudada uu shaqeynayey.

horeeyey daadihin jirey Maxamuud Shiikh Axmed Dalmar, waxaase xusid mudan in marnaamijkaa uu fikirkeeda iyo abuurkeedaba lahaa Cabdiraxmaan Caabi Faarax oo ka mid ahaa madaxadii soo martey idaacadda bbc da.

DALMAR IYO DADAALADIISII

Maxamed Rashiid Sh Xasan

Maxamuud Shiikh Dalmar iyo qoraaga, Oxford Huese - London 30 oktoobar 2021

Inkastoo ay barnaamijyo aan la soo koobi karin oo afka, suugaanta iyo dhaqanka ka faaloonaya ay ka baxeen idaacadda bbc da, hadana waxaa aad loo xasuustaa barnaamijkii Sahan ee uu soo jeedin jirey Maxamed Rashiid Shiikh Xasan, barnaamijkaa ahaa natiijada Maxamed Rashiid uu ka gaaray ka dib markii uu sahan baaritaanta ah uu dib ugu jaleecay barnaamijyadii ka bixi jirey idaacadda muddadii dheereen ay jirtey.

Waxaa kale oo idaacadda bbc da soo bandhigtey muddadii ay socotey barnaamijyo kale oo aad u xiiso badan sida kii la oran jirey barnaamijka "Fanka iyo suugaanta" waxaana markii ugu

Maxamuud waa wariye iyo suugaanyahan u dhuun daloola arrimaha dhaqanka iyo suugaanta, mar aan kula kulmay dabaaldagii kulunka toddobaadka ee London bishii oktoobar 2021 kii waxaan ka wareysay taariikhdiisa nololeed.

Maxamuud shiikh Axmed Dalmar waxaa dhashey hooyo Khadiijo shiikh Cumar shiikh Maxamuud, waxaana uu ku dhashay magaalada Ceerogaabo ee gobolka Sanaag sanadku markuu ahaa 1952 kii. Maxamuud Shiikh Axmed Dalmar yaraantiis waxaa uu ku barbaarey gurigii labadiisa waalid, waxaana la geeyey dugsi Quraanka lagu barto oo Ceerogaabo ku yiil, waxaana macallin u noqdey macallin Cabdiraxmaan Ibraahim oo ka soo jeedey beesha Habar Yoonis gaar ahaan Sacad Yoonis oo ka mid ah beelaha reer shiikh Isxaaq. Waxaa uu ku guuleystey inuu bartey 14 jus oo ka mid ah Quraanka Kariimka, laakiin dhammeystirka inta u hartey ee Quraanka waxaa macallin ugu noqdey aabihiis shiikh Axmed Dalmar maxamuud oo ahaa nin diinta barashadeeda ku xeel dheer.

Maxamuud Shiikh Axmed Dalmar waxaa kale oo uu bartey aas aaska cilmiga diiniga ah sida inuu aqristey Fiqiga iyo Axkaamta shareecada Islaamka, ka dib markii uu ku taxmey casharradii ka socdey xalqadihii uu shiikha ka ahaa shiikh Axmed Cali Maxamed oo beesha Habar Yoonis ahaa gaar ahaan Muuse Ismaaciil. Kutubta uu bartey waxaa ka mid ahaa kuwa ay ka midka ahaayeen:

- Safiinatul Salaad
- Safiinatul Najaad

Intaa kuma uusan joogsan ee inta uu joogey magaalada Ceerogaabo waxaa kale uu dalaal weyn ku bixiyey inuu aqoontiisa diineed kor u qaado, sidaa darteed waxaa uu ka faa`iideystey walaalkii Yaasiin oo uu ka aqristey kutubta ay ka midka ahaayeen:

- Xayaatul Islaam

Sanadkii 1960kii waxaa uu ka faa`iideystey deeq waxbarasho oo lacag la`aanta laga dhigey muddo seddex sano ka dib markii uu dalka Soomaaliya qaatey xuriyadii, isagoo ku biirey iskuulkii hoose ee Ceerigaabo ka jirey, ka dibna waxaa uu galay dugsiga dhexe ee Ceerogaabo, laakiin sanadkii ugu danbeeyey waxaa uu u wareegey dugsiga dhexe ee Oodweyne, waxaana xusid mudan in dugsigaa uu lahaa jiif, cuno iyo waxbarasho intaba.

Ka dib markii uu dhammeeyey waxbarashadii dugsiga dhexe waxaa uu u gudbey waxbarasha dugsiyada sare waxaana uu galey dugsigii sare ee la magac baxay Faarax Oomaar, ka dibna dugsigii sare ee Camuud ee ku yiil magaalada Booramo ee gabalka Owdal.

Dalmar iyo Rashiid sh Cabdullaah (Garweyne)

Sannadkii 1972 kii waxaa uu galay machadkii tabarka ee Xalane oo ku yiil magaalada Muqdisho, halkaa uu ku qaatey tabarka askarnimada muddo toddoba bilood, ka dibna waxaa uu shaqo qaran oo macallinimo ka bilaabey dugsiga

Axmed Gureey ee ku yiil magaalada Hargeysa, laakiin sannadkii 1973 kii waxaa uu ka wareegey macallinimadii oo waxaa uu shaqaale dowladeed ka noqdey Raadiyo Muqdisho , qeybta idaacadda isagoo shaqadiisa aheyd wariye, waxaana waagaa ay wada shaqeynayeen koox dhalinyaro wariyaal ah oo ay ka mid ahaayeen:

- Maxamed Aadan Teera
- Cabdi Idriis Ducaale
- Yuunis Cali Nuur
- Aadan Nuux Dhuule
- Axmed Xasan Cowke

Muddo ayuu shaqada wariyenimada ku shaqeenayey illaa uu markii dambe u dalacay barnaamij soo saare iyo wariye Idaacadda.

Sannadkii 1978 kii waxaa uu tababar u aadey dalkii Jarmalka bari la oran jirey, halkaa oo uu ku maqnaa muddo sannad ah ka dib inta uusan soo noqon sannadkii 1979 kii , waxaa uuna soo qaatey shahaado dobloom oo dhanka saxaafadda iyo idaacadda la xiriirta.

Sannadkii 1980 kii waxaa loo dalacsiiyey inuu noqdo Maxamuud Shiikh Axmed Dalmar madaxii Idaacadda Muqdisho.

Bishii janaayo sannadkii 1982 kii waxaa uu u sii gudbey oo loo magacaabey madaxa idaacadaha Soomaaliya (Muqdisho iyo Hargeysa).

Dalmar, Mustafa iyo qoraaga – London, oktoobar, 2021

Sannadkii 1983 kii waxaa uu hogaamiyey wafdi ballaaran oo ka qeyb galey shirweynihii midowga idaacadaha Islaamka ee lagu qabtey waddanka Kuweyt, laakiin markii uu dhammaadey shirweynahaas waxaa uu go`aan ku gaarey Maxamuud shiikh Axmed Dalmar inuusan ku noqon dalkii Soomaaliya waxaana uu in muddo ah ku nagaadey dalka Kuweyd, dabadeedna waxaa uu sameeyey xiriiro uu ku raadinayey shaqadii uu soo bartey oo aheyd saxaafadda, waxaana u suuro gashey meelo kale duwan oo dunida ah inuu la xiriirey gaar ahaan hay`adda BBC ee saldhigeedu tahay London ee dalka Ingiriiska, nasiib wanaagna muddo lix bilood ka dib waxaa u timid ogolaasho uu ku heley inuu ka mid noqonayo shaqaalaha idaacadda caanka ah ee BBC oo uu ku biirey bishii nofember (november) sannadkii 1982 kii halkaana waxaa uu ka mid noqdey shaqaalihii idaacaddaas oo uu ka shaqeenayey muddo lix sanadood shaqo rasmi ah oo buuxda. Sannadkii 1993 kii waxaa u dhammaatey shaqadii idaacadda, in kastoo oo meesha aanan ka bixin wada shaqeyn aan rasmi aheyn haddii loo baahdo waayo aragnimadiisa iyo in uu ka qeyb ka noqdo barnaamijyada qaarkood.

Isla markaana waxaa u suuro gashay Maxamuud Shiik Axmed Dalmar inuu meesha ka sii wato waxbarashadii heerka sare ahayd waxaana uu ka mid noqdey dadka wax ka barta jaamacadda West minister oo uu ka baranayey daraasadaha carabiga iyo Islaamka muddo afar sannadood ah.

Maxamuud shiikh Axmed Dalmar waxaa uu soo saarey barnaamijyo kale duwan oo aad u badan, waxaana uu ka qeyb galey doodo cilmiyeed badan taa oo uu kaga qeyb galey idaacado iyo telefishano kale duwan oo caalami ah sida BBC iyo al Jasiira.

GABYAA QARSOON

Maxamuud shiikh Axmed Dalmar dad badan ma oga inuu yahay suugaan yahay ku xeel dheer suugaan Soomaaliyeed qeybaheeda kale duwan, gaar ahaan gabayga oo la oran karo waa hormuudka suugaanta dalkeena, run ahaantiina waxaa uu Maxamuud tiriyey gabayo dhowr ah intii uu ku sugnaa qurbaha, sidoo kale waxaa uu bulshada Soomaaliyeed la qeybsadey baandheynta iyo kale hufidda suugaanta iyo tixraaceeda, taana waxaa uu ku gaarey isagoo leh waayo aragnimo iyo aqoon duruqsan oo ku aadan afka Soomaaliga iyo suugaantiisaba.

Waxay ahaataba Maxamuud Shiikh Axmed Dalmar waxaa uu ciryey dhow gabay oo qaarkood la oran karo waxay qeyb ka ahaayeen doodo iyo kaftano dhex marey saaxiibadii intii uu ka shaqeenayey idaacadda BBC da. Sidoo kale waxaa jira gabayo iyo geeraaro gooni u taagan oo uu abwaanku curiyey xilliyo kale duwan iyo sababo kale duwanba.

TARJUMADDA

Dadaalada qurbo joogta Soomaaliyeed kama marna in ay bulshada Soomaaliyeed la wadaagaan taariikhaha iyo ilbaxnimada dadyow kale ee caalamka ka mid ah kuwaas oo ku soo baxay buugaag laakiin ku qoran afaf aan ahayn kii hooyo ee Soomaaliga. Aqoonyahanka Soomaaliyeed iyaga oo ujeedadoodu tahay in aqristaha afka Soomaaliga wax ku aqriyo ay la wadaagaan buugaagtaa ku qoran afafka kale ka dib markii ay u bedeleen kii Soomaaliga si ay ugu fuducaato aqristaha afka Soomaaliga oo ay ku gaarto aqoonta iyo xadaaradaha ummadaha kale oo faa`iido u leh bulshadeena.

Taa macnaheedu waxay tahay dadaalada hal-doorka Soomaaliyeed ee qurbaha kama uusan bakhiilin bulshadiisa inuu la wadaago horumarka iyo khibradaha ummadaha kale.

Waxaanu og nahay in dhaqdhaqaaqyada tarjumaadda ineysan casriyadaan billaaban, belse ay tahay mid soo jireen ah oo ummaddaha adduunka oo idil ay adeegsan jireen, waxaase xusid mudan in dadyowga muslimiinta ay muddo hore adeegsadeen tarjumaadda iyagoo ujeedku ahaa in laga faa`iideysto wixii cilmi iyo aqoon ku duugan khibradihii ummaddahii hore ee Beershiyiinta, Roomaanka iyo Gariigii hore.

Waxaa la oran karaa tarjummaddu waxay bilaabatey waagii Rasuulkeena Mohammed - naxariis iyo nabadgelyo korkiis ha ahaatee - waxaana jirey dhowr ka mid ah asxaabtii Nabigeena oo awood u lahaa afaf kale oo ay ka mid yihiin Sariyaaniya, Roomaan, Faarisi iwm, marar badanna adeegsatey inay u kala tarjumaan afka Carabiga iyo afafkaa qalaad, tarjumaadda waxay u badneyd mid oraaheed oo lama hayo waayahaa qoraalo ku tusinaya in ay jireen tarjumaad qoran, laakiin waxay taariikhyanadu soo xigtaan iney jirtey dhowr sadar oo laga dhaxlay tarjumaad uu sameeyey saxaabigii lagu magacaabi jirey Camr ibnu Caas taa oo ku qorneyd afka Gariigga sannadkii 22 ee Hijriyadda.

Waxaa xigey horaantii dowladdii ummawiyiinta waqtigaa oo horumar weyn laga sameeyey arrinka tarjumidda gaar ahaan dadaaladii uu sameeyey amiir Khaalid ibnu Yasiid ibnu Macaawiya kaa oo dad u direy dalka Masar gaar ahaan magaalada Al Iskandariya isagoo dalbaday in la soo iibiyo buuggaagta ka hadleysa Caafimaadka, Kiimikada loona tarjumo afka Carabiga.

Waayihii dowladdii Cabaasiyiinta waxay sameysey xarumo u gaar ah tarjamada si loo hormariyo aqoonta iyo ka faa`iideysiga horumarka ummaddaha kale, waxaa caan ahaa daartii lagu magacaabi jirey " Daarul Xikma " ee uu aas aaskeedu lahaa Khaliifkii muslimiinta Haaruun al Rashiid in ay noqotey daartii ugu caan saneyd ee ay dadka muslimiinta waagaa dhibada u taageen. Waqtiga Cabaasiyiinta waxaa ay muslimiinta aad u daneenayeen xiriirka cilmiga ay la leeyihiin Hindida, Shiinaha iyo ummaddihii kale ee ku hareersanaa Khilaafadda muslimiinta ee waagaa. Markii uu xukunka qabtey wiilkiisii Ma`muun waxaa uu aad u ballaariyey mushruucii tarjumaadka oo uu xoogga saarey in la keeno kutub badan iyo in la shaqaaleysiiyo mutarjimiin ku xeel dheer tarjumaadda oo laga kala keeney daafaha dunida gaar ahaan caasimaddii Roomaanka ee Qustandiiniya.

Taa waxaan ula jeednaa in dhaqdhaqaaqyada tarjumaddu ay aheyd qeyb ka mid ah habkii aqoonta iyo khibrada u faafi jirtey, door lixaad lehna ka qaadatay hurumarka aqoonta dhinacyo kale duwan.

SOOMAALIYA IYO TARJUMADA

Marka aanu u soo noqono in afka Soomaaliga wax lagu tarjumo ma aha mid dhawaan bilowdey ee waxaa la oran karaa waxaa ay dhaqdhaqaaqa tarjumaadda la bilaabatey hirgelintii qorista afka Soomaaliga, waxaana jira buugaag badan oo afaf kale duwan ku qoran in loo soo tarjumay afkeenii hooyo. Sidoo kale waxaa jirey riwaayado caalami ah oo loo soo tarjumay afka Soomaaliga sida uu sameeyey Shariif Saalax Maxamed Cali, ka dibna uu sameeyey Dr. Maxamed Daahir Afrax, iyo qaar kale oo badan.

Marka la eego qoraa Shariif Saalax Maxamed Cali waxaa uu tarjumay riyaayaddii caanka noqotey ee la magac baxday (The Trials of Brother Jero) ee uu qoray qoraaga Nayjeeriyaanka ah ee Wole Soyinka.

Sidoo kale Shariif Saalax Maxamed Cali waxaa uu iyana tarjumay sheekada Giriigga ah ee la oran jiray (Sophocles`s Electra).

Waxaa xusid mudan in labada tarjumadood aan la daabacin sida uu ii sheegey qoraaga Shariif Saalax inta uusan dhiman wax yar ka hor, laakiin ay ka mid tahay dadaaladaa uu Shariifku sameeyey qoraaladii uu qoray oo tiro badan oo inta badan la daabacay.

Haddii aanu ku soo baraney in qoraa Saynab Aadan Sharci ay banbaxday qorista buugaagta gaar ahaa, waxaa kale oo xusid mudan in Saynab waxyaabihii ay qabatey ay ka mid tahay tarjumaadda buugaagta qaarkood, waayo turjumaadda buugaagta runtii waa talaabo kale oo ay Saynab ku tallaabsatey oo dhanka wax soo saarka ku saabsan, taa oo ay uga gol lahayd in ay afka hooyo ku tarjumto buugaagta ay u arkaysay in ay ka faa`iidaysan karaan aqristayaasha, sidoo kale Saynab waxay afka Ingiriiska ku tarjumtay buugaag ku qoran afka Soomaaliga si ay uga faa`iidaystaan dadyowga ku hadla afka Ingiriiska.

Inkastoo aan la koobi karin doorka aqoonyahayka Soomaaliyeed ee uu kaga jiro dhinacyada tarjumada hadana dadka aanu soo tilmaamney waxay ka mid yihiin kuwa doorka ka qaatey tarjumadda, taa mecnaheedu ma aha in intaa ay ku kooban yihiin, waayo waxaanu og nahay iney jiraad dadaalo kale oo badan oo door weyn ka qaatay xagga tarjumadda, kuwaa ay ugu horeeyaan culumada ku xeel diinta oo ku tarjumad culuum badan afka Soomaaliga, oo qaarkoodna la daabacay, sida dhigaalada laga soo tarjumay tafsiirka, xadiiska, fiqiga, siirada iwm.

Waxaa kale oo tusaale u ah arrinka tarjumada iyo door ka ay ku leedahay aqooryahanka Soomaaliyeed inaan la koobi karin dadaalada aalaaba ay ku dhaqaaqaan dhalinyarada Soomaaliyeed ee aqoonta dheer u leh afafka kale ee qalaad oo leh wax soosaar tarjumadeed, kuwaana waxaan tusaale ahaan u soo qaadan karnaa Khaalid Saciid oo ka mid ah kooxda ururka Ilmo, isla markaana ah tafatire ka howl gala buugaagta ay Ilmo soo saarto. Khaalid waa qoraa da'a yar oo ku dhaqan magaaladda Hargeysa, waxaa uu bartay culuumta Sayniska oo uu ka qallinjabiyay Jaamacadda Hargeysa.

Sannadkii 2016 kii waxa uu Khaalid ka mid ahaa dhalintii ku guuleysatay abaalmarintii Sanaa Theathre Awards, taana waxaa uu ku mutaystay turjumaddii uu la sameeyay "Majalada Africa" oo fadhigeedu yahay dalka Kenya. Turjumudii ugu ballaadhnayd abid taariikhda Afrikaanka Halkaas oo hal qoraal oo ku qornaa afka Sawaaxiliga ay u turjumeen in ka badan 33 luqadood oo Afrika iyo caalamkaba lagaga hadlo oo Afkeenna hooyo ee soomaaligu ku jiro.[10]

---

10 - Khaalid Saciid: akhri xogta dheeraadka oo ku saabsan Khaalid marka aanu ka hadleyno Ilmo, waayo waxaa uu ka mid yahay kooxda ururka Ilmo.

Boodhari Warsame

Ustaad Boodhari Maxamed Warsame waa cilmi-baare madax bannaan, macallin, qoraa, turjumaan suugaaneed, tafatire, aqoon-yahan ku xeer dheel dhaqanka iyo suugaanta. Boodhari waxaa uu bixiyaa tababarro iyo casharo la xiriira dhanka qoraalka iyo cilmi-baarista, gaar ahaan waxaa uu dhalinyarada ka caawiyaa sidii ay u fahmi lahaayeen tarjumada oo uu ka siiyo aqoon durugsan wixii la xiriira. Waxaa uu xubin joogto ka yahay goloyaasha aqoonta iyo dhaqanka ee dalka gudihiisa iyo dibaddiisaba. Waxaa uu caan ku yahay ka qeyb qaadashada bandhigyada buugaagta iyo dhaqanka ee dibad iyo gudabba.

Boodhari Warsame waxaa uu qeyb weyn ka qaataa bandhigyada buugaagta lagu qabto Geeska Afrika iyo goobo kalaba, bulshadiisana waxaa uu la wadaagaa tusmada, talada iyo tiigsiga. Waxay ahaataba marka aynu eegno qurbojoogta Soomaaliyeed oo ay ugu horeeyaan aqoonyahannada aanu kor ku soo tilmaamney ee kala ah Shariif Saalax Maxamed Cali, Maxamed Daahir Afrax iyo Saynab Sharci, waxaa iyana jira qaar kale oo maskax iyo maalba ku bixiyey sidii ay u soo saari lahaayeen buugaag ku tarjuman afka Soomaaliga isla markaana xanbaarsan aqoon isla markaana faa`iido u leh dadka ku hadla afka Soomaaliga, inkastoo ay badan yihiin hadana waxaanu halkakan ka tilmaameynaa kuwii ay inoo suugo gashay inaanu gaarno akhbaartooda iyo wax soo saarkooda, taana macnaheedu ma aha in ayna jirin dadaalo kale oo ay dad Soomaaliyeed sameeyeen oo ku ka mid ah qurbjoogta ku dhaqan Ingiriiska ama woqooyiga Yurub.

Runtii Boodhari Warsame waxaa uu ka mid yahay dadka ugu caansan oo ku mashquulsan iney soo saaraan buugaag ay u tarjumeen afka Soomaaliga, isla markaana ku dadaala sidii ay u tababari lahaayeen dhalinta Soomaaliyeed ee daneeya tarjumadda, taa oo ay ka bixiyeen siminaaro iyo tababaro la xiriira dhaqdhaqaaqa tarjumadda iyo astaamaheeda, iyo waliba maxaa looga baahan yahay qofka doonaya inuu wax tarjumo.

Boodhari Warsame waxaa xiriir joogto ah la leeyahay xarumaha aqoonta Soomaaliyeed ee ku yaalla Geeska Afrika iyo wadamada reer Yurub qaarkood, kuwaa oo u ololeeya horumka iyo kor u qaadidda dhaqanka, suugaanta iyo afka Soomaaliga sida:

- Looh Press
- Kayd Arts
- Laashin
- Xarunta tujumaanka ee Goroobe iyo Hargeysa
- Xarunta dhaqanka ee Hargeysa
- Hiil Press
- I kuwo kale.

BOODHARI IYO TARJUMADA

Boodhari waxaa uu bixiyaa tababaro ku aadan tarjumada buugaagta taa oo uu dhalinyada siiyo casharo qiimo leh oo ku saabsan turjumaadda iyo tabaheeda. kuma jiro talooyinka uu Boodhari siiyey dhalinyara in ay wax ka tartey aqoontooda, sidoo kale Boodhari Warsame waxaa mareegaha ku soo daabacay dhigaalo taxane ah oo uu ugu magac darey "Tabaha Tarjumadda" si ay da'yarta uga faa'iideystaan.

Mashruuca tarjumaadda buugaagta uu soo saaray ama uu ku howlan yahay ustaad Boodhari Warsame waxaa ka mid ah:

- Sahankii Richard Burton ee Bariga Afrika

Buuggaan waxaa qorey Kabtan Sir Richard Francis Burton oo ahaa nin Ingiriis ah oo ku xeel dheer dhanka juquraafiga, isaga oo adeegsanaya cilmigii uu soo bartey waxaa uu noqday sahmiye boqortooyada Ingiriiska u shaqeeya, waxaana intaa u dheeraa inuu ahaa tarjumaan qoraa ah oo ku xeel dheer luqadaha qaarkood oo uu ka mid ahaa Carabiga. In kastoo ay shaqadiisa ahayd sahmin haddana waxaa uu ahaa nin askari ah oo u shaqeeya boqortooyada Ingiriiska oo baaris yaqaan ah, oo ay u wehliso sawirqaade, sidaa darteed waxaa u suuro galay inuu safaro ku kala bixiyo wado dhowr ah oo ku yaala Afrika, Aasiya iyo Ameerika, iyadoo sidoo kale aqoontiisa aan caadiga ahayn ee luqadaha iyo dhaqamada ku caawisay inuu guulo ka gaaro himiladiisii.

Boodhari Warsame waxaa u suuro gashay inuu buugga Burton uu u tarjumo afka Soomaaliga ka dibna uu soo saaro, waxaana tarjumadda buugga noqotey: " Sahankii Richard Burton ee Bariga Afrika". Buugga waxaa daabacay madbacadda Looh Press sannadkii 2017 kii.

- Kalahaadkii Muqdisho

Waa buug xusuusaha dagaaladkii sokeeye ee Soomaaliya 1991 kii, waxaa qorey ustaad Yuusuf Maxamed Xayd. Boodhari Warsame waxaa uu ku guuleystey inuu doorto tarjumidda buuggaan qiimaha badan taa oo u suuro gashay ka dib markii uu soo baxay daabacaaddiii koowaad ee buugga sannadkii 2018 kii.

- Sunita

Buuggaaan waxaa tarjumay ustaad Boodhari Warsame waxaa uuna ka hadlayaa buugga sheeko dhab ah oo dhacday isla markaana dhex martey wiil Soomaaliyeed oo arday ka ahaa Hindiya iyo gabar u dhalatey dalka Hindiya oo isjeclaaday dabadeedna arrinka jeceylkooda iyo xiriirkoodii ka dhalatey arrimo culus oo dhinacyo badan saameyn ku yeelatey.

Sheekadu waxay banaanka u soo dhigeysaa caqabadaha ka dhasha kala duwanaashaha dhaqan, diineed, taariikheed, jinsiyadeed, iyo siyaasadeed ee lammaanaha isjeclaada raadka ay leedahay.

- Ilmakorita Habboon: Jiheeyaha waaliddiinta Qurbajoogga ah ee Soomaalid

Buuggaa waxaa qortey Ruqiya Cabdi, waxaana tarjumay Boodhari Warsame.

Buuggaan wuxuu waalidiinta tusinayaa caawimaad inta ay usii gudbayaan wadan iyo dhaqan cusub, wuxuuna si quman u buuxinayaa daldaloolada jira isla markaana dhisayaa xiriirka u dhexeeya waalidka iyo ilmaha, sidoo kalena waxaa uu dhiiragelinayaa xiriir caafimaad oo ka dhexeeyo waalidka iyo ilmaha.

- Koombe`s Struggle

Buugga Koombe`s Struggle asal ahaan waxaa uu ku qornaa Soomaali waxaana qoray wasiir Axmed Faarax Juxa, waxaase afka Ingiriisiga u bedelay ustaa Boodhari.

Sideedabana tarjumada uu Boodhari sameeyo kuma koobno oo kaliya in uu buug ku qornaa af aan Soomaali ahayn uu u soo tarjumo afkeenii hooyo, ee sidoo kale Boodhari waxaa uu sameeyaa tarjumaad uu buug Soomaali u qoran uu u tarjumo afka kale sida Ingiriisiga si aqoonta iyo fariimaha qoraaga Soomaaliyeed u gaarto dunida inteeda kale.

BOODHARI IYO HIIL PRESS

Boodhari Warsame muddooyinkii danbe waxaa uu wada shaqeyn lahaa hay`adaha iyo goloyaasha aqoonta iyo dhaqanka ee Geeska Afrika, sida aan qaarkood soo tilmaamney, laakiin si gaar ah waxaa xusid mudan wadashaqeynta Boodhari iyo hay`adda lagu magacaabi Hiil Press ee saldhigeedu yahay Hargeysa isla markaana xafiisyo ku leh Muqdisho, Jabuuti iyo Qaahiri.

Hiil Press dhab ahaantii waa shirkad muddooyinkii danbe caan ka nocotey Geeska Afrika iyo goobo kale, aalaabana waxay ka qabataa kana qeyb qaatadaa bandhigyada buugaagta ee gobolka ka dhaca, waxay kalo oo ku hoolan tahay qabashada tababarada mashaariicyo kale duwan sida tabarada maaraynta iyo horumarinta nolosha. Shirkada Hiil press wax soo saarkeeda aad ayuu ugu fiday meelo badan oo ka mid ah dunida, taana la yaab ma leh waayo aHiil Press waa shirkad ku howlan daabacaad, faafin iyo baahin, isla markaana u heellan hodminta maktabadda Soomaaliyeed iyo in ay abuurto kacdoon aqooneed oo horseeda horumar iyo horusocod bulsheed.

Dhinaca tarjumada sarooyinkaan danbe shirkada Hiil Press waxay xoogga saartey iney soo saarto buugaag ay tarjumeen dad mutarjimiin ah, iyagoo halbeeg ka dhigtey waxay ugu yeereen Taxanaha Hiil Turjumid.

QURBAHA IYO MAANSADA SOOMAALIYEED

Ummad waliba dhaxalkeeda aqooneed iyo ilbaxnimo iyada ayey u taalaa iney raad raacdo oo baaritaano ka sameyso, in kastoo ay arrintaa wax fudud ahayn gaar ahaan markii ay arrintu gasho qurbaha iy. no taariikho hore oo xariir la leh dalka iyo dadka Soomaaliyeed, waayo cilmibaarayaasha waxay la kulmayaan jid aad u adag maadaama uu barburay xarumihii aqoonta iyo taariikhda dalka Soomaaliyeed, isla markaana aanan jirin awood dowladeed oo taageero ka geesan karta illaa iyo waqtiga aanu joogno.

Haddii aanu u jaleecno dhanka maansada waxaa iska cad in maansada noocyadeeda kale duwan ay kaalin lixaad leh ka qaadatey xifdinta iyo ilaalinta afka iyo dhaqanka Soomaaliyeed, maadaama ay maansadu ku socoto hab-dhac iyo jabac fududeeraya in la xifdiyo ama la sii gudbiyo.

Ujeedkeenu ma aha ineynu dabagalno maansada Soomaalyeed ee qrubaha, waayo raadraaca maansada Soomaaliyeed ee qurbaha oo uu gabaygu ugu horeeyo ma aha wax fudud, inkastoo ay mudan tahay in qormooyin gaara lala beegsado.

Guud ahaan lama oga goorta iyo goobta ay ka billaabatey maansada, inkasta oo ay Soomaalidu ku caan baxday jeceylka suugaanta ay u qabaan, oo mararka qaarkood lagu tilmaamey wadankooda inuu yahay dalkii gabayga, waxaana xusid mudan in Soomaalidu ay ku firiirsan tahay dhammaan geeska Afrika iyo meelo kale.

Dhinaca qurbaha sidoo kale ma aynu hayno abwaano iyo goob la leeyahay waxay caan ku ahayd suugaanta Soomaalida oo maanta la hayo raadkoodii suugaaneed oo meel ku ururusan.

XAALADDA GABAY EE QURBAHA

Sida aanu wada ogsoon nahay dad aad u tiro badan ayaa waxaa ay u qaxeen goobo ka baxsan degaanadana Soomaalidu degto ka dib markii uu qarxay dagaalkii sokeeye ee Soomaaliya sannadkii 1991 kii. Waxaa kale oo iyana jirey dadka kale oo waqtiyadii hore si nabad ah ugu dhoofay qurbaha iyagoo nolol iyo horumar raadinaya, waxay ahaataba suugaanyahay Soomaaliyeed oo dhowr ah ayaa waxaa ay hibadooda suugaaneed ku cabireen dareenkooda ku aadan qurbaha iyo nolosha dhabta ah, sida kuwa kalana ay maansooyin kula dardaarmeen dadka Soomaaliyeed iyaga oo uga digaya qurbaha una sheegaya dhibaatada ay leedahay in qofku dalkiisa ka fogaado.

Suugaanlayda meel ay ka soo jeedaanba oo uu Illaahey hibada u siiyey curinta maansada qeybaheeda kale duwan waxaa caado u ah in ay xusuus kula dhacaan degaanadii ay ka soo jeedeen ama ay asal ahaan ku abtirsanayeen, taana waxaa suugaanleyda Soomaaliyeed la wadaaga dhammaan saaxibadood qurbaawiyiinda ah oo laga dhayan karo wax soosaarkooda suugaaneed. Bal u fiirso suugaanleyda Carbeed ee qurbaha sida ay u muujiyeen dareenkooda suugaaneed gaar ahaan gabyaaga oo la oran karo in gabayga Carbeed uu ku hanaqaaday goobihii ay ku noolaayeen, waana midka loo yaqaano « Gabayga Carbeed ee Qurbaha »

الشعر العربي في المهجر

Sida aan horey u soo tilmaamnay. Dhaqdhaqaaqyadaa waxaa ka soo baxay gabyaa caan ka noqday suugaanta Carbeed oo loogu magac daray " Gabyaagii Carbeed ee qurbaha", waxaana ka mid ah kuwaa:

- Jabraan Khaliil Jabraan
- Iiliyaa abuu Maadii
- Miikhaa`iil Naciima
- Rashiid Khiirii
- Fowsi al Macluuf
- Iyo kuwo kale.

Qoraalkeena qeybihiisa hore waxaan ku soo xusnay hal-abuuro Soomaaliyeed oo ka dadaaladooda Suugaaneed ka muucatey degaanada woqooyiga Yurub iyo Ingiriiska casriga aanu joogno, inkastoo ay ku hanaqaadeen degaankii Soomaaliyeed hadana markii ay u soo qaxeen qurbaha waxay dareenkooda suugaaneed la wadaageen dadweynaha Soomaaliyeed iyo dadka daneeya suugaanta Soomaalida. Hal-abuuradaa markii aanu warbaxinadooda soo bandhigeyney si toos ah uguma aanan falanqeynin hibada suugaaneed ee uu Illaahey uu siiyey, waxaana xusid mudan in badankood ay leeyihiin suugaan tix iyo tiraab leh sida: gabay, geeraar, shirib, hees, rawaayado iwm, kuwaa oo ku faafsan buugaagta qaarkood iyo warbaahintaba.

Waxaa iyana jira buraanburo aad u badan oo ay tiriyeen dumar Soomaaliyeed oo ku nool woqooyiga Yurub iyo Ingiriiska, tayada iyo baaxada buraanburadaa kama yareystaan suugaan noocyadeeda kale. Sida badan dumarka Soomaaliyeed waxay qeyb weyn ka qaadaan soo bandhigidda dhaqanka Soomaaliyeed ee la xiriira qowska gaar ahaan aroosyada, dhalashada ciidaha, iyo munaasabadaha. Sidoo kale buuraanburada waxay si toos u abaaraan arimaha dalka Soomaaliya la dhaca.

Ujeedada qoraalkeenaan ma aha inaanu koobno ama aad dabagal ku sameyno dhammaan maansooyinka ay hal-abuurka Soomaaliyeed ee qurbaha curiyeen iyo noocyada ay ka kooban tahay, laakiin waxaanu xuseynaa in ay jiraan suugaan kale duwan ay leeyihiin Soomaalida qurbaha meel ay joogaanba, ayna u baahan tahay – sida aanu horey u soo sheegney - qoraalo si qoto dheer ku baara arrinkaa dabadeedna soo bandhiga iyada oo la raacayo hab cilmibaaris dheer si ay inoogu soo baxdo xaaladda suugaaneed ee qurbojoogtu xaqiijiyeen. Waxaanse halkakan ku soo bandhigeynaa dhowr maanso oo ay hal-abuurada Soomaaliyeed ee qurbojoogto ku cabireen dareenkooda ku aadan qurbaha iyo dhibaatada ay kala kulmeen qaar ka mid ah.

DHIBAATADA QURBAHA (GABAY)[11]

Qormadeena ku saabsan gabayga iyo qurbaha waxaanu ku soo gunaanadeynaa gabay si toos ah uga faaloonaayo dhibaatooyinka qurbuhu leeyahay iyo dareenka qurbojoogta dhabta ah.

Gabaygaan waxaa tiriyey abwaan Cabdicasiis A. Maxamed Xoogsade waa gabyaa Soomaaliyeed oo aalaaba ku howlan inuu ka gabyo xoojinta diinteena Islaamka iyo dhaqankeena Soomaaliyeed ee suuban. Tixdaan suugaaneed waxaa uu abwaanku ku eegayaa dhibaatada dhoofku leeyahay oo aanay dadkeena ku cibro qaadaneynin ilaa qofku uu la kulmo dhibaatadaa oo aanu

---
11 - Gabayga ka eeg mareegta wardoon.com 23.12.2014

kuwii ka horreeyey ku cibraqaadanayn gaar ahaan dhalinyarada isugu jira gabdho iyo wiilal.

Aad ayey u haboon tahay in laga faa`iideysto talooyinka uu xanbaarsan yahay gabaygaan ee uu uga danqadey abwaan Cabdicasiis dadkiisa ku hayaamaya meel halis ah oo aan la hubin waxa ka imaan kara, isla markaana qofku uu naftiisa qaaliga ah uu tahluko ku tuurayo. Gabyaaga isaga oo dardaaran adag u diraya bulshadeena waxaa uu leeyahay "dhoofku waa halise", waxaana ku bilowday sidatan:

- Galayroow dhibaatada qurbaha ,dhaqankan doorsoomay.
- Dhaayaha nin saaraad tahoo ,waad ka dhiidhidaye
- Waadigii ka qoray dhowrmaqaal ,dhoofku suuyahaye.
- Aniguna dhankaygaan rabaa inaan, dhaho ogaalkeeye.
- Dhowrkaan oraahood bal hoo,iga dhab weeyaane .
- Ragga dhoofka soo raba u sheeg, hana dhageysteene.
- Ragga dhaayda iska daadiyee, dhoqoski ciideeyay.
- Dhereg baa leh kibirkee u sheeg, dhoofku waa halise.
- Hadday iyaga dheeldheel la tahay dhaayo baan jirine.
- Qurbo laguma dheefsado'e waa,dhuumo oo miriqe.
- Dhibaatada billowgeedi iyo waa, dhabanahaystiiye.
- Dhurwaaguna wuxuu taagan yahay ,hilinki dheeraaye.
- Dhaylada Yaxaaskii la baray, dhiirri lagu sheegye .
- Dhaxantiyo qabowgiina waa, howlo kuu dhimane.
- Sharaftuna waxay kaa dhuntaa, dhoofka dabadiise.
- Dhakhtarkeeni waa kaa Xammaam, reer u dhaqayaaye.
- Dhaqaalaha raggii korin lahaa, daalyay dhabarkiiye.
- Waa kuwaa hablihi dhali lahaa, dhaafay waayuhuye.
- Waa kuwaa dharkii dadi lahaa, Goonno dhaafsadaye.
- Waayeeelki dhaqankii ka tage, dhowrsanaan jiraye.
- Waa kaa dhalaankeeni gaal, diin u dhigayaaye.
- Dhaqankoodi waa kaa la yiri, dhaafa oo naca'e.
- Waa kuwaa sidii lagula dhalay, laysku dhagayaaye.
- Waa kuwaa afkii laga dhunshood, mooddid ruux dhimmane.
- Waa kuwaa intay soo dhamaan, dhuuqa koolada'e.
- Waa kuwaa salaadihi dhibsaday, ama ka dheeraaday.
- Allahayoow maxaa reer dhaqnaa, Yurub ku dhaandhaammay.
- Allahayoow dhulkii noo nabdee, waygu dheeryahaye.
- Allahayow khilaafkana dhammee, dhowrka sano taagan.

- Dhaayaheen Allow ay arkaan, Dhaymanka iyo luulka.
- Alloow dhoofka laga soo noqdaa, dhalanrog weeyaane.

WAANO GABAY IYO DHALLINTA QURBAHA

Waxaana gabaygaan tiriyey abwaan Maxamuud Cabdalle oo ka mid ahaa qurbojoogta Soomaaliyeed ee ku degen magaalada Seattle oo raacsan gobolka Washingtoneedalka Maraykanka, waxaana uu abwaanku hibadiisa suugaaneed ku muujinayaa dhibaatooyinka lixaadka leh ee Soomaalida ka haysta qurbaha, kuwaa oo runtii ah kuwo aad u laxaad weyn, haba ugu sii darnaadeen dhaqan gadoonka ilmaha soomaaliyeed ee qurbaha qoysaskoodu ku sugan yihiin. Abwaanka waxaa dareenkiisa suugaaneed kiciyey ka dib markii uu u adkeysan waayey dhaqanka ragga ku dhacay dhallaanka Soomaaliyeed qaarkood oo qurbaha ku korey. Gabyaagu waxaa tixtiisa dhalinta in ay diinta, dhaqan iyo hiddaheenii u dhug la haadaan, si gooni ahna waxaa uu abwaanku hoos ugu dhigayaa hablaha Soomaaliyeed isaga oo ku hal qabsanaya gabar Faadumo la yiraahdo iney ku daydaan hooyooyinkii dhalay soona barbaariyey oo aaney dhaqan rogmin, waana sida uu ku soo gunaanaday gabyaagu oo ah sidatan:

Dhaqankaaga iyo diinta iyo dhawro sharaftaada

Dhaddig hooyadaa kaga dayoo eedyar ha u dhaafin
Afkeennaan dhaliil aan lahayn dhaxal aan guurayne
Maandhey cilmiga dhigo adoon dhuminin tawxiidka

Abwaan Maxamuud Cabdulle isaga oo dadweynaha Soomaaliyeed la qeybsanaya dareenkiisa suugaaneed ee khuseeysa qurbojoogta Soomaaliyeed iyo dhibaayooyinka ay kala kulmaan ubadkooda ku kora qurbaha. Gabaygiina sidan buu ku bilowday:

Faadumooy dhammays baa tahay dheg iyo miisaan leh

Dheeho lix iyo toban sano jirtoo aan dhib soo marine

- Alla dhawryeey aabbooy! ducaan kuu dhafrinayaaye
- U dhug yeelo waanadaan ku faro dheguhu yay seegin
- Adigoo dhabtii hooyaada dhaafin maradeeda
- Oo dhixir sidaa tahay ku maran dhinaca geesteeda
- Ayuu eebbe iisoo dhigay dhul aanan doonayne
- Dhulkii hooyo waxaynu uga nimid dhoyga geli caawa
- Dhololkayga maahayn inaan debed u dhoofaaye
- Kuma dhiirranayn abidinkay inaan dhuyaalaaye

- Dalkeennaa dhisnaa oo ahaa midaan dhantaallayne
- Dhereg iyo barwaaqaa dhexyiil dhayda caanaha
- Dhankastaad u eegtaba nimcaa dhoobanayd gebiye
- Bulsha dhaqan wanaagluu lahaa oo is dheefsada
- Maammul loo dhegtaagaa jiroo qaran ku dhaataaye
- Dhakhtarriyo iskuulliyo daryeel dhawran baa jiraye
- Dhagta waaga waxan aadi jiray shaqo aan dheerayne
- Galabtii kolkaan soo dhacee daal dhanba illaawo
- Dhalad ehela iyo derisyadaan soo dhowayn jiraye
- Dhawaaqaan maqlaba wuxu ahaa dheemman iyo luule
- Innagoo dharaar guriganaga aayar dhacadiidna
- Oo Villa dhaayuhu qabtaan nabad u dhoocaarna
- Dhitaduna inoo taal anfaco dhiil walbiba buuxdo
- Ayuu amar dhacoo la isku galay Xamar dhexdeediiye
- Dhamacdiyo rasaastaa sidii roob u soo dhacaye
- Dhalfiiftay noqdeen deriskayagi dhaaxa badidoode
- Dhimbiilaa ku yaacoo arlada dhuudhibaa galaye
- Dhiigbaa dariiqyada qulqulay suuqyo nagu dhowe
- Cabsi baan la dhirifniyo Madfaca dhararqdiisiiye
- Hurdo dhinaca dhigiwaaga iyo dhiilladiyo tawsta
- Dhaca tuugadiyo boobka iyo dhidarka mooryaanta
- Wax dheeraa qabiil dhuuntog iyo dhac iyo laystaane
- Goortii dhuuni daayoo waxbadan gaajo lagu dheelmay
- Goortaan dhabqalalownayee baahi dhugatownay
- Goortaad habeen iyo dharaar oohin dhalandhooshay
- Ayuunbaan sidaan kuu dhib tiro dhooleey soo qaxaye
- Lixdan baan u dhaxay Baydhabiyo dhegedkii Waamoode
- Dhagax quudannaa iyo dhunkaal dharaq ku leelleelka
- Waayeel dhanqalan iyo carruur waaqla lagu dhaafay
- Dhaayahaygu waxay soo arkeen dhawr kunoo melege
- Dhiilladiyo colaaddaa ku fiday taniyo Dhoobleeye
- Dharab lagu badbaadiyo kolkay nabadi dheeraatay
- Dhabbadii Habaar Waalidbaan Dhooleey soo maraye
- Dhafoor moordi Keenyaan ah baan dheef ka saanyadaye
- Dhabatada sideedaa xeryaha deyr naloo dhigaye
- Dhamas baa dugaal noo noqdiyo hoy dhilmaanyalehe
- Dhurwaa iyo abeesaan rafiiq noqonnay dhawr goore

- Dhoorlaha libaax reemayaa noogu soo dhacaye
- Waxa aan aroor dheelmadoo dhuuni kula raadshey
- Dhakal caydha waxan lalansadoo badar kusoo dhaanshey
- Dhufays sidan ku jiro waxan lignaa dhoobadiyo ceelka
- Dhooleey aqooniyo inaad dhaxal u aydaaye
- Dhoofkii Marakani anigu uma dheg taagayne
- Kolkii uu dalkii dheelliyee dhiillo dami weydey
- Adna aad dhallaan nolol dhur sugi noqotay dhaameelka
- Ayaan talo ku dhoobdhoobay inaan tago dhul gaalaade
- Rabbi kama abaal dhicine way dhaqay ilaahaye
- Inkastoon dhulkii tebahayoon gacal ka dheeraaday
- Inkaastaannu hoy Dhockir iyo David wada joogno
- Kolkii aan ku dheehdaa farxadi igu dhammaataaye
- Dhebigii Caleed sida tihiyo Dhuurta iyo Jiica
- Ama dhumuc Galool yeeshayoo Damal ka dheeraaday
- Abbooy mid kula dhalan ah duri hooyo may dhaline
- Dhal jacaylka waa waalic uun dhamamixiisiiye
- Dhaqankaaga iyo diinta iyo dhawro sharaftaada
- Dhaddig hooyadaa kaga dayoo eedyar ha u dhaafin
- Afkeennaan dhaliil aan lahayn dhaxal aan guurayne
- Maandhey cilmiga dhigo adoon dhuminin tawxiidka

BUURAANBURKA IYO QURBAHA

Buraanburku waa qeyb ka mid ah suugaanta Soomaaliyeed kuna firirsan dhammaan dugaanada dadka Soomaalidu degaan ee geeska Afrika. Buraanburku waxaa uu ka mid yahay qeybaha maansada Soomaaliyeed ee la soo guurey qurbojoogta Soomaaliyeed kuwa ugu lixaadka weyn, waxaana la arkaa mar walba ay Soomaalidu yeeshaan kulumo iyaga u gooni ah in yahay hormoodka ay aalaabaa dumaraka Soomaaliyeed soo bandhigaan.

Inkasto ay haboon tahay in dabagal iyo baaritaan xoogan lagu sameeyo tirada iyo tayada ay leeyihiin baraanburada ay dumarka Soomaaliyeed curiyaan, haddana ujeedadeenu ma aha inaanu howshaa halkakan ku soo qaadan doono, waayo waxay u baahan tahay qoraalo arrinkaa u gooni ah, waxaanse tilmaami doonaa hal buraanbur oo kaliya oo xiriir la leh dhibaatooyinka qurbaha ay kala kulmaan dadka Soomaaliyeed.

DHAQAN XUMIDA DHALLINTA QURBAHA (BURAANBUR)

Nuurto Xuseen oo ku magac dheer Nuurto Ganos waa abwaanad ku caanbaxday curinta Buraanburka, waxayna ku nooshahay magaalada London ee boqortooyada Ingiriiska. Buraanburada ay tirisay oo aad u badan, waxaana hubaal ah in dhammaan buraanburada Nuurto Xuseen ay yihiin kuwo cabira wadaniyadda iyo bilicda dalka Soomaaliya, sidoo kale burburka ku dhacay dalka iyo dadka Soomaaliyeed. Abwaan Nuurto waxay leedahay oo kale suugaan xoogan oo ay kaga hadleyso Soomaalida iyo dhibaatooyinka qurbaha ay kala kulmaan.

Waxaanu halkan soo qaadananeynaa qayb ka mid ah buraanburada ay abwaanadu curiyey, gaar ahaan waxay mid hoosta ka xariiqdey sida ay u dhaqan rogmeen dhalinyarada Soomaaliyeed ee qurbaha ku barbaarey. Iyada oo arrinkaa ka hadlaysa waxaaa tuducyadii ay tirisey ka mid ahaa:

Dhulkaan aanu joognaa dhaqankiisu waa xunyahay
Dhalintii waa kala dhaqaaqdoo dhibaa ka dhacay
Oo surwaalkaa bowdadii dhaafayay sidaa dhibtii ah
Timihii aa dhabarka dhaafoo dhegtaa u duran
Oo shooshal baa dhowranaayoo dhawaaq ma jiro
Nolosha dhalanteeda ubadkeenu waa ku dhumay
Allow dhali nabadda adigaan ku dhowranee

CUTUBKA 4

DOORKA XARUMAHA DHAQANKA & AFKA EE NORWAY

Gobolka Innland Ee Norway

Gobolka innland (The Inland county municipality) gaar ahaan qeybta la oran jiray Hedmark waxaa uu caan ku yahay inuu yahay dhul siman isla markaana ah dhul beereed, waxaana ku yaala dhowr matxaf oo kaydiya dhaqanka iyo taariikhda, sida Matxafka Glomdal (Glomdalsmuseet) iyo xarumo aqooneed oo u dhuun duleela hiddaha iyo dhaqanka, sidaa darteed la yaab ma leh inaanu qormadeena ku soo qaadano, waxaana la oran karaa gobolka waxaa ka hirgelay arrimo xiriir toos ah la leh dhaqanka, afka iyo taariikhda Soomaalida oo aan meel kale oo dunida ka mid lagu arag. Si aanu u caddeeno arrintaan anaga oo aanan ku dheeraaneynin waxaa aanu tilmaan gaaban ka bixin doonaa labo xarun oo kaliya, kuwaas oo kale ah:

1- Matxafka Glomdal ee Elverum - Norway (Glomdalssmuseet)

Muxuu yahay Matxafka Glomdal?

Matxafkaan waxaa uu ku yaalaa degmada Elverum oo ka tirsan gobolka Innladet ee Norway oo lagu magacaabi jirey gobolka Hedmark wixii ka horeeyey 2020 kii. Glomdalsmuseet waa mid ka mid ah seddexda matxaf ee ugu weyn dalka Norway marka loo eego dhanka dhismaha. Matxafkaan waxaa la aasaasay bishii Janaayo sannadkii 1911 kii. Waxaa loo aasaasay sidii uu u noqon lahaa madxafka taariikhda dhaqanka.

Matxafkaan waxaa uu caan ku yahay in lagu kaydiyo dhaqamada iyo taariikhda Norway iyo dhaqamada kala duwan, gaar ahaan dadyowga laga tiro badan yahay sida dadka Roomaaniga ah (Taatarka), Sami iwm. Sidoo kale waxaa matxafkaan lagu kaydiyey qaar ka mid ah dhaqamada soo galootiga sida Soomaalida degen gobolka.

BANDHIGGA DHAQANKA SOOMAALIYEED

Matxafka Glomdal waxaa uu tixgelin buuxda siiyey dhaqanka Soomaaliyeed maadaaba ay dad badan oo asalkooda Soomaali ah ay degen yihiin dalka Norway gaar ahaan gobolka uu matxafka ku yaalo ee Hedmark (Innlandet), sidaa darteed taariikhda iyo dhaqanka Soomaaliyeed waxaa uu ka mid ahaa dhaqamadii loo texgeliyey iney loo sameeyo carwo joogto ah ay soo booqdaan dadweynaha. Waxaa sharaf ii ahayd in waqtigaa aan degaa gobolka isla markaana aan ka mid noqdey dadka wax ka geystey dhisidda iyo soo bandhigidda taariikhda iyo dhacanka Soomaaliyeed, gaar ahaan waxaa ii suuro gashey inaan noqday la taliyaha matxafka oo si isxilqaan ah u caawiyo oo aan shaqaale rasmi ahayn.

Intii u dhexeysey 2004 – 2006 dii waxaa laga hergeliyey matxafka Glomdal ee Elverum dhismo aqal Soomaali asal ah oo qalabkiisa laga keeney dalka Soomaaliya, nooca aqalka waxaa uu ahaa midka ay xoolo dhaqatada reer guuraaga ah ay isticmaalaan. Masharuuca aqal Soomaaliga waxaa hergeliyey Matxafka oo wada shaqeyn la sameeyey dadka Soomaaliyeed ee degan gobolka Hedmark oo asalkoodii hore ka yimid bulsho reer guuraa ah. Aqal Soomaaliga waxaa uu ka mid ahaa carwo dhaqameed laga sameeyey matxafka Glomdal.

Aqal Soomaali, Matxafka Glomdal ee Elverum – Norway

HALDOORADA AFKA IYO DHAQANKA SOOMAALIDA EE QURBAHA

Ragne Hauge Harviken (Norway), Mohamed Hussein Moallin (Somalia), Maarja Helena (Samisk - Norway), Mari Aasbakken (Japan), Anna Kieu-Diem (Vietnam). Wargeyska Østlendingen 2 jun 2008. Glomdalsmuseet – magaalada Elveum – Norway.

2- Jaamacadda Innlandet ee Norway (Innlandet iniversity)

Kulliyadda Jaamacadda Innland waxaa lagu magacaabi jirey jaamacadda Hedmark waxaa uuna saldhigeedu ahaa magaalo madaxda gobolka Hedmark ee Hamar, ka dib waxay isku bedeshey sannadkii 2020 kii markii la weyneeyey jaamacadda Innland.

Jaamacaddaan waxaa ay mararka qaarkood qaban qaabisaa soo bandhiggidda dhaqamada, qof ahaan waxaa sharaf ii ahayd in aan ka qeyb qaatey Mashruucii dhaqanka Soomaaliyeed ee socday sannadkii 2004 tii, waxaana kaga qeyb galay muxaadaro aan ka soo jeediyey xarunta jaamacadda ee magaalada Hamar (Norway) 2dii bishii sebtember sanadkii 2004 tii, taas oo aan uga hadlay taariikhda iyo dhaqanka Soomaaliyeed.

JAAMACADDA IYO MAADADA AFKA SOOMAALIGA

Waxay jaamacaddu aqoonsatay in luqada Soomaaliga ka mid noqoto luqadaha lagu dhigo jaamacadda oo looga yimaado dhamaaan gobolada kale ee dalkaan Norway. Mashruucaan waxaa macallimiin ka noqday aqoonyahano ku xeel dheer afka Soomaaliga iyo suugaantiisaba kuwaa oo isugu jira Soomaali iyo qaar kale, waxaana ka mid ah: Prof. Cabdalla Cumar Mansuur iyo Prof. Maxamed Xaashi Dhamac (Gaariye), waxaa kaloo jirey macallimiin kale oo tayo leh isuguna jira Soomaali iyo kuwo kaleba oo aqoon durugsan u leh afka iyo suugaanta Soomaalida, sida aanu soo tilmaamney.

Mushruucaan waxaa loogu talo galay in ay ka faa`iideystaan macallimiinta iyo kalkaaliyaasha afk Soomaaliga ee ka shaqeeya dugsiga iyo xarumaha xanaanada caruurta ee dalka Norway, waayo waxaa uu mashruucu qeyb ka yahay shaqaahada macallinamada ee koowaad (Bachelor).

Sidaa oo kale waxaa jaamacadda Gothenburg (university of Gothenburg) ee dalka Iswiidhan (Sweden) laga hirgeliyey mashruuc ku aadan barashada afka Soomaaliga oo dhammeystiran, mushruucaasna waxaa tu diiradda saarayaa barashada afka Soomaaliga.

Meesha kama marna barashada akhrinta iyo qorista.

Koorsada noocaan ah waxaa uu qofka ka helayaa horudhac gaaban oo ku saabsan habka samaynta afka Soomaaliga iyo qeybihiisa kale duwan.

Dadaalada xarumaha dhaqanka iyo aqoonta oo ay ugu horeeyaan jaamacadaha dalalka woqooyiga Yurub maaha mid qarsoon gaar ahaan dhaqanka iyo afka Soomaaliga muddooyinkii ugu danbeeyey, run ahaantiina waxay u baahan tahay arrinkaa qormo gaar ah oo si qoto dheer u daba gala gunta dhaqdhaqaaqyada aqooneed oo ay ku tilaabsadeen hay`adaha iyo xarumaha daneeya hidaha, dhaqanka, taariikhda iyo afkaba.

CUTUBKA 5

HAL-ABUURKA SOOMAALIYEED & AFAFKA QALAAD

Hal-Abuurka Soomaaliyeed Iyo Afafka Kale

Hal-abuurka Soomaaliyeed ee qurbaha waxaa ay soo bandhigeen suugaanta, dhaqanka iyo afka Soomaaliyeed, laakiin iyaga oo adeegsanaya afaf kale oo qalaad oo aan afka hooyo ahayn. Sababaha ay hal-abuuradaan ay u adeegsadeen afkaa qalaad waxaanu oran karna waxaa jira sababo kale duwan oo ku qasbey in hal-doorka Soomaaliyeed ay ku soo bandhigaan hal-abuurkooda oo tix iyo tiraabba leh af aan Soomaali ahayn sida:

- In ay fariintooda gaarto dadyowga kale ee ku hadla afafka lagu qorey ama lagu soo bandhigey wax soo saarkooda la xiriira Soomaaliya iyo Soomaalida.

- Hab-abuurka oo u badan dhalinyaro da`yar oo ku dhashay ama ku barbaarey qurbaha oo afafka wadamada ay ku nool yihiin u ah sidii afkooda hooyo oo kale, laakiin ay wali ka guuxayso waxa ay yihiin iyo meesha ay ka soo jeedaan oo ay ku weyn tahay dadnimadooda, taana ay soo bandhigayaaan iyagoo ku cabiraya wax soo saarkooda.

- Ujeedo la xiriirta degaanka ay hal-abuurka Soomaaliyeed degen yihiin oo ku socoto wax soo saarkooda dabadeedna adeegsada afafka degaanadaa looga hadla.

- Hal-abuurada Soomaaliyeed oo doonaya in ay la tartamaan muujiyaanna in hibadoona aqooneed iyo suugaaneed aaney ka yareyn dadyowga kale, isla markaana kaga qeyb galaya golayaasha aqooneed ee caalamka si ay ula tartamaan.

Taa macnaheedu waxay tahay in qaar ka mid ah suugaanta iyo dhaqanka Soomaaliyeed lagu soo bandhigay afaf kale oo qalaad oo aan Soomaali ahayn, qoraalada iyo hal-abuurka dadka Soomaaliyeed lama qiyaasi karo goortii uu billowday afka uu doono ha ku soo baxeen ama ha lagu qoro, waxaase xusid mudan in qoraaladii iyo aftahanimadii ugu horeeyey ee qurbaha ka soo if baxay oo ay billaabeen dad ka soo jeeda Geeska Afrika ay ku qornaayeen afka Carabiga, taana waxay ku timid dhanka diinta iyo degaan dhawaanshaha wadamada Carabta, taa oo sababtey isdhexgal weyn oo dhex maray labada dhinaca maadaama ay diinta iyo dhaqanka ay isku mid ahaayeen. Waa xusid midan arrinkaa inaan ku tilmaamey horchaca buugeygii aan kaga hadlayay qorayaasha Soomaaliyeed ee afka Carabiga wax qura oo lagu magacaabo (Mucjam al Mu'alifiin al Soomaaliyiina fil Carabiya) ee soo baxay 2016 kii.

معجم المؤلفين الصوماليين في العربية - قديما وحديثا
(٢٠١٦).

NUURADIIN FAARAX

Waqtiyadii danbe waxaa soo if baxay hal-abuurayaal Soomaaliyeed oo la jaan qaadey qurbaha iyo wadamada ay degenaayeen, kuwaa oo la qeybsaday soo bandhigidda hibadooda suugaaneed.

Qoraa sare Nuura-diin Faarax waxaan oran karaa waa hormoodka hal-abuurka Soomaaliyeed ee qurbaha isla markaana ka muuqda masraxa wax sooraarka caalamka oo u soo baxa wax soo saarkiisa afka Ingiriiska isaga oo caan ku ah qorista sheekada taxanaha ah ee loo yaqaano Novelka.

Waxaa Nuura-diin soo raaca qorayaal kale oo u badan dhalinyaro ku barbaartey qurbaha oo habla iyo wiilalba leh, kuwaas oo wax soo saarkooda leh tix iyo tiraab ay ku soo bandhigeen afaf aan af Soomaali ahayn.

Ujeedadeenu waxaa weeye inaanu meeshatan ku tilmaamno oo kaliya wax soo saarka hal-abuurada Soomaaliyeed ee qurbaha haddana wax ku qora af aan ahayn kii Soomaaliga, gaar ahaan dalka Ingiriiska iyo woqooyiga Yurub, waxaasa haboon inaan marka hore sheegno in qoraa sare Nuuradiin Faarax uu yahay hormoodka cabqariyiinta Soomaaliyeed ee qurbaha oo af kale wax ku qora, waayo waxaa uu Nuuradiin qorey buugaag badan oo ay ku jiraan kuwa ka hadlaya qisooyin ku saabsan Soomaalida iyo arrimaha bulshada, sida jaceylka, Nabadda, Colaadda I.W.M, isla markaana loo turjumey afaf kale oo badan.

Waxaase jira iyana hablo iyo wiilal Soomaaliyeed oo u badan dhalinyaro oo iyana wax soo saar leh oo adeegsada afaf kale, sida qoraa, majaajileeste, gabyaa, jilaa iwm.

Qoraa sare Nuradin Farah

Nuuradiin Faarax waa suugaanyahan Soomaaliyeed oo ku dhashay magaalda Baydhabo sannadkii 1945 kii. Riwaayaddiisii ugu horreysay ee (From a Crooked Rib) sannadkii 1970 kii waxaana lagu tilmaamay " mid ka mid ah tiirarka aasaasiga ah ee suugaanta Bariga Afrika ee maanta". Wuxuu kaloo qoray riwaayado iyo waliba sheekooyin gaagaaban iyo qormooyin xiiso leh. Tan iyo markii uu ka tegey Soomaaliya 1970 kii wuxuu ku noolaa waxna ka bartay dalal badan oo ay ka mid yihiin Mareykanka, Ingiriiska, Jarmalka, Talyaaniga, Sweden, Suudaan, Hindiya, Ugaandha, Nayjeeriya iyo Koonfur Afrika.

Nuuradiin Farah wuxuu ku kasbaday inuu yahay mid ka mid ah qorayaasha ugu waaweyn adduunka, Billaddo iyo abaalmarino caalami ah. Taasi oo uu ku hantiyey sheekooyinka dahabiga ah iyo dhiganeyaasha uu qoray. Qalinkiisa ayuu ku muteystay abaalmarinno ay ka mid yihiin, [Premio Cavour] oo Talyaani ah, [Kurt Tucholsky Prize] oo Iswidhan ah, Abaal-marinta [Lettre Ulysses] ee Berlin, iyo 1998-kii oo uu ku guulaystaystay [Neustadt International] oo ah Abaalmarinta Suugaanta. Isla sannadkaas, daabacaaddii buuggiisa 'Gifts' ayaa ku guuleystay abaalmarinta Bandhigga Suugaanta ee [St Malo].

Buugaagtiisa waxaa uu ku qorey af Ingiriisi, waxaana loo tarjumay afaf aad u badan.

NORWAY

Haddii aan tusaale ahaan u soo qaadano wadanka Norway waxaa jira dhillinyaro asalkooda hore ka soo jeeda Soomaaliya oo leh lab iyo dhedig oo ka soo muuqday masraxa fanka iyo suugaanta ee Norway, kuwaa oo leh wax soo saar muuqda oo oo ku aadan qeybaha kale duwan ee suugaanta sida qaarkood ay ku soo caan baxeen dhanka majaajilada iyo maaweelinta bulshada, laakiin adeegsanaya afka Norweejiga. Qaar kaloo ka mid ahna ay qayb libaax ka qaadeen qoraalada tix iyo tiraabba leh. Haddii aan ugu horeyntii wax ka tilmaamno majaajilayaasha waxaa ka mid:

YUUNIS YUUSUF

Waa majaajiliista hal-abuur leh oo mararka qaarkood heesa kuna dhashay magaalad Skien ee dalka Norway sannadkii

1992 kii. Yunis sanooyinkii ugu danbeeyey waxaa uu si xoog leh uga muuqdey goloyaasha bulshadu iyo kulumo faneedkayada. Sidoo kale waxaa ka qeyb qaataa barnaamijyada telefishinka ee Latter Live, HumorLab iyo Unge Lovende oo wadanka Norway laga yaqaano.

Dadaalada Yuunis iyo dhaqdhaqaaqyadiisa faneed awgeed waxaa la gudoonsiiyey abaalmarino dhowr oo uu ku muteestey doorkiisa muuqda ee ku aadan majaajilada, ka qeyb qaadashada kulumada faneedka sida abaalmarinta sannadadii 2017 kii iyo 2018 kii.

Dhowr goor ayuu ka muuqday Yuunis musalsada Norwiijiga oo casriga iyo bandhigyada majaajilada sida majaajiladii Juicy

AXMED MAAMOW

Axmed Maamow waxaa uu ka mid yahay majaajiliistayaasha da`day ee ka asal ahaan ka soo jeedo Soomaaliya oo caanka ka noqday dalka Norway. Fanaanka Axmed Maamow waxaa la oran karaa isagaa ayaa is barey dadweynaha reer Norway muddo yar ka dib markii uu ka muuqday masraxayada dalkaan oo uu ku muujiyey aftahanimadiisa ku dheehan geesinimo iyo halbeegsi nuxur leh oo ka yaabiyey bulshada isaga oo adeegsanaya afka Noorweejiga. Axmed waxaa loo aqoonsaday inuu ka mid yahay hal-abuurayaasha da`da yar ee cusub ee fanka iyo suugaanta dalka Norway.

HANI XUSEEN

Hani Xuseen waxaa gabar Soomaaliyeed oo ku dhalatey kuna kortey dalka Norway, isla markaana wax ku baratey, laakiin waxay ku soo caan baxday in ay muddo gaaban ka mid noqoto dhalinta da`da yar ee majaajiliyaasha ah oo loogu jecel yahay dalkaan Norway.

MAGAN XILDIID GALLERY

Magan Xildiid Gallery (Gaala eri) waa wiil dhallinyaro ah oo ku dhashay kuna korey dalka Norway gaar ahaan magaalada Arandal ee koofurta dalkaa ka tirsan. Waa xirfadle casriga ah, fanaan ku xeel dheer majaajilada oo aalaaba sameeya bandhigyo faneed ku wareega dalka Norway oo dadku aad u jecel yihiin, isla markaana wada shaqeyn la leh shirkada fanka iyo suugaanta ka shaqeeya. Magan in kasta uu ku cusub yahay masraxa fanka, hadana waxaa lagu tiriyaa durbaa in uu ka mid yahay fanaaniinta ugu xiisaha badan ee dalka Norway.

SUMAYA JIRDE CALI

Sumaya Jirde Cali waxay ah ka mid tahay Soomaalida Norweejiyiinta oo asal ahaan ka soo jeeda Soomaaliya. Sumaya waa gabyaa, qoraa iyo dood wadaag aalaaba ka dhex muuqda goobaha aqoonta iyo warbaahinta, iyada oo sida badan ka hadasha xuquuqda soo galootiga, haweenka iyo fikradaha xurta ah. Inkasta oo Sumaya marar badan ay la kulantay ciriiri iyo hanjabaad kaga timid dad cunsiriyiin laga tilmaamey hadana way ku adkeysatey doodaheeda, taana waxay ku heshay taageero badan oo kaga timid shacabka Noorwiijiga iyo dadka soo goloootiga, gaar ahaana ay arrinkaa ku muteesatey abaal marino iyo ixtiraam gooni ah

Waxaa iyana jirta qorayaal dhalinyaro ah oo adeegsaday afka Norwiijiga sida Sumaya Jirde Cali oo dhowr buug soo saartey

BUUGAAGTA SUMAYA

Qoraalada iyo doodaha Sumaya aad ayey u tiro badan yihiin, inkastoo ay ku billowday qoraalado maqaalo ah oo ay ku

faafin jirtey wargeysyada dalka Norway ugu waaweyn iyo baraha bulshada oo ay doodo badan kiciyiin hadana Sumaya waxay ka heshey dhiiragelin weyn oo gaar siiyey in ay horey ugu sii socoto iney fikirkeeda ay ku cabirto qoraaladeeda, taana waxay ku muteesatey abaal marino iyo ixtiraan weyn oo ay bulshada u heyso geesinimadeeda iyo aragtideeda wanaagsan oo loo arkey in ay qurxineyso dhaqdhaqaaqyada xariyada iyo dimoqraadiyada ka hana qaadey dalkaaan Norway. Buugaagta Sumaaya oo dhamaantoodba ku qoran afka Norwijiga waxaa ka mid ah:

- Kvinner som hater menn (gabayo – 2017)
- Melanin hvitere enn blekmiddel (gabay- 2018)
- Når jeg ser havet, slokner lyset (gabay – 2021)
- Skal liksom liksom-passet ditt bety noe
- Ikkje ver redd sånne som meg (sheeko – 2018

ABAALMARINTA SUMAYA

Dadaalada iyo halganka ay gashay Sumaya waxay sababtay mararka qaarkood nacayb iyo aflagaado kaga yimid bulshada Norway dhexdeeda , laakiin kuwaa ma aynan noqan kuwa istaajiya dadaalada Sumaya iyo xuquuqda ay u doodeyso, waxayna ku heshey taageero aad uga weyn kuwii ka soo horjeedey doodaha iyo aragtiyada Sumaya, taana run ahaantii waxay ku muteesatey baalmarinada la gudoonsiiyey Sumaya Jirde Cali, waxaana ka mid ah abaalmarinadaa:

- Abaalmarinta Zola-prisen oo ay heshey sannadkii 2018 kii.
- Abaalmarinta xuriyadda hadalka oo ay bixiyaan ururka qorayaalka dalka Norway oo la siiyey sannadkii 2018 kii.
- Abaalmarinta Amalie Skram taa oo loogu magac darey haweeney halyeed ka ahayd Norway oo lagu magacaabo Amalie Skram, oo la gudoonsiiyey sannadkii 2021 kii.

RAWDAH MAXAMED

Rawdah Maxamed waxay ku dhalatey Soomaaliya, waxayna la soo qaxday qowskeeda iyada oo aad u yar. Waxbarashadeedii oo dhan ilaa heer jamacadeed waxay ku qaadatey dalka Norway, waa gabar xayeesiisa dharka gaar ahaan xijaabka oo u soo bandhigta hab casri ah. Waa xirfadley heer sare, isla markaana ku howl leh daryeelka caafimaadka, gaar ahaan waxay u shaqeyn jirtey carruuta qabta cudurka autism, waxaa intaa dheer iyada oo ka shaqeysa sidii falanqeeye caawiya lana sheekeesata dadka dhimirka uu aafeeyey.

Rowdah marar badan ayey ka qeyb gashaa doodaha dhaqanka iyo xuriyadda, sidaa darteed la yaab ma leh haddii Rowdah lagu tirio inay tahay u doode caan ah oo u dooda xquuqda haweenka Muslimiinta ah gaar ahaan xuriyadda xijaabka iyo diinta. Waxay iminka madax iyo tafatire ka tahay majaladda Vogue ee moodada heer goboleedka wadamada Iskandaneefiya (Scandanevia). Intaas oo dhan oo aanu soo sheegney Rowdah waxay adeegsataa afafka looga hadlo Iskandaneefiya iyo afka Ingiriiska.

XEENDAABKA BOQORTOOYADA INGIRIISKA

DHALLINTA SUUGAANLEYDA AH

Dhanka Ingiriiska waxaa jira kacdoon suugaaneed oo ay hormuud u yihiin dhalinyaro ku dhalatey kuna barbaartey dalkaa boqortooyada Ingiriiska oo afka Ingriisiga ku soo bandhigey aftahanimo tix iyo tiraabba leh. Haddii aan tusaale ahaan u soo qaadano qaar ka mid ah hal-abuurada dhalinyarada u badan ee ku nool dalka boqortooyada Ingiriiska kana soo jeeda Soomaaliya waxaanu tilmaameynaa qaarkood, waayo way adag tahay in dhammaantood la tiro koobo, waxaana arkaa in loo baahan yahay in qalinka loo qaado hal-abuurayaashaa iyo wax soo saarkooda.

WARSAN SHIRE

Warsan Shire waa gabar Soomaaliyeed oo ku dhalatay dalka Kenya oo ay degenaayeen waalitiinteed. Warsan waa qoraa, gabyaa, tifaftire iyo macallin dhiga luqada Ingiriiska, sannadkii 2013 kii waxaa la gudoonsiiyey abaalmarintii ugu horreysay taa oo ahayd abaalmarinta Jaamacadda Brunel, waxaana xusid mudan in ay ka mid ahayd lix qofood oo u sharaxnaa abaalmarintaa oo laga soo dhex xulay 655 arday oo soo galay tartanka.

Runtii Warsan Shire waa abwaanad leh cod xoogan oo ka dhex muuqda qurba-joogta Afrikaanka ah, waxayna aalaaba gabayada iyo qoraalada Warsan la xiriiraan dhibaatooyinka barakaca, dilka, dandarada, qaxa iyo sidii loogu heli lahaa xal waara, arrinkaana waxay ku heshey soo jiidasho iyo kumanaan taageerayaal ah oo ku xiran qoraaladeeda. Warsan waxay cod iyo doode u noqotey soogalootiga la haybsooco, waxaana loo aqoonsaday iney tahay gabyaagii ugu da'da yaraa ee London illaa iyo waqtigaan.

Warsan Shire runtii waa qoraa iyo abwaanad Soomaaliyeed oo ku kortey dalka Ingiriiska gaar ahaan magaalada London.

Wax soo saarkeeda oo gabayo u badan waxaa ka mid ah iney qortey labo buug oo kala ah:

- Teaching My Mother How to Give Birth - 2011
- Her Blue Body – 2015

Warsan Shire diiwaanada gabayada ay soo saartay waxaa kale oo ka mid ah:

- The Unbearable Weight of Staying
- Dear Moon
- How to Wear Your Mother's Lipstick
- Nail Technician as Palm Reader
- For Women Who Are Difficult to Love

Warsan waxay ugu diiwaan gashan tahay dalka Ingiriiska iney ka mid tahay oo ay ku jirto taxanaha gabyaaga carsiga ah ee Penguin, ka dib markii la arkay dadaalada iyo wax soo saarka suugaaneed oo u badan gabayo.

Warsan waxay aad uga hadashaa dhibaatooyinka haysta qaxootiga ku jira xiryaha Afrika iyo Yurub, waxayna safaro kale duwan ku bixisey iney soo aragto xaalada qaxootigaa oo ay ku jiraan kuwa Yurub soo gaaray oo aan wali haysan sharci ay ku noolaadaan. Warsan waxay tirisay gabay dad badan dhaqaajiyey oo la magac baxay (Home) kaa oo ay uga warameysey dareenkeeda ku aadan waxyaabihii ay ku soo aragtey goobaha ay ku nool yihiin qaxootiga, gabaygaana waxaa uu dhaliyey dareen culus oo gilgiley bulshada boqortooyada Ingiriiska iyo meelo kale oo ka mid ah Yurub.

Warasn waxay ku guuleysatey iney soo bandhigid dareenkeeda ku aadan dhawaaqyada iyo aragtiyada gabdhaha Soomaaliyeed ee ku nool xirada qaxootiga ugu weyn Afrika.

FARAH GABDON

Farah Gabdon waxay ku dhalatey dalka boqortooyada Ingiriiska, waxayna ka soo jeedaa labo waalid oo asal ahaan ka yimid dalka Soomaaliya.

Farah Gabdon waxay baratey cilmiga IT loo yaqaan oo waa farsamoyaqaan dhinaca IT aqoon u leh oo leh.

Ingtaas marka laga tago Farah Gabdon waa abwaanad, qoraa iyo macallin maadada Ingiriiska dhigta, waxay shahaado ku qaadatey qorista hal-abuurka.

Farah Gabdon waa gabyaa da`yar oo ku gabayda afka Ingiriiska, aalaabana waxay ka muuqataa goobaha suugaanta iyo aqoonta ee boqortooyada Ingiriiska iyo goobo kale oo ka mid ah Yurub, waxaana la oran karaa Farah waxay soo jiidatey dad badan ka dib markay aqristeen suugaanteeda ama ay dhageysteen.

Ka dib markii aad loola dhacay gabayadeeda waxaa la gudoonsiiyey abaal marino dhowr ah.

BUUGAAGTA FARAH

Buugaagta ay soo saartey oo xanbaarsan hal-abuurnimadeeda gaar ahaan gabayga waxaa ka mid ah:

Breathting Just A Little

Qoraalkaa waxaa ku urursan maansooyin dareen leh oo ifinaya arrimaha ay ka mid yihiin jacaylka, aqoonsiga iyo kalinimada

MOMTAZA MEHRI

Momtaza Mehri waa gabar Soomaaliyeed oo gabyaa ah laakiin ku gabayda afka Ingiriisiga oo ku dhalatey kuna barbaartey dalka boqortooyada Ingiriiska. Mobtaza waxay ka mid tahay dhalinyarada ku nool magaalada London, waxaana la siiyey dhowr abaalmarino ku aadan dadaaladeeda ay ku gaartey soo bandhigidda gabayga, sida abaalmarintii sannadkii 2008 dii.

XAMDI KHALIIF

Xamdi Khaliif waxay ka mid tahay abwaanada Soomaaliyeed ee da`yar oo hibadooda suugaaneed u adeegsata labada luqada luqad ama af ee Soomaaliga iyo Ingiriiska.

Xamdi waa abwaanad ku cusub masraxa curinta maansada oo ku nool magaalada London ee boqortooyada Ingiriiska, waxayna ka mid tahay oo ay ku biirtey caanka ah ee lagu magacaabo Bards Without Borders. Kooxdaan oo asal ahaan ka soo jeeda soo galooti ama qaxooti, waxayna ujeedadoodu tahay iney abuuraan sawir wanaagsan oo ku aadan jiritaankooda iyo hibadooda suugaaneed, isla markaana ka qeyb qaadanaya u cabaaldagga sanadguurada 400-aad ee Shakespeare.

DHALLINTA QALINLEYDA AH

Waxaa aad u adag in si fudud loo soo bandhigo dadka ka soo jeeda Soomaaliya oo leh qoraalo ku qoran afka Ingiriiska, laakiin waxaanu yara tilmaameynaa oo kaliya qaar ka mid ah, waayo in la tiro koobo ama raadkooda la raac raaco waa mashruuc aad u fiican laakiin u baahan baaritaan gaar ah oo ay mudan tahay in ay u istaagaan qalinleyda Soomaaliyeed ee ku howlan raad raaca hal-abuurada Soomaaliyeed iyo wax soo saarkooda aqooneed.

NADIIFA MAXAMED

Nadiifo Maxamed waxay ka mid tahay dhalinyada Soomaaliyeed ee afka Ingiriisiga buugaag dhowr ah ku qortay. Asal ahaan qoraa Nadiifo Maxamed waxay ka soo jeedaa Soomaali, waxayna ku dhalatey magaalada Hargeysa sannadkii 1981 kii, waxay soo gaartey dalka Ingiriiska iyadoo yar. Nadiifa waxay baratey taariikhda iyo siyaasadda, waxayna muddo ahayd cilmibaare dhanka filimada ah.

Inkasto ay Nadiifa Maxamed ku dhalatey Hargeysa hadane Nadiifa waxay noqtey qoraa afka Ingiriiska wax ku qora, waxayna ka soo muuqatey sanooyinkii danbe goloyaasha aqoonta iyo bandhigyada buugaagta. Nadiifo mudda yar ka dib waxay soo gashay liiska majalada Granta oo u aqoonsatay sannadadii 2013 kii iyo 2014 kii afartanka qofood ee ugu horeeya Afrika xagga qorista sheekooyinka lagu magacaabo novelist., taa oo ay Nadiifo gashay kaalinta 39 aad ee qorayaasha Afrika ee da'doodu ka yar tahay 40 sannadood.

Qoraa Nadiifa Maxamed buugeedii ugu horeeyey waa (The Fortune Men) sanadkii 2010 kii. Buuggaa waxaa uu ku saleysan yahay xusuusta aabaheed ee socdaalkiisii 1930 kii. Buuggaa waxaa uu muteystay in lagu daro liiska dheer ee abaalmarinta ee lagu magacaabo Orange for Eiction, iyo abaalmarinta Dylan Thomas Prize.

Isla buugeeda labaad ee (The Orchard of Lost Souls) sanadkii 2013 kii ayey ku muteysatey abaalmarinta Somerset Maugham.

Buugaagta Nadiifa Maxamed ay qortey waxaa ka mid ah buugga (The Fortune Men) sannadkii 2021 kii ayuu soo baxay, waxaa sharaf ii ahayd in aan ka qeyb galey soo bandhigidda Nadiifa Maxamed ee buugeeda oo lagu qabtey London.

HAASHI MAXAMED

Waa wiil dhalinyaro ah oo ku dhashay dalka Kenya, laakiin u soo qaxay dalka Ingiriiska ka dib markii uu la kulmay dhibaatooyin badan oo ku dhacay qowskoodii. Waxaa uu jaamacadda Hertfordshireka bartey sharciyada iyo luqada Faransiiska, dabeedna waxaa uu deeq waxbarasho kale ka heley jaamacadda Oxford. Haashi Maxamed waxaa uu qorey buug uu ugu magac darey (People like Us).

Tixraac

- Maxamed Daahir Afrax: Dal dad waayey iyo Duni damiir beeshay, daabacaadda 2 aad, Halabuur Communications, London 2004.

- Maxamed Xuseen Macallin: Diiwaanka Maansooyinkii Abshir Nuur Faarax (Bacadle), Scansom publishers, Sweden, 2015, bogga 265.

- Maxamed Xuseen Macallin: Al Calaaqa bayna Al Qarni Al Ifriiqii wa Caalamul Khaarajii, Daarul Fikri Al Arabi, Qahira, 2021.

- Maxamed Xuseen Macallin. al-Thaqaafah al-Carabiyyah wa ruwaadihaa fii'l Soomaal. (Leicester: Looh Press, 2021).

- Yuusuf X Cabdullahi Xasan: Xogwarran, badbacadda Iftiinka Aqoonta, Stockholm - Sweden, 2014.

- Xasan Shiikh Muumin: Leopard Among The Women Shabeelnaagood, Somali Play, Høgskolen i Hedmark, Hamar, Norway, 2008, bogga 44.

- Mareegta wardoon
- Mareegta Wardheernews
- Mareegta: Somalitalk

www.ingramcontent.com/pod-product-compliance
Lightning Source LLC
Chambersburg PA
CBHW081614100526
44590CB00021B/3441